MÁS CERCA DE LA LLAMA

CHARLES R. SWINDOLL

MÁS CERCA DE LA LLAMA

BETANIA

Un Sello de Editorial Caribe

© 1994 EDITORIAL BETANIA
9200 S. Dadeland Blvd., Suite 209
Miami, FL 33156

Título en inglés: *Flying Closer to the Flame*
©1993 by *Charles R. Swindoll*
Publicado por *Word Publishing*

Traducido por *Miguel Mesías*

ISBN: 0-88113-186-5

A menos que se indique lo contrario,
las citas bíblicas corresponden a la
Versión Reina Valera 1960,
propiedad de las Sociedades Bíblicas Unidas.
Usadas con permiso.

Impreso en EE.UU.
Printed in U.S.A.

E-mail: 76711.3125@compuserve.com

4ª Impresión

Dedicatoria

Con gran admiración dedico este libro
a mi estimado maestro, mentor y,
sobre todo, amigo desde 1959, el

Dr. Donald K. Campbell.

Por cuarenta años ha servido fielmente al Señor
en la facultad y administración de
mi *alma mater*, el Seminario Teológico de Dallas,
y desde 1986 se ha desempeñado como
el honorable presidente de dicha institución.
Agradezco a mi Dios cada recuerdo que conservo
de este erudito bíblico, destacado teólogo y
caballero cristiano, quien, desde que lo conozco,
lo he visto volar muy cerca de la llama.

Contenido

Reconocimientos

Los libros son como las personas. Cada uno tiene su propia personalidad. Aun más, algunos exigen mucha ayuda y respaldo de un grupo de individuos, en tanto que otros no. Este libro corresponde a la segunda categoría. Quieta y amorosamente fue concebido en mi mente. Los pensamientos e ideas que crecieron hasta convertirse en páginas, emergieron lentamente, algunas veces con gran dificultad. Me he quedado asombrado por lo que el Señor trajo a mi vida durante el proceso de poner mis pensamientos en forma impresa. ¡Ya lo he pasado! Pero esto no significa que el libro haya sido terminado sin ayuda o estímulo de otros.

Mis amigos más cercanos de Editorial Word se dieron cuenta de la necesidad de escribir un libro sobre el Espíritu Santo, y me lo mencionaron más o menos en la época en que empezaba a hacer mi investigación sobre el tema. Estábamos preocupados, más que nada por varios de los títulos publicados al respecto que han circulado en los últimos años. Al revisar muchas de esas obras, quedé descorazonado al pensar en el siempre creciente número de personas que leen (y creen) cosas que no sólo carecen de todo respaldo bíblico sino también de simple sentido común.

Gracias al acicate de Byron Williamson, de Editorial Word, decidí hacer de mi investigación un volumen que diera información fidedigna, y al mismo tiempo amplié el pensamiento de muchos evangélicos superconservadores tratando de que no pareciera como que tuviera la respuesta final para el mundo. También me propuse en lo posible mantener un tono positivo, antes que lanzar lodo y acusar a aquellos con los que estoy en desacuerdo. Me siento especialmente agradecido a Byron, Kip Jordon y David Moberg que me dieron su respaldo mientras trataba de caminar por el estrecho sendero de la exactitud sin tono arrogante o iracundo. Hacer esto lleva tiempo —mucho tiempo— lo cual me deja endeudado con los tres, por su paciencia.

Como es usual, Helen Peters, mi muy competente, fiel y leal asistente ejecutiva, ha tomado las páginas garabateadas de mi borrador en bruto, y con maestría y eficiencia las ha transformado en un manuscrito que cualquier editorial tendría envidia de recibir. Incluso, mientras terminaba este libro, Helen decidió jubilarse con anticipación, dejando su oficina en la iglesia en donde hemos trabajado juntos por más de veinte maravillosos años. Sin embargo, continuará ayudándome en el ministerio de la publicación, pero el no tenerla en las oficinas día tras día es una enorme pérdida personal. Desde que empecé a publicar libros, a mediados de la década del 70, Helen ha estado en su sitio para obrar maravillas y añadir sus palabras de apoyo. Decir que estoy agradecido por su asistencia es señalar lo obvio. Si halla útiles estas páginas, mucho le pertenece a ella... tanto como a mi editora, Judith Markham. Ambas trabajaron en forma conjunta, convirtiendo mis líneas originales y primitivas en pensamientos significativos y bien relacionados.

La congregación de la Primera Iglesia Evangélica Libre de Fullerton, California, también merece mis reconocimientos. Después de elaborar estas ideas en mi oficina, el lugar más apropiado para comunicarlas fue este rebaño que he pastoreado desde 1971. ¡Cuánto estímulo me han brindado! Domingo tras domingo, al expresar los frutos de mi estudio, invariablemente más de uno cuestionaba algo de lo que había dicho, o pedía aclaración, o simplemente me agradecía por haberme atrevido a traspasar las fronteras de lo seguro y arriesgado a ser original sin ignorar los límites tradicionales. Volar más cerca de la llama con frecuencia exige que deje mi zona de comodidad y me exponga a ser malentendido. Estoy agradecido porque nunca me cortaron las alas. Es debido a su entusiasta respuesta que me atreví a volar más cerca y a declarar la verdad según la descubría y entendía.

De modo que aquí está, una serie fresca, y hasta sorprendente, de pensamientos sobre aquel a quien nuestro Salvador envió para que estuviera, para que viviera, para que obrara su voluntad a través de nosotros, para que manifestara su gloria por medio nuestro y para que nos revelara su verdad. Si este volumen es para usted tan útil como los pensamientos y aplicaciones originales lo fueron para mí, ambos podemos alabar a Cristo, que no nos dejó «huérfanos» sino que nos dio «otro Consolador», para que estuviera con nosotros para siempre (Juan 14.16,18).

Introducción

Este es un libro sobre algunos aspectos de la obra íntima del Espíritu Santo. Contrario a la mayoría de los que tratan el tema, lo hallará personal, práctico y positivo. No es un cuaderno de trabajo teológico, diseñado para analizar o criticar; ya hay suficiente de ellos. Tampoco es una advertencia de doble filo y negativa en contra de los errores que flotan por todas partes, aun en las filas de los cristianos. Repito, otros ya lo han hecho. No tengo interés en entrar en la arena del debate que se practica desde mucho tiempo antes de que yo naciera, y continuará mucho después de que muera.

Mi gran esperanza en estas páginas es alejarme del fragor del debate teológico y acercarme calladamente a aquel que fue enviado para estar a nuestro lado y ayudarnos. Él anhela llenarnos de poder con su presencia dinámica, cambiar nuestras actitudes, dar calor a nuestros corazones, mostrarnos cómo y por dónde andar, consolarnos en nuestras luchas y en nuestras aflicciones, fortalecernos en los puntos débiles y literalmente revolucionar nuestro peregrinaje de este planeta al paraíso.

Cándidamente, este es un libro del corazón mucho más que de la razón. No digo que no se necesite pensar o acercarse en forma inteligente a estos asuntos, sino que no es un tratado teológico exhaustivo sobre la persona y obra del Espíritu Santo. Por favor, tenga esto presente. Mi meta, sin embargo, es llevarlo más allá del nivel cognoscitivo, de modo que entre en la jornada a nivel personal.

Puesto que el Espíritu de Dios fue enviado no sólo para ser estudiado, sino para que sea real dentro de uno, me parece que no cumplimos el objetivo de Dios si todo lo que hacemos es debatir y discutir respecto a su presencia, en lugar de exaltarlo en forma íntima. Por mucho tiempo los cristianos evangélicos no carismáticos (soy ambas cosas) se han mantenido a la distancia, frunciendo el ceño y lanzando piedras escriturarias contra aquellos de la familia de Dios que no ponen cada punto sobre las íes ni trazan cada letra exactamente en la misma manera que nosotros. De igual forma, ya por mucho tiempo se ha permitido al «sector lunático» de unos pocos extremistas hablar como si fueran el portavoz de toda la cristiandad, al dar la impresión de que son la norma y la representación de la mayoría (no son ni lo uno ni lo otro).

Lo que necesitamos es una perspectiva del Espíritu equilibrada. Debe ser bíblica, por supuesto. Sin eso no tenemos consistencia. Pero tampoco puede detenerse en una verdad estéril o intelectual en la página impresa. También debe ser particular, profunda e íntimamente personal. Sin eso erramos el propósito para el cual Él ha sido enviado. Además, nos volvemos defensivos en la actitud, rebeldes en espíritu e incluso arrogantes respecto al conocimiento: irónicamente, todas las cosas que entristecen al Espíritu y lo mantienen distante.

Aun cuando puedo comprender el celo y motivo que incita tales cosas, me entristece el resultado: huesos fracturados y dolorosas contusiones en el cuerpo de Cristo. Conforme disminuye nuestro amor y respeto de los unos por los otros, la unidad que se nos ordena guardar se resquebraja y las murallas que nos separan se vuelven más gruesas.

Enfrentémoslo, la mayoría de nosotros quedamos intrigados por el Espíritu Santo. Como a las mariposas, nos atrae el calor y la luz de su llama. Nuestro deseo es volar más cerca... aproximarnos, conocerle más íntimamente, entrar en una nueva y estimulante dimensión de su obra... sin quemarnos. Sé que esto es cierto en cuanto a mí, y sospecho que usted a menudo siente lo mismo.

Durante mis años de crecimiento, incluyendo los del seminario, mantuve una prudente distancia. Se me enseñó a andar con cuidado, a estudiar al Espíritu desde una perspectiva doctrinal, pero no a entrar en ninguno de los campos de sus obras sobrenaturales o a tolerar su posibilidad. Explicar al Espíritu era aceptable y se lo estimulaba; pero en cuanto a tener una experiencia personal con Él, ni una ni otra. Hoy, lamento eso. He vivido lo suficiente y ministrado con tal amplitud como para darme cuenta de que volar más cerca de la llama no sólo es posible sino que es, precisamente, lo que Dios quiere.

El Espíritu se interesa en transformarnos partiendo desde adentro. Volar más cerca de la llama pone eso en movimiento.

Él obra en docenas de maneras diferentes, algunas de ellas sobrenaturales. Volar más cerca de la llama nos permite enterarnos de ello. Está interesado en mostrarnos la voluntad del Padre y en proveernos las dinámicas necesarias para que experimentemos satisfacción, gozo, paz y contentamiento *a pesar de nuestras circunstancias.* Volar más cerca de la llama nos da la perspectiva correcta para entrar en aquellas (y muchas más) experiencias. ¿No es acaso tiempo de que lo hagamos?

Si está completamente satisfecho de su experiencia cristiana, rara vez frustrado y muy pocas veces insatisfecho consigo mismo, este libro no es para usted. Más aún, si no anhela una relación más íntima e ininterrumpida con el Dios viviente, en la que usted y Él estén «sincronizados» y en la cual regularmente sienta su presencia y poder, no necesita leer las páginas que siguen.

Pero si se pregunta si acaso podría estarse perdiendo algo espiritual... o si desea avanzar de una fe meramente intelectual a una relación íntima con Dios... o si le gustaría explorar nuevas áreas y regiones de su Palabra que le han intrigado pero de las cuales ha tenido la tendencia de alejarse para evitar el peligro de «ponerse demasiado emotivo», o «caer en el error», este libro sí es para usted. Vuele conmigo, ¿lo hará?

Si es uno más de los tantos que nunca han conocido el gozo, el puro éxtasis de andar más íntimamente con Dios, sin embargo sabe que hay algo más... mucho, mucho más... es mi oración que estas páginas le atraigan, calmen sus temores, y le animen a acercarse y conocer el calor de su llama eterna. Comprendo lo que ha estado atravesando... y le doy la bienvenida como compañero peregrino que está hastiado de una existencia estéril, improductiva, predecible. La promesa de Jesús de una «vida en abundancia», ¡de seguro que incluye más que eso!

Estoy absolutamente convencido de que hay cosas fenomenales y emocionantes escondidas en las Escrituras, esperando que se descubran y se practiquen.

Estoy de igual forma confiado en que tales cosas abrirán nuevos horizontes en el camino de la fe, los cuales muchos nunca se han permitido ver ni disfrutar. No hay necesidad de tener recelo o temor. Como Jesús prometió: «El Espíritu de verdad, Él os guiará a toda la verdad». Conforme Él use estas páginas para hacer precisamente eso, podemos esperar con expectante gozo los increíbles resultados.

De modo que únase y emprenda el viaje conmigo, para que así juntos volemos más cerca de la llama.

Chuck Swindoll
Fullerton, California, EE.UU.
Otoño de 1993.

1

Volvamos a conocer al Espíritu

*L*A SEÑORITA THOMPSON SE ENFRENTABA A UNA ARDUA TAREA. El plan de estudios de la Escuela Dominical le exigía que enseñara a su clase de niños de primaria sobre la Trinidad. Mantener su atención con cuentos y lecciones creativas era sumamente difícil, pero tratar de lograr su interés hablándoles de la identidad, atributos, y propósito del Padre, Hijo y Espíritu... pues, bien, era casi imposible.

Mientras pensaba sobre su lección, se le ocurrió una idea. Iba a usar una rosquilla triple, que tuviera sus tres agujeros en el medio. ¡Genial!

Cuando llegó la mañana del domingo, se puso de pie frente a los niños de su aula, sosteniendo bien arriba su rosquilla, explicando cómo fue hecha de una misma masa, pero moldeada en forma tal que tenía tres agujeros distintos, cada uno con su forma particular.

Apuntó al agujero superior: «Niños, esto es como Dios el Padre. Imaginen que este agujero es su Padre celestial». Señaló el segundo agujero, explicando lenta y cuidadosamente: «Este es como Dios el Hijo. Véanlo, aquí a la derecha, como Jesús, su Salvador». Todos en la clase, con sus caritas frescas, parecían seguirle con vivo interés, de modo que continuó: «Y el tercer agujero es Dios el Espíritu Santo. Así como esta rosquilla tiene tres agujeros distintos, así la trinidad tiene tres personas distintas: Padre, Hijo y Espíritu Santo».

La señorita Thompson hizo que los niños repitieran varias veces en voz alta los nombres: «Padre... Hijo... y Espíritu Santo». Esperando fijar este concepto en la mente de los niños, llamó al pequeño Juanito, que estaba sentado al frente y le preguntó si podía repetir los nombres de los «santos» miembros de la Trinidad.

Este se levantó con desgano y tomó en sus manos la rosquilla que ella le extendía.

«Aquí está Dios... Dios el Padre», dijo el niño, señalando el primer agujero. (La señorita Thompson sonrió con deleite.) «Y este es Jesús». (De nuevo reflejó su deleite por la excelente memoria del niño.) «Y este tercero es... es... e... el *Humo Santo*». Tales historias nos hacen sonreír, trayéndonos a menudo al recuerdo nuestros propios «desatinos» infantiles. Pero, a decir verdad, muchos adultos ni siquiera llegan tan cerca. Para la mayoría, la persona, obra y ministerio del Espíritu Santo son un misterio. Él no sólo es invisible, sino también algo desconcertante e inclusive un poco fantástico... especialmente cuando, por años, en inglés, se ha usado el pronombre neutro «it» (como «ello») y se le ha dado el título de «*Fantasma* Santo».

Todos tenemos padres terrenales, de modo que no es tan difícil tratar de entender el concepto de un Padre Celestial. En los hogares tradicionales, el padre es el jefe, el que toma las grandes decisiones, y a fin de cuentas, el responsable general de la familia, su liderazgo y estabilidad. Hay excepciones, y campo para la discusión, pero, en el análisis final, es papá quien da la última palabra.

El Hijo de Dios tampoco es difícil de identificar. Nació como un ser humano y creció junto a su madre, tal como nosotros. Debido a que fue una persona de carne y hueso, muy poco misterio rodea a nuestra imagen mental de Cristo, y su papel como el Hijo de Dios es suficientemente claro para nosotros. Nuestra familiaridad con sus sufrimientos y su muerte nos hace sentir cercanos y agradecidos. Él es quien llevó a la práctica el plan del Padre.

Pero ¿el *Espíritu Santo*? aun el llamarlo por este nombre no brinda mayor claridad al asunto. En realidad para quien no tiene mayor conocimiento del tema, incluso el nombre raya en lo raro. Si su nombre es vago, no es de sorprendernos que la mayoría encuentre su obra y ministerio de forma similar. Y puesto que quienes intentan explicar sus obras por lo general son los teólogos, con frecuencia notoriamente profundos y sin claridad, no es de asombrarse que la gente no tenga indicios siquiera para entender de qué se trata... ni qué hablar de sentirse íntimamente relacionados con Él. Para muchos, todavía es el «abstracto» Divino.

Con sinceridad, soy tan culpable como aquellos teólogos de pensamiento complicado que han intentado «explicar» al inescrutable Espíritu de Dios. En la década del 60 enseñé un curso sobre la tercera persona de la Trinidad. Cuando tomé mi pluma para escribir este libro, pensé que podría ser útil revisar en forma ligera esas viejas notas. Mi problema inmediato fue localizarlas. ¿Las habría archivado tal vez bajo la *E* de «Espíritu»? No. ¿Qué tal bajo la *S*, de «Santo»? Tampoco ¿Tal vez estaban sepultadas bajo la pila de materiales archivados en la letra *T*, de «Trinidad»? Ni pensarlo. Persistí en mi empeño hasta que las desenterré... archivadas bajo la *P* de *Pneumatología*. Eso debe decirle bastante en cuanto a cómo enfoqué el asunto hace tres décadas: estrictamente en forma teórica y teológica, sin considerar para nada su aspecto relacional.

No me entienda mal. No hay nada, nada, incorrecto en la teología en sí. La sana doctrina nos da raíces fuertes. Quienes adolecen de tal equilibrio pueden con facilidad caer en el extremismo y el error. Sin embargo, trazar un tema tan íntimo como este desde una inflexible distancia impersonal, manteniendo todo seguro, desde el punto de vista teórico y analíticamente frío, no resulta. ¡Ya ha habido demasiado de eso! Lo que necesitamos es una investigación mucho más personal de la obra del Espíritu, sin perder nuestra ancla de verdad teológica.

Lo reconozco, algunas de las características del Espíritu son más teóricas que experimentales. Por ejemplo:

- Él es Dios: coigual, coexistente y coeterno con el Padre y el Hijo.

- Posee todos los atributos de la Deidad.

- Regenera al pecador que cree.

- Nos bautiza en el cuerpo universal de Cristo.

- Mora en los convertidos.

- Nos sella, conservando a cada creyente seguro en la familia de Dios.

Y hay una docena o más de características y detalles que se podrían nombrar. Todas son verdad, pero hay *mucho más* de lo que a duras penas hemos reconocido, y eso por no decir que hemos experimentado. Y aunque verdaderas, ¡virtualmente *no hacen ninguna diferencia* en nuestra existencia consciente!

- ¿Por qué tiene que emocionar a alguien el poder explicar la diferencia entre entristecer al Espíritu y apagarlo? ¿Y qué si están ausentes en esa persona las evidencias diarias de su poder?

- ¿De qué le sirve saber que el término griego que se traduce «Consolador» en el Nuevo Testamento, es *Parakletos*? ¿Hace eso algo por nosotros? ¿Podemos relacionarnos mejor con Dios por conocer ese dato?

- ¿A quién le importa si usted y yo podemos definir la presencia y obra del Espíritu Santo antes o después de Pentecostés? A riesgo de que me recubran de alquitrán y plumas, ya no me emocionan tales distinciones, puesto que muchos a quienes les encanta debatirlas parecen estar muy alejados de una relación personal con el Espíritu.

- Y, ¿qué tanto importa si Él hace esto o aquello antes, durante o después de la Gran Tribulación? Estos temas pueden emocionar a un puñado de intelectuales porfiados, parapetados en las aulas enclaustradas de un seminario, pero, créame, no significan casi nada para quien está a punto de perder toda esperanza y necesita desesperadamente el toque de Dios.

¡Sea realista! No necesitamos otra enciclopedia teológica sobre pneumatología, sino más bien un volumen fácil de entender sobre la diferencia práctica que el Espíritu puede hacer en nuestras vidas a nivel personal y duradero. Y de eso trata este libro: nada de «Fantasma Santo», sino de razones reales y vívidas por las cuales necesitamos al Espíritu... y la diferencia increíble que Él puede hacer en la manera en que vivimos a nivel personal.

¿Qué nos proponemos con este libro?

He decidido perseguir las cuestiones reales y el aspecto práctico del Espíritu Santo, principalmente las dimensiones que rara vez se mencionan respecto a su obra con nosotros en forma individual y colectiva. ¿Por qué? Porque todo esto nos da ventaja para vivir en un mundo maldito por el pecado, rodeados de personas que han perdido su entusiasmo por la vida. Cuando esto cobra vida en nosotros nos convertimos en instrumentos únicos en las manos de Dios. Creo que esto es lo que usted anhela de veras, y, puedo asegurarle que yo también.

Seamos específicos. Los siguientes son algunos ejemplos, tomados al azar junto con sus respectivas Escrituras, de lo que analizaremos a medida que se desarrollen los capítulos subsiguientes:

1. La obra «testificadora» del Espíritu. ¿Se ha preguntado alguna vez qué es lo que Pablo quería expresar cuando les dijo a sus amigos de Éfeso:

> Ahora, he aquí, ligado yo en espíritu, voy a Jerusalén, sin saber lo que allá me ha de acontecer; salvo que el Espíritu Santo por todas las ciudades me da testimonio, diciendo que me esperan prisiones y tribulaciones.
>
> Hechos 20.22-23

2. Los «gemidos» del Espíritu, así como su «intercesión» a nuestro favor:

> Porque sabemos que toda la creación gime a una, y a una está con dolores de parto hasta ahora; y no sólo ella, sino que también nosotros mismos, que tenemos las primicias del Espíritu, nosotros también gemimos dentro de nosotros mismos, esperando la adopción, la redención de nuestro cuerpo.
>
> Y de igual manera el Espíritu nos ayuda en nuestra debilidad; pues qué hemos de pedir como conviene, no lo sabemos, pero el Espíritu mismo intercede por nosotros con gemidos indecibles. Mas el que escudriña los corazones sabe cuál es la intención del Espíritu, porque conforme a la voluntad de Dios intercede por los santos.
>
> Romanos 8.22-23, 26-27

3. Otra curiosa obra del Espíritu Santo, respecto a la cual muy poco se ha escrito, tiene que ver con lo que Él «escudriña», incluyendo «lo profundo de Dios». Y, ¿qué en cuanto a lo que nos revela? ¡Qué hecho tan intrigante!

Antes bien, como está escrito:

COSAS QUE OJO NO VIO, NI OÍDO OYÓ,
NI HAN SUBIDO EN CORAZÓN DE HOMBRE,
SON LAS QUE DIOS HA PREPARADO PARA LOS QUE LE
AMAN.

Pero Dios nos las reveló a nosotros por el Espíritu; porque el Espíritu todo lo escudriña, aun lo profundo de Dios. Porque ¿quién de los hombres sabe las cosas del hombre, sino el espíritu del hombre que está en él? Así también nadie conoció las cosas de Dios, sino el Espíritu de Dios. Y nosotros no hemos recibido el espíritu del mundo, sino el Espíritu que proviene de Dios, para que sepamos lo que Dios nos ha concedido, lo cual también hablamos, no con palabras enseñadas por sabiduría humana, sino con las que enseña el Espíritu, acomodando lo espiritual a lo espiritual.

1 Corintios 2.9-13

Toda mi vida adulta he oído, e igualmente lo he afirmado, acerca del ministerio de la *Palabra*. Todavía lo creo, ahora más que nunca. Pero hay más. ¡Existe también el ministerio de *Dios*! Conforme su Espíritu examina y escudriña «lo profundo» del Padre, e investiga esos laberintos misteriosos, insondables, de su voluntad y su verdad, nos los enseña «acomodando lo espiritual a lo espiritual». Profundizaremos más en cuanto al significado de esto.

4. Otro aspecto «del cual no se habla mucho» es la «unción» del Espíritu, referida en las antiguas versiones de la Biblia como el «ungimiento» del Espíritu.

Hijitos, ya es el último tiempo; y según vosotros oísteis que el anticristo viene, así ahora han surgido muchos anticristos; por esto conocemos que es el último tiempo. Salieron de nosotros, pero no eran de nosotros; porque si hubiesen sido de nosotros, habrían permanecido con nosotros; pero salieron para que se manifestase que no todos son de nosotros. Pero vosotros tenéis la unción del Santo, y conocéis todas las cosas.

1 Juan 2.18-20

5. Cada cierto tiempo alguien sugiere que debemos «probar los espíritus». De alguna manera desusada tales «pruebas» nos

ayudan a «conocer el Espíritu de Dios», según nos dice el apóstol Juan. Tal vez usted por años se ha preguntado, como yo, lo que significan las siguientes palabras:

> Amados, no creáis a todo espíritu, sino probad los espíritus si son de Dios; porque muchos falsos profetas han salido por el mundo. En esto conoced el Espíritu de Dios: Todo espíritu que confiesa que Jesucristo ha venido en carne, es de Dios; y todo espíritu que no confiesa que Jesucristo ha venido en carne, no es de Dios; y este es el espíritu del anticristo, el cual vosotros habéis oído que viene, y que ahora ya está en el mundo.
>
> 1 Juan 4.1-3

6. Juan también escribe respecto al «testimonio» del Espíritu con otro comentario curioso que muy pocos se molestan en examinar:

> ¿Quién es el que vence al mundo, sino el que cree que Jesús es el Hijo de Dios? Este es Jesucristo, que vino mediante agua y sangre; no mediante agua solamente, sino mediante agua y sangre. Y el Espíritu es el que da testimonio; porque el Espíritu es la verdad. Porque tres son los que dan testimonio en el cielo: el Padre, el Verbo y el Espíritu Santo; y estos tres son uno. Y tres son los que dan testimonio en la tierra: el Espíritu, el agua y la sangre; y estos tres concuerdan. Si recibimos el testimonio de los hombres, mayor es el testimonio de Dios; porque este es el testimonio con que Dios ha testificado acerca de su Hijo.
>
> 1 Juan 5.5-9

Pienso que está captando la dirección en la cual nos movemos. En el proceso, quiero considerar ciertos términos que han sido ligados con el Espíritu de Dios, tales como: *poder* y *presencia, revelación* y *visiones, milagros* y *sanidades,* incluso *intuición, dirección, guía* y *la voz de Dios.* Muy pocas veces nos sentimos cómodos tratando estos temas, pero necesitamos tener una mejor comprensión de ellos si queremos volar más cerca de la llama.

Aun cuando todavía no hemos llegado ni siquiera al fin del primer capítulo del libro, algunos tal vez estén empezando a sentirse algo incómodos... casi como si se sintieran culpables o con temor. Quizá hasta empiecen a hacerse preguntas con respecto a mí.

Tal vez al hermano Charles le esté empezando a afectar el cerebro todo ese viento que recibe al montar en su motocicleta... y por andar en compañía de todos esos motociclistas de apariencia extravagante. ¡Ajá! ¡Eso debe ser!

No, señor.

Todo esto ha estado dando vueltas por mi mente por más de dos décadas. De hecho, recuerdo haberme preguntado en el seminario, por qué no se mencionaban ciertos versículos, o por qué el profesor parecía ponerse tenso y a la defensiva cuando algún joven insistía demasiado sobre ciertos versículos que este pasaba por alto.

O tal vez usted se siente un tanto nervioso respecto a la dirección en la que pudiera llevarle en estas cuestiones controversiales.

¡Tranquilícese! Al permitir que la verdad aflore tenemos todo para ganar y nada que perder. Es la verdad, recuerde, la que nos hace libres. De modo que no nos apresuremos a juzgar o a tratar de encontrar algún membrete popular o categoría teológica en la cual echar todo. ¡Jamás debemos tener miedo de la llama!

El hecho ineludible es este: la mayoría (sí, la mayoría) de los cristianos que conocemos tienen muy poca dinámica o gozo en sus vidas. Simplemente, pregúnteselo. Anhelan y suspiran por profundidad, pasión, paz y estabilidad en lugar de una relación superficial con Dios, hecha de palabras y sin sentimientos, y luchas sin sanidad. De seguro hay más en la vida de fe que en reuniones de la iglesia, estudio bíblico, vocabulario religioso y oraciones periódicas. El maravilloso Espíritu de Dios desea hacer mucho más en nosotros. Hay cicatrices que Él quiere eliminar. Hay sentimientos y emociones destrozadas que quiere sanar. Hay perspectivas que anhela revelar. Hay dimensiones profundas de la vida que a Él le encantaría abrir. Pero nada de esto ocurrirá automáticamente, mientras Él continúe siendo nada más que una imagen fugaz en nuestro computador teológico personal.

Él es el Consolador, ¿recuerda? Es el que nos enseña toda la verdad, el que revela la voluntad del Padre, el que otorga dones, el que cura las heridas y aflicciones. Él es la inextinguible llama de Dios, amigo mío. ÉL ES DIOS. Permanecer a distancia de Él es peor que malo; es *trágico*. Volar más cerca de la llama, por consiguiente, es mejor que bueno; es absolutamente *maravilloso*.

Descubrir el significado del Espíritu

Tal vez todo este énfasis en el Espíritu Santo le sobrecoge. ¿Pudiera ser que nunca le hayan mostrado, en base a las Escrituras, cuál es el papel que el Señor quiso que Él jugara en su vida? Antes de concluir este capítulo, permítame ayudarle a ver tres contribuciones que Él hace, sin las cuales la vida se reduce a algo oscuro y gris.

Primero: Su presencia permanente dentro de nosotros.

Jesús tomó asiento junto con sus doce discípulos en una habitación pequeña, en un segundo piso, la noche antes de ser crucificado. Comieron juntos y luego el Señor estableció la Última Cena. Judas salió. Poco antes, Jesús les había lavado los pies. Surgió una breve discusión al respecto. Luego, casi sin interrupción, «dejó su alma al descubierto». Con esto quiero decir que comunicó la información e instrucción más íntima y más importante que jamás habían escuchado. Sus palabras se hallan en los capítulos 14—16 del Evangelio según Juan, en la sección que se ha llegado a conocer como «el discurso del aposento alto». Empezó así:

> No se turbe vuestro corazón; creéis en Dios, creed también en mí. En la casa de mi Padre muchas moradas hay; si así no fuera, yo os lo hubiera dicho; voy, pues, a preparar lugar para vosotros. Y si me fuere y os preparare lugar, vendré otra vez, y os tomaré a mí mismo, para que donde yo estoy, vosotros también estéis. Y sabéis a dónde voy, y sabéis el camino. Le dijo Tomás: Señor, no sabemos a dónde vas; ¿cómo, pues, podemos saber el camino? Jesús le dijo: Yo soy el camino, y la verdad, y la vida; nadie viene al Padre, sino por mí[...] No os dejaré huérfanos; vendré a vosotros.
> Juan 14.1-6,18

Nos acomodamos con calma al leer esas palabras y tratamos de imaginarnos a los discípulos oyéndolas. Pero ellos se sentían *de cualquier otra manera,* ¡excepto en calma! Jesús anunciaba su partida, mientras ellos batallaban con sus sentimientos de abandono. Deben haber sentido una opresión en sus estómagos al usar Él la palabra «huérfanos», por cuanto así era *exactamente* como se sentían. Por más de tres años habían sido inseparables. Él estaba allí cuando se despertaban. También en cada situación a las que se enfrentaron. Cuando clamaban por ayuda, casi siempre estaba cerca y listo para intervenir. Cuando decían, «Buenas noches», Él les contestaba. De súbito, todo cambiaría. Les estaba dejando en forma permanente. Y aunque eran adultos, el aguijón de su partida les hacía sentir huérfanos.

Recuerdo lo que sentí cuando murió mi padre, en 1980. Mi madre había fallecido nueve años antes; ya no tenía a ninguno de mis padres. Tenía más de cuarenta y cinco años, mi propia familia y estaba metido hasta el cuello en el ministerio. Sin embargo, su partida marcó una huella en mi vida, pues las cosas nunca volverían a ser igual. No más visitas. No más llamadas por teléfono. No más oportunidades para sentarnos y hablar respecto a alguna situación que estuviera enfrentando... y tenerlo a él escuchando y conversando conmigo. De una manera extraña me sentí huérfano, hasta hoy todavía hay ocasiones en que me hace falta poder ver a mi padre, oír su voz, observar su respuesta.

Así es como los discípulos se sintieron. No más comidas juntos. No más conversaciones junto al mar. No más charlas quietas alrededor de la fogata al caer la noche. No más risas... o lágrimas... o ver cómo resolvía una situación espinosa. Huérfanos.

Y eso que Él había prometido no dejarlos huérfanos. El «Plan B» ya estaba en movimiento.

> Y yo rogaré al Padre, y os dará otro Consolador, para que esté con vosotros para siempre; el Espíritu de verdad, al cual el mundo no puede recibir, porque no le ve, ni le conoce; pero vosotros le conocéis, porque mora con vosotros, y estará en vosotros.
> Juan 14.16-17

¡*Sí*! Jesús les prometió que su sustituto sería «otro Consolador», el Espíritu Santo. Y, a diferencia de Jesús, quien solo había estado con ellos, Él (el Espíritu) estaría *en* ellos. ¡Qué diferencia! No muchos días después, cuando llegara el Espíritu Santo, se introduciría dentro de ellos y viviría en ellos para siempre. No más compañía temporal; la presencia del Espíritu sería (y todavía es) permanente. No había acontecido nada similar anteriormente. Ni siquiera en las vidas de los grandes del Antiguo Testamento. Pero de ahora en adelante... ¡sí!

La partida de Cristo fue esencial para que el Espíritu empe-. zara su morada permanente. Jesús lo dijo así:

> Pero yo os digo la verdad: Os conviene que yo me vaya; porque si no me fuere, el Consolador no vendría a vosotros; mas si me fuere, os lo enviaré.
>
> Juan 16.7

De modo que, entonces, necesitamos ir al lugar de las Escrituras en donde se registra la partida de Jesús, Hechos 1, para ver lo que dijo respecto a la venida del Espíritu, porque allí es donde encontramos la siguiente contribución significativa del Espíritu.

Segundo: Su dinámica sin paralelo entre nosotros

> Y estando juntos, les mandó que no se fueran de Jerusalén, sino que esperasen la promesa del Padre, la cual, les dijo, oísteis de mí. Porque Juan ciertamente bautizó con agua, mas vosotros seréis bautizados con el Espíritu Santo dentro de no muchos días.
>
> Entonces los que se habían reunido le preguntaron, diciendo: Señor, ¿restaurarás el reino a Israel en este tiempo? Y les dijo: No os toca a vosotros saber los tiempos o las sazones, que el Padre puso en su sola potestad; pero recibiréis poder, cuando haya venido sobre vosotros el Espíritu Santo, y me seréis testigos en Jerusalén, en toda Judea, en Samaria, y hasta lo último de la tierra.
>
> Hechos 1.4-8

Faltaban apenas momentos para la ascensión de nuestro Señor. Naturalmente, Él quería despedirse de sus compañeros más íntimos. Al estar allí, volvió a asegurarles: «recibiréis poder, cuando haya venido sobre vosotros el Espíritu Santo» (v. 8). No era *si* el Espíritu viene, sino *cuando*. Y a su llegada, recibirían *poder*.

Ahora bien, Jesús no estaba diciendo que el poder comenzaría en ese momento, por cuanto siempre fue una de las características de Dios. El poder estaba presente en la creación. Abrió el Mar Rojo. Hizo brotar agua de la roca y trajo fuego del cielo. Es más, era el mismo poder maravilloso que había resucitado a Cristo. Pero ese tipo de manifestaciones sobrenaturales no era lo que Él prometió. Los discípulos no estarían creando mundos o separando mares o tomando el lugar de Dios. Lo que Cristo les prometió fue poder para capacitarlos. Como el que A. T. Robertson observó de manera correcta:

> No el «poder» que les preocupaba (organización política y equipo para el imperio, según el de Roma) [...] este nuevo «poder» (*dunamin*), para capacitarlos (de *dunamai*, ser capaz), para extender el evangelio por el mundo.[1]

Jesús decía, en efecto: «Recibirán una nueva capacitación, una nueva dinámica, completamente diferente a cualquier otra que hayan experimentado antes». Opino que este «poder» prometido también incluyó una confianza interna, casi al punto de ser invencibles, sin importar las probabilidades que de seguro enfrentarían.

F. F. Bruce, en su espléndido volumen sobre el libro de los Hechos, afirma que:

> ellos serían revestidos de poder celestial, el mismo por el cual, en efecto, realizaron sus poderosas obras y predicaron con eficacia. De la misma forma que Jesús fue ungido en su bautismo con el Espíritu Santo y poder, así también sus seguidores eran ahora ungidos y capacitados de manera similar para continuar con su obra.[2]

El poder (prefiero usar el término *dinámica*) que Jesús les prometió a los discípulos, e indirectamente a nosotros, fue la ayuda sin paralelo y la capacitación de parte del Espíritu, que haría sobrepasar la propia capacidad humana.

¡Piénselo! Es la misma dinámica que reside en cada cristiano hoy. Pero ¿a dónde se ha ido? ¿Por qué es tan rara vez evidente entre nosotros? ¿Qué puede hacerse para ponerla en movimiento como lo estuvo una vez? Estas son algunas de las preguntas que me impulsaron a hurgar profundamente en este estudio.

---

[1] Archibald Thomas Robertson, *The Acts of the Apostles* [Hechos de los apóstoles], vol. 3 de *Word Pictures in the New Testament* [Imágenes verbales del Nuevo Testamento], Broadman Press, Nashville, TN, 1930, p. 10.

[2] F. F. Bruce, *Commentary on the Book of Acts* [Comentario sobre el libro de los Hechos], Eerdmans, Grand Rapids, MI, 1954, pp. 38-39.

Tercero: Su voluntad confirmadora para nosotros

En su declaración antes de partir, Jesús incluyó una promesa adicional para sus discípulos: «Me seréis testigos», dijo. El Espíritu pondría sus labios en libertad para que pudieran *testificar* consistentemente de Él. Primero, en Jerusalén, en donde estarían cuando viniera el Espíritu. Luego, en Judea y Samaria, las regiones aledañas a la ciudad. Al final, «hasta lo último de la tierra». La presencia del Espíritu los estimularía, capacitándolos para hablar de manera abierta e intrépida de su Señor. Él todavía está anhelando hacer lo mismo en y a través de nosotros, confirmando la voluntad de Dios para nuestras vidas.

Un rápido vistazo al cuarto capítulo de Hechos nos revela los resultados de esta dinámica llena del Espíritu: *perseverancia*. Pedro y Juan habían estado predicando en las calles de Jerusalén, donde luego fueron arrestados, confrontados y amenazados por las autoridades. Sin amilanarse por sus amenazas, los discípulos se plantaron frente a ellas. Su tranquila perseverancia no pasó inadvertida.

> Entonces viendo el denuedo de Pedro y de Juan, y sabiendo que eran hombres sin letras y del vulgo, se maravillaban; y les reconocían que habían estado con Jesús.
> Hechos 4.13

¿Por qué? ¿Por qué los funcionarios religiosos se maravillaron ante hombres sin mayor preparación académica? Porque quedaron impresionados por su firme resolución. Sus pensamientos tal vez fueron: *Estos son una clase de hombres diferentes. No son como los soldados con los que lidiamos, ni como los políticos, ni como nuestros colegas.* Como resultado, empezaron a reconocer que eran gente de Jesús... eran hombres que habían estado con Jesús. ¿Cómo lo supieron? ¡Por la dinámica!

No mucho tiempo después, los discípulos fueron llevados de nuevo frente a la Suprema Corte Judía, y se les dijo en términos inequívocos ¡que se quedaran quietos!

> ¿No os mandamos estrictamente que no enseñaseis en ese nombre? Y ahora habéis llenado a Jerusalén de vuestra doctrina, y queréis echar sobre nosotros la sangre de ese hombre. Respondiendo Pedro y los apóstoles, dijeron: Es necesario obedecer a Dios antes que a los hombres.
> Hechos 5.28-29

Amigo mío, ¡eso es dinámica persistente, invencible! Casi siempre la gente se intimida en el ambiente oficial de una corte de justicia. ¡No así ellos!

¿Recuerda Hechos 1.8? «Recibiréis poder». Ustedes serán testigos. Serán perseverantes y se mantendrán firmes, pase lo que pase. Momentos más tarde, estos mismos hombres capacitados por el Espíritu, aclararon la situación:

> El Dios de nuestros padres levantó a Jesús, a quien vosotros matasteis colgándole en un madero. A éste, Dios ha exaltado con su diestra por Príncipe y Salvador, para dar a Israel arrepentimiento y perdón de pecados. Y nosotros somos testigos suyos de estas cosas, y también el Espíritu Santo, el cual ha dado Dios a los que le obedecen.
>
> Hechos 5.30-32

Y ¿qué ocurrió? ¿Se pusieron a lamerse las llagas, y se acurrucaron en alguna cueva oscura hasta que la situación se calmó? ¿Quedaron atemorizados y desilusionados? Por el contrario. Incluso después de haber sido amenazados y brutalmente azotados,

> [...] salieron de la presencia del concilio, gozosos de haber sido tenidos por dignos de padecer afrenta por causa del Nombre. Y todos los días, en el templo y por las casas, no cesaban de enseñar y predicar a Jesucristo.
>
> Hechos 5.41-42

La capacitación del Espíritu... ¡eso es «poder» de procedencia celestial! Y la buena noticia es que el mismo Espíritu que llenó a los creyentes en el primer siglo puede llenarnos en el siglo veinte. Y la misma dinámica puede ser nuestra... la misma intrepidez y determinación, actitud invencible y perseverancia en medio del peligro.

Eliminar la resistencia entre nosotros y Él

¿No parece todo esto como algo que apela? ¿No ha suspirado usted por tal fortaleza y fe? La intención nunca fue que estas características estuvieran restringidas a los santos del primer siglo. En ninguna parte de las Escrituras hallo declaración que limite la presencia o dinámica del Espíritu a alguna era pasada. El mismo que prometió a un puñado de asustados seguidores nuevas dimensiones de una capacitación divina, está ansioso por llenarnos de lo mismo en la actualidad.

Francamente, estoy listo para eso. ¿Lo está usted? Lo necesitamos, es nuestro para reclamarlo y adueñarnos... de modo que... ¡*reclamémoslo y adueñémonos de ello!*

Para lograrlo, por lo menos tres fuerzas de resistencia deben ser eliminadas. Mientras no se cumpla con esto, nuestra esperanza por ese poder sobrenatural, que cambia vidas, como en el primer siglo, será sólo eso: una esperanza, un sueño teórico, algo respecto a lo cual podemos leer en la historia antigua, pero que nunca conoceremos de primera mano. Y ¿cuáles son esas fuerzas de resistencia?

1. La barrera del temor a lo desconocido.

2. La muralla de las limitaciones tradicionales.

3. El obstáculo de las excusas personales.

Lea la lista de nuevo. Pero esta vez deténgase después de cada una y piense respecto a la presencia de esa resistencia particular en su propia vida.

Quiero concluir este primer capítulo con una confesión breve pero sincera: no soy, por naturaleza, una persona que cambia fácilmente. Fui criado por una madre y un padre muy estables, muy consistentes, que proveyeron un sólido hogar, en donde mi hermano, mi hermana y yo crecimos rodeados de seguridad. Se nos enseñó a amar a Dios, a creer en Cristo, a confiar y obedecer la Biblia y ser fieles en la asistencia a la iglesia. Gran parte de mi teología fue martillada en casa con el yunque de esos primeros años.

Al crecer, mis raíces se fortalecieron en los fundamentos de la fe cristiana. Mi preparación en el seminario enterró mucho más esas raíces. Cuando me gradué, tenía muchas convicciones y muy pocas preguntas, sobre todo en el campo del Espíritu Santo. Pero durante los treinta y más años de ministerio, tanto en los Estados Unidos como en otros países, he llegado a darme cuenta de que hay dimensiones del ministerio del Espíritu que nunca he tocado. Existe también un poder dinámico en su presencia, del cual he sido testigo, que anhelo conocer más de cerca. Ahora tengo preguntas y un fuerte interés en muchas de las cosas del Espíritu, respecto a las cuales una vez pensé que estaban resueltas.

No temo hurgar más profundo en estos campos íntimos y misteriosos, porque Él es «el Espíritu de verdad», y Jesús, mi Señor, prometió que «Él [nos] guiará a toda la verdad» (Juan 16.13). Le invito a acompañarme en este viaje original y emocionante. Le animo a que no tenga temor mientras que, juntos, volamos más cerca de la llama.

Conforme volvemos a conocer a Aquel que vive en nosotros, a lo mejor —¿quién sabe?— hacemos algunos descubrimientos que necesitarán que cambiemos algo en nuestra largamente acariciada teología. No es problema. Ya he visto suficientes personas que han dejado de pensar y que se contentan con decir que eso no es para mí. Tengo el presentimiento de que usted no piensa así... de otra manera, ya habría puesto este libro a un lado, antes de terminar siquiera el primer capítulo.

Si todavía está dispuesto a arriesgarse, continúe leyendo. El siguiente capítulo se acerca todavía más a la llama.

2

El objetivo principal del Espíritu de Dios: Transformar

EN 1983 JOHN SCULLEY RENUNCIÓ a su puesto en la empresa Pepsico para convertirse en presidente de la compañía de computadoras Apple. Corrió un gran riesgo al dejar su prestigiosa posición en una firma bien establecida, para unirse a las filas de una compañía diminuta que no le ofrecía ninguna garantía, aparte de la emoción de la visión transformadora de un hombre. Sculley dijo que decidió dar el arriesgado paso después de que Steve Jobs, cofundador de la empresa Apple, le aguijoneó con la pregunta: «¿Quiere usted pasar el resto de su vida vendiendo agua azucarada, o desea la oportunidad de cambiar el mundo?»

Los primeros discípulos fueron un puñado de inadaptados increíbles, nada más que «un grupo de personas toscas», como lo dice Robert Coleman en su *Plan Supremo de Evangelización*.[1] Pero lo más importante es que fueron los mismos que más tarde «trastornaron el mundo», de acuerdo al testimonio de la gente del primer siglo. ¿Cómo puede alguien explicar tal transformación? ¿Fue acaso algún curso acelerado que tomaron, algún seminario o liderazgo motivador? No. Entonces ¿fue tal vez obra de ángeles, y se le atribuyó a los discípulos? No. El registro bíblico afirma que fue el mismo grupo de hombres, una vez tímidos, que Jesús había entrenado. Tal vez lo que los cambió de la noche a la mañana ¿fue alguna «droga celestial» de alto poder, alguna substancia química productora de milagros, que fue inyectada en sus cuerpos? ¡*Basta*!

Hay sólo una respuesta inteligente: fue la llegada y la concesión de poder por parte del Espíritu Santo. Sólo Él transformó

[1] Robert E. Coleman, *Plan supremo de evangelización*, Caribe, Miami, FL, 1972, p. 16.

a aquellos hombres atemorizados, torpes y renuentes, en profetas de Dios con corazón fuerte, que no se dejaban intimidar, invencibles. En lugar de sentirse abandonados y huérfanos, en vez de pasar el resto de sus vidas con «agua azucarada», llegaron a intervenir directamente en el cambio del mundo. Una vez que el Espíritu habitó en ellos y le fue dado el completo control de sus vidas, puso su agenda en plena operación y nunca más volvieron a ser los mismos. Incorporaron su dinámica. Ya no se mantuvieron en las sombras, o buscaron excusas para no intervenir en obedecer el mandato de su Señor de «ir y discipular a todas las naciones». Una vez que vino el «otro Consolador», ocurrió la transformación... inmediata transformación.

Un breve vistazo a los discípulos «huérfanos»

Para apreciar esta transformación en su justa medida, necesitamos un retrato anterior y posterior de los hombres que anduvieron con Cristo. Empecemos con la escena que mencionamos ligeramente en el capítulo anterior: la Última Cena.

Judas había salido. Ya habían comido los alimentos. El sabor del pan y del vino todavía estaba en su paladar cuando el Señor empezó a revelarles la realidad de su partida. Sus estómagos experimentaron un retortijón al pensar cómo avanzarían sin Él. Estaban atribulados, aun cuando Él les exhortó: «No se turbe vuestro corazón [...]» (Juan 14.1). Estaban confundidos, según lo revela la pregunta de Tomás: «Señor, no sabemos a dónde vas; ¿cómo, pues, podemos saber el camino?» (v.5). Otro en el grupo quedó preocupado por el cambio en los planes, y preguntó: «Señor, ¿cómo es que te manifestarás a nosotros, y no al mundo?» (v.22).

Más tarde Pedro le negó[...] ¡y era el líder del grupo! (Marcos 14.53-72). A fin de cuentas, en el momento de la verdad, «todos los discípulos, dejándole, huyeron» (Mateo 26.56). Hasta el último de ellos abandonó a su Maestro.

Después de su resurrección se sorprendieron ante la idea de que su cuerpo no estuviera en la tumba. Esa misma noche, después de enterarse de su resurrección, los discípulos se escondieron detrás de las puertas cerradas de sus recintos. ¿Por qué? Se escondieron «por miedo de los judíos» (Juan 20.19). Como si eso no fuera suficiente, incluso después de que Él vino y se puso en medio de algunos de ellos, Tomás resistió con firmeza, declarando que tenía que verlo primero o, en sus propias palabras, «no creeré» (v.25).

Atribulados, confusos, preocupados, desleales, temerosos, dudosos... estos hombres eran cualquier cosa excepto valientes guerreros de Cristo. Antes de la obra transformadora del Espíritu, ¡eran pusilánimes! Cuando se descartó el plan original del juego, según ellos, la misión se consideró *incumplida.*

A menudo regreso a la descripción realista de los discípulos dada por Coleman. Es cualquier cosa, menos aduladora.

Lo más revelador acerca de estos personajes es que al principio no nos causan la impresión de que fueran hombres clave. Ninguno ocupaba un lugar prominente en la sinagoga, ni pertenecía al sacerdocio levítico. En su mayoría eran trabajadores comunes y tal vez no tenían más preparación profesional que los rudimentos necesarios para su vocación. Quizá unos pocos procedían de familias de ciertos recursos, tales como los hijos de Zebedeo, aunque ninguno de ellos pudo haberse considerado rico. No tenían títulos académicos en las artes y la filosofía de la época. Al igual que su Maestro, su educación formal la consiguieron, lo más probable, en las escuelas de la sinagoga. La mayoría de ellos creció en la región pobre del país, alrededor de Galilea. Al parecer, Judas Iscariote fue el único de los doce, oriundo de la región más culta de Judea. Cualquiera sea el criterio cultural que se aplique, tanto de entonces como de ahora, concluiría en considerarlos más bien como un grupo de personas toscas. Uno podría preguntarse cómo iba a poder servirse Jesús de ellos. Eran impulsivos, temperamentales, susceptibles y tenían todos los prejuicios de la sociedad. En resumen, estos hombres que nuestro Señor seleccionó para que fueran sus ayudantes, representaban bien a la sociedad de la época. Pero no constituían un grupo del cual se pudiera esperar que fuera a ganar el mundo para Cristo.[2]

Tal vez usted no aprecie un retrato tan directo de los discípulos, pero por lo que leo de ellos en los relatos de los evangelios, esto es exacto. Antes de la venida del Espíritu y su presencia transformadora en sus vidas, llevaban todos los signos de la gente con menos probabilidades de sobrevivir, mucho menos de tener éxito.

---

[2] Ibid., pp. 16-17.

Un descubrimiento iluminador de transformación personal

Jesús conocía a sus hombres mucho mejor que lo que ellos se conocían a sí mismos. Sabía que Judas era engañador y Pedro rudo, que Tomás luchaba con la duda y que Juan era un soñador. Conocía cuán mezquinos y competidores eran... cuán egoístas y frágiles. Sabía que los once últimos se consideraban a sí mismos como ferozmente leales, pero al momento de la verdad, se escabullirían entre las sombras. Por eso, era imperativa una nueva dinámica para que su misión de establecer su iglesia y evangelizar el mundo tuviera alguna esperanza de realizarse. Por consiguiente, cuando prometió «otro Consolador», quería decir uno que les transformaría desde adentro hacia afuera. Estaba seguro que la única manera en que ellos, al final de cuentas, harían «más grandes obras» de las que Él había obrado, sería a través de la presencia y del poder del Espíritu.

Los discípulos casi ni se daban cuenta de lo mucho que les faltaba. La mayoría (tal vez todos) pensaba que tenían más a su favor de lo que en realidad era el caso. Pedro, recuerde, le aseguró al Señor: «Mi vida pondré por ti», y «Aunque todos se escandalicen, yo no» (Juan 13.37; Marcos 14.29). Qué caída cuando más tarde se dieron cuenta de que ni en sueños eran tan resistentes ni leales ni valerosos como le habían asegurado que serían.

Todos hemos estado en la misma situación, ¿verdad? Casi en el momento en que saltamos de la rama pensando que somos capaces, vemos nuestras alas cortadas por medio de un descubrimiento súbito y vergonzoso. En ese punto nos damos cuenta de que no somos, ni con mucho, tan eficaces o competentes como nos habíamos convencido de que éramos.

Leí un ejemplo clásico de esto en el espléndido volumen de Max DePree, *Liderazgo complicado*.

Se cuenta de una compañía alemana de herramientas para tornos, que una vez desarrolló una broca muy delgada para perforar agujeros en acero. Podía perforar un agujero del grosor de un cabello humano. Esto parecía ser una innovación tremendamente valiosa. Los alemanes enviaron muestras a Rusia, los Estados Unidos y Japón, sugiriendo que era lo último en tecnología de tornos.

De los rusos no volvieron a oír nada. De los estadounidenses llegó una rápida respuesta preguntando el precio de las brocas, los descuentos disponibles y la posibilidad de un arreglo para concesión de licencia.

Después de algún retraso, vino la predecible y diplomática respuesta de los japoneses, felicitando a los alemanes por su logro, pero con una posdata, en la que indicaban que incluían la broca alemana con una pequeña transformación. Emocionados, los ingenieros alemanes abrieron el paquete, examinaron con mucho cuidado su broca, y para su sorpresa descubrieron que los japoneses habían perforado un perfecto agujero a través de ella.[3]

Cuando el Espíritu de Dios se abrió paso para introducirse en las vidas de los que esperaban su llegada en aquel aposento alto en Jerusalén, su presencia transformadora fue evidente de inmediato. Al leer lo que divulga la primera parte del libro de los Hechos, puedo identificar por lo menos cuatro cambios transformadores entre aquellos que recibieron el Espíritu.

Primero, *sus debilidades humanas fueron transformadas en dones y capacidades sobrenaturales.*

Desde el momento en que llegó el Espíritu Santo, nada fue igual en los discípulos. Cuando su poder, su dinámica (el término griego es *dunamis*) cayó sobre ellos, hasta pudieron hablar en otros idiomas.

> Cuando llegó el día de Pentecostés, estaban todos unánimes juntos. Y de repente vino del cielo un estruendo como de un viento recio que soplaba, el cual llenó toda la casa donde estaban sentados; y se les aparecieron lenguas repartidas, como de fuego, asentándose sobre cada uno de ellos. Y fueron todos llenos del Espíritu Santo, y comenzaron a hablar en otras lenguas, según el Espíritu les daba que hablasen.
>
> Hechos 2.1-4

Trate de imaginarse estos fenómenos ocurridos uno tras otro.

- Un ruido, un estruendo increíblemente fuerte (del término griego obtenemos nuestra palabra castellana *eco*), no muy diferente al de un violento huracán desatando su ensordecedora fuerza en alguna aldea costera.

---

[3] Max DePree, *Leadership Jazz* [Liderazgo complicado], Doubleday, New York, NY, 1992, pp. 14-15.

- Una enorme «bola» de fuego, dividiéndose en pequeñas llamas, cada una en forma de lengua, que se posó sobre cada persona en la habitación.

- Al ocurrir esto, cada individuo fue «lleno del Espíritu Santo». De sus labios fluyeron palabras de idiomas que nunca antes habían hablado ni aprendido.

Esta experiencia revolucionó sus vidas por completo. Los que habían estado atribulados y temerosos ya no lucharon más con tales sentimientos. Los una vez temerosos, inseguros, confusos y tímidos, nunca más volvieron a dar evidencia de tales limitaciones. Desde ese momento en adelante, fueron intrépidos en la fe y confiados en Dios. Fueron *transformados*.

De súbito pudieron hablar en idiomas diferentes al suyo. Tan claros y exactos fueron esos lenguajes que quienes los oyeron quedaron estupefactos.

Y hecho este estruendo, se juntó la multitud; y estaban confusos, porque cada uno les oía hablar en su propia lengua. Y estaban atónitos y maravillados, diciendo: Mirad, ¿no son galileos todos estos que hablan? ¿Cómo, pues, les oímos nosotros hablar cada uno en nuestra lengua en la que hemos nacido? Partos, medos, elamitas, y los que habitamos en Mesopotamia, en Judea, en Capadocia, en el Ponto y en Asia, en Frigia y Panfilia, en Egipto y en las regiones de África más allá de Cirene, y romanos aquí residentes, tanto judíos como prosélitos, cretenses y árabes les oímos hablar en nuestras lenguas las maravillas de Dios.

Hechos 2.6-11

Es digno de notarse que el término original que se usa para «lenguas» en los versículos 6 y 8 es la palabra griega *dialektos*, de la cual proviene la que conocemos como «dialecto». ¡Asombroso! Estos galileos sin mayor preparación académica, que hablaban un solo idioma, de repente fueron capaces de comunicarse en dialectos propios de nativos de regiones muy distantes de Palestina.

Y como si eso fuera poco, a algunos de ellos les fue dada la capacidad sobrenatural de tocar y sanar a otros.

Pedro y Juan subían juntos al templo a la hora novena, la de la oración. Y era traído un hombre cojo de nacimiento, a quien ponían cada día a la puerta del templo que se llama la Hermosa, para que pidiese limosna de los que entraban en el templo. Este, cuando vio a Pedro y a Juan que iban a entrar en el templo, les rogaba que le diesen limosna. Pedro, con Juan, fijando en él los ojos, le dijo: Míranos. Entonces él les estuvo atento, esperando recibir de ellos algo. Mas Pedro dijo: No tengo plata ni oro, pero lo que tengo te doy; en el nombre de Jesucristo de Nazaret, levántate y anda. Y tomándole por la mano derecha le levantó; y al momento se le afirmaron los pies y tobillos; y saltando, se puso en pie y anduvo; y entró con ellos en el templo, andando, y saltando, y alabando a Dios.

Hechos 3.1-8

Antes de que nos venga la idea de que estos hombres de súbito «brillaron» con otra aureola, o que de alguna otra manera su apariencia fue diferente, oigamos el testimonio de Pedro:

Y teniendo asidos a Pedro y a Juan el cojo que había sido sanado, todo el pueblo, atónito, concurrió a ellos al pórtico que se llama de Salomón. Viendo esto Pedro, respondió al pueblo: Varones israelitas, ¿por qué os maravilláis de esto? ¿O por qué ponéis los ojos en nosotros como si por nuestro poder o piedad hubiésemos hecho andar a éste?

Hechos 3.11-12

Claro, Pedro y Juan eran todavía «simplemente Pedro y Juan». No se promocionaron como milagreros o sanadores divinos. Parecían estar tan sorprendidos por el hecho tanto como los que habían presenciado lo ocurrido. Habiendo sido transformados por el Consolador que Jesús había enviado, los discípulos no convirtieron esta escena en un espectáculo que glorificara al hombre.

Segundo, *su temerosa renuencia fue transformada en confianza intrépida*. ¿Recuerda una escena anterior con los mismos hombres, temerosos de que los hallaran los judíos, escondidos en silencio tras las puertas cerradas? Lo último que querían era que los señalaran como seguidores de Jesús. Estaban petrificados por el miedo.

Según esta narración, se volcaron a las calles de Jerusalén, predicando a Cristo y urgiendo a gente totalmente extraña a que se arrepintiera y que creyera en el nombre de Jesús.

Y con otras muchas palabras [Pedro] testificaba y les exhortaba, diciendo: Sed salvos de esta perversa generación.

Hechos 2.40

Más tarde, cuando Pedro y Juan fueron arrestados y eran interrogados, su quieta confianza no pasó inadvertida:

Entonces viendo el denuedo de Pedro y de Juan, y sabiendo que eran hombres sin letras y del vulgo, se maravillaban; y les reconocían que habían estado con Jesús.

Hechos 4.13

Los seguidores de Jesús no se veían diferentes en su aspecto físico. No se convirtieron de pronto en eruditos. Tampoco se les hizo súbitamente cultos y expertos. No; siguieron siendo pescadores rudos y un par de «buenos muchachos». Pero en lo profundo de su ser, muy adentro, no eran nada de lo que habían sido. Fueron *transformados*.

Tercero, sus temores e intimidación fueron transformados en un sentimiento de invencibilidad.

El diccionario indica que la intimidación es timidez, tener temor, dejarse asustar o detener por las amenazas. Estos hombres, habiendo sido invadidos por el Espíritu de Dios, no tenían nada de lo señalado.

* En lugar de rehuirle al público, se precipitaron hacia él.

* En vez de esperar que no los vieran, exhortaban a gente totalmente extraña a que se arrepintieran.

* Lejos de dejarse amedrentar por los insultos, advertencia y amenazas, se enfrentaron cara a cara con sus acusadores, y ni siquiera pestañearon. Cuando se les conminó a que se quedaran callados, sin amilanarse respondieron: «Es necesario obedecer a Dios antes que a los hombres» (Hechos 5.29).

Incluso cuando fueron llamados ante el concilio, el supremo cuerpo judicial de los judíos, este puñado de «hombres sin educación y del vulgo» se irguieron como bueyes frente a la ventisca. De ninguna manera iban a retroceder, incluso si se les obligaba a enfrentarse a los mismos jueces influenciados y crueles que habían manipulado injustamente el juicio contra Jesús de Nazaret. Rehusaron dejarse apabullar. ¡Valor invencible! ¿Dónde consigue uno esa intrepidez hoy en día? ¿Estudiando en las universidades de Oxford, Yale o Harvard? De ninguna manera. ¿Leyendo biografías de grandes hombres y mujeres? Eso tal vez estimule nuestras mentes, pero no puede transformar nuestras vidas. Entonces, quizás el secreto de tal intrepidez está en un mentor, alguien cuyo caminar con Dios es admirable y consistente. De nuevo, por más ayuda que los héroes y modelos puedan ser, su influencia no puede infundirnos de súbito ese coraje invencible. Sólo el Espíritu deDios es capaz de hacer que eso ocurra.

No fue sino hasta que Él vino y llenó a aquellos frágiles y atemorizados hombres con su «dinámica» sobrenatural que fueron genuinamente (y por siempre) cambiados, transformados, en lo más profundo.

Cuarto, *sus sentimientos de soledad, de lúgubre abandono fueron transformados en gozo permanente.*

Luego de su segundo arresto, Pedro y Juan no permitieron que nada los detuviera. Rehusando decirles a sus ceñudos acusadores lo que querían oír, les clavaron la mirada y no contuvieron ningún golpe.

> Cuando los trajeron, los presentaron ante el concilio, y el sumo sacerdote les preguntó, diciendo: ¿No os mandamos estrictamente que no enseñaseis en ese nombre? Y ahora habéis llenado a Jerusalén de vuestra doctrina, y queréis echar sobre nosotros la sangre de ese hombre. Respondiendo Pedro y los apóstoles, dijeron: Es necesario obedecer a Dios antes que a los hombres. El Dios de nuestros Padres levantó a Jesús, a quien vosotros matasteis colgándole en un madero. A éste, Dios ha exaltado, con su diestra por Príncipe y Salvador, para dar a Israel arrepentimiento y perdón de pecados. Y nosotros somos testigos suyos de estas cosas, y también el Espíritu Santo, el cual ha dado Dios a los que le obedecen.
>
> Hechos 5.27-32

Encuentro absolutamente sorprendente que aquellos hombres, una vez tan mezquinos y compitiendo entre ellos mismos, ahora son de corazón tan firme e increíblemente confiados. También las autoridades observaron eso.

Ellos, oyendo esto, se enfurecían y querían matarlos. Entonces levantándose en el concilio un fariseo llamado Gamaliel, doctor de la ley, venerado de todo el pueblo, mandó que sacasen fuera por un momento a los apóstoles, y luego dijo: Varones israelitas, mirad por vosotros lo que vais a hacer respecto a estos hombres. Porque antes de estos días se levantó Teudas, diciendo que era alguien. A éste se unió un número como de cuatrocientos hombres; pero él fue muerto, y todos los que le obedecían fueron dispersados y reducidos a nada. Después de éste, se levantó Judas el galileo, en los días del censo, y llevó en pos de sí a mucho pueblo. Pereció también él, y todos los que le obedecían fueron dispersados. Y ahora os digo: Apartaos de estos hombres, y dejadlos; porque si este consejo o esta obra es de los hombres, se desvanecerá; mas si es de Dios, no la podréis destruir; no seáis tal vez hallados luchando contra Dios. Y convinieron con él; y llamando a los apóstoles, después de azotarlos, les intimaron que no hablasen en el nombre de Jesús, y los pusieron en libertad.

Hechos 5.33-40

Los líderes judíos deben haber pensado: «Eso arregla el asunto. Una firme advertencia, un sangriento azote y esta fuerte amenaza ¡debe taparles la boca para siempre!»

No lo logró. Como ya vimos antes,

Y ellos salieron de la presencia del concilio, gozosos de haber sido tenidos por dignos de padecer afrenta por causa del Nombre. Y todos los días, en el templo y por las casas, no cesaban de enseñar y predicar a Jesucristo.

Hechos 5.41-42

La Biblia Ampliada [versión en inglés] dice que fueron «dignificados por la indignidad».

Los azotes, la advertencia y la amenaza simplemente alimentaron el fuego de su determinación. En realidad, ¿lo captó usted?, salieron «gozosos». Y al retornar a la compañía de sus amigos, el gozo llenó el corazón de todos ellos, no la tristeza... no la desilusión. ¡Los pusilánimes se habían convertido en guerreros!

El Espíritu de Dios pudo haberles recordado las palabras del Señor en su partida: «En el mundo tendréis aflicción; pero confiad, yo he vencido al mundo» (Juan 16.33). Más aún, Pedro mismo escribiría luego:

> Amados, no os sorprendáis del fuego de prueba que os ha sobrevenido, como si alguna cosa extraña os aconteciese, sino gozaos por cuanto sois participantes de los padecimientos de Cristo, para que también en la revelación de su gloria os gocéis con gran alegría.
>
> 1 Pedro 4.12-13

Tal vez recordaba aquel día cuando él y Juan habían sido arrastrados hasta el concilio y azotados injustamente. En lugar de preguntarse: «¿Por qué el Señor nos dejó solos?» o «¿Dónde está Él cuando lo necesitamos?», su perseverancia gozosa cambió el día. Nada de resentimientos. Nada de sentimientos de abandono. Nada de hacer fiesta para compadecer a los miembros POBRES (pobre de mí).

¿Por qué? Porque los discípulos fueron cambiados radicalmente. No sólo motivados o entusiasmados por momentos: fueron *transformados*.

Un análisis de lo ocurrido

¿Pero, cómo? ¿Qué lo hizo? ¿Cómo pudieron estos mismos hombres, que antes habían salido al escape buscando refugio, rehusar, retroceder o incluso dejarse apabullar por los azotes?

Una posible explicación que viene a la mente es el *pensamiento positivo*. Tal vez uno o dos del grupo de discípulos observó a su alrededor, y dijo: «Ahora que Cristo se ha ido, es tiempo que miremos el aspecto positivo de las cosas, que seamos responsables».

Muy, muy dudoso. El pensamiento positivo no avanza mucho cuando las personas están recibiendo, en sus espaldas, azotes hasta quedar despellejados; ni los mantiene regocijados en medio de todo eso. Tampoco cambia de repente a la persona natural y normalmente tímida, convirtiéndola en alguien invencible. Tener una actitud positiva es algo maravilloso, pero no puede producir una transformación total.

Otra posibilidad sería *un mejor medio ambiente*. Tal vez las cosas mejoraron. Quizás el público había cambiado de opinión y se había tornado más abierto y más dispuesto a aceptar la responsabilidad por crucificar a Cristo. César mismo tal vez haya decidido que los seguidores de Cristo no fueran en realidad una preocupación digna para que el poderoso imperio romano la tomara en cuenta.

Usted sonríe. Sabe que las cosas se pusieron más y más hostiles, más intensas.

Bien, quizás alguien *organizó un curso* sobre «Cómo soportar el sufrimiento: Doce pasos hacia una vida exitosa».

No, usted bien lo sabe.

Si alguna vez va a Roma, reserve tiempo para visitar las catacumbas. Camine poco a poco por ese laberinto de senderos estrechos, que conducen a las entrañas profundas de ese mundo subterráneo y verá cosas que nunca olvidará. Casi podrá sentir los gemidos al mirar los estrechos camastros en donde fueron colocados los cuerpos destrozados. Hasta tal vez vea los escritos, y toque el signo del pez o una cruz, una corona o algún otro recordatorio igualmente elocuente, aunque mudo, de dolor y sufrimiento.

Al recorrer en silencio aquellas tumbas antiguas, mucho de lo superficial que usted lee hoy respecto a ser feliz a través del sufrimiento parecerá terriblemente vacío. Al mismo tiempo, los pocos signos que pulsan con el verdadero triunfo en Cristo cobrarán nuevo significado. Lo que usted observa en persona será la evidencia de vidas transformadas.

La mejor (y única) conclusión

No se enseñó ningún curso. Ninguna animadora dirigió a los discípulos en vítores para lavarles el cerebro y darles una actitud positiva. No hubo ningún cambio de ambiente en cuanto a su transformación. Fue el Espíritu Santo, y nada más. Fue el poder dinámico, que cambia la vida, que altera la actitud, poder del Señor viviente que se cirnió sobre ellos y llegó a residir permanentemente en ellos.

¿Recuerda las promesas del Señor Jesús? Permítame repasar varias de ellas de manera breve:

> De cierto, de cierto os digo: El que en mí cree, las obras que yo hago, él las hará también; y aun mayores hará, porque yo voy al Padre.
>
> Juan 14.12

Y yo rogaré al Padre, y os dará otro Consolador, para que esté con vosotros para siempre: el Espíritu de verdad, al cual el mundo no puede recibir, porque no le ve, ni le conoce; pero vosotros le conocéis, porque mora con vosotros, y estará en vosotros. No os dejaré huérfanos; vendré a vosotros.

Juan 14.16-18

Mas el Consolador, el Espíritu Santo, a quien el Padre enviará en mi nombre, él os enseñará todas las cosas, y os recordará todo lo que yo os he dicho. Juan 14.26

Pero recibiréis poder, cuando haya venido sobre vosotros el Espíritu Santo, y me seréis testigos en Jerusalén, en toda Judea, en Samaria, y hasta lo último de la tierra.

Hechos 1.8

Dios mantuvo su palabra. Y los discípulos nunca más fueron los mismos.

Una aguda pregunta que sólo usted puede responder

¿Está permitiéndole al Espíritu Santo que transforme *su* vida? En caso de que piense que es una pregunta irrelevante, lea las palabras de apertura de Romanos 12:

Así que, hermanos, os ruego por las misericordias de Dios, que presentéis vuestros cuerpos en sacrificio vivo, santo, agradable a Dios, que es vuestro culto racional. No os conforméis a este siglo, sino transformaos por medio de la renovación de vuestro entendimiento, para que comprobéis cuál sea la buena voluntad de Dios, agradable y perfecta.

Romanos 12.1-2

No pierda el mandamiento doble: «No os *conforméis* [...] sino *transformaos*» (cursivas mías).

¿Es lo suficientemente sincero consigo mismo como para contestar a mi pregunta? ¿Permite al Espíritu Santo que transforme su vida?

Hay solo dos respuestas posibles: sí o no. Si su respuesta es no, hay dos razones posibles. O bien no tiene al Espíritu en usted (es decir, aún no es cristiano), o Él está allí pero usted prefiere vivir la vida por sí mismo. Trataré de esto con más detalle en las páginas que siguen. Por ahora... permítame exhortarle a examinar algo de su alma.

Hablar otras lenguas, curar al cojo o explicar los fenómenos sobrenaturales, sucesos que se registran en la primera sección del libro de los Hechos, son temas interesantes y, por supuesto, importantes. Pero pueden tan fácilmente convertirse en cortinas de humo teológico, puntos de debate y lugares seguros en donde esconderse de la pregunta seria, aguda y acuciante, respecto a usted y a su vida personal.

Mi preocupación prioritaria es el objetivo principal del Espíritu: ¿Está *usted permitiéndole* que transforme *su* vida? Si no es así, ¿por qué?

Volar más cerca de la llama puede parecer arriesgado... pero es el mejor lugar para estar. En realidad, es la única manera de vivir.

3

Mi pecado... y «las cosas del Espíritu»

*E*STABA MINISTRANDO EN UNA CONFERENCIA junto con mi veterano colega y músico, el Dr. Howard Stevenson, que dirigía a los asistentes en varios cánticos maravillosos de adoración, como sólo él puede hacerlo, y decidió enseñarnos algunos gestos muy significativos y tiernos para acompañar el antiguo canto «Espíritu del Dios viviente». Uno de los ademanes consistía en levantar nuestras manos bien en alto, mientras cantábamos «Lléname... úsame». Fue hecho con tan buen gusto y gracia que estaba seguro que todos participarían. Me equivoqué. Más tarde, algunos dijeron que no sabían que Howard y yo éramos «carismáticos» (por la forma en que lo dijeron, el epíteto sonaba casi como una mala palabra.)

¡Qué respuesta más ridícula, rígida y estrecha! ¿Desde cuándo hay algo de malo en levantar nuestras manos a Dios en alabanza y adoración? Es bíblico, como se sabe. Y ¿desde cuándo amerita cierta posición un epíteto? No era nada fuera de lo común en los días bíblicos caer postrado ante Dios en humillación y oración. ¿Me pregunto cómo se nos tildaría si empezáramos a hacer lo mismo?

Es necesario sacar a Dios de la cajuela hecha por el hombre. Para que esto ocurra ¿debemos aflojar un poco? No, ¡aflojar *un montón*! Necesitamos ser menos defensivos, menos intensos y permitir que la verdad de Dios hable por sí misma. Si eso significa cambios, bienvenidos. Nunca olvide, es la verdad lo que nos hace libres. Si está perdiendo todo lo que Él quiere hacer en su vida y a través de usted, entonces, en las palabras del desaparecido escritor británico J. B. Phillips, su Dios es demasiado pequeño.[1]

---

[1] J. B. Phillips, *Your God Is Too Small* [Tu Dios es demasiado pequeño], Macmillan, New York, NY, 1987.

Sin embargo, al mismo tiempo, debemos tratarlo con el asombro y el honor que Él se merece. Volar más cerca de la llama no sugiere falta de respeto o familiaridad casual con un Dios santo, sino una relación más espontánea, íntima y dinámica con quien se deleita cuando le llamamos «Abba, Padre». La clave para tal intimidad es el Espíritu Santo. Por demasiado tiempo nos hemos mantenido distantes, en lugar de acercarnos y permitirnos a nosotros mismos adorarle y andar con Él de manera más fresca y original.

Necesitamos mantener un equilibrio saludable entre ser cuidadosos y ser receptivos. El hecho de ser cuidadosos no debe conducirnos a resistir a la verdad, como tampoco el hecho de ser receptivos debería conducirnos al error.

Martin Lloyd-Jones, aquel excelente expositor que sirvió en la Capilla Westminster de Londres por más de veinte años, lo expresó muy bien:

> Debemos tener mucho cuidado en estos asuntos. ¿Qué sabemos en realidad respecto a la esfera del Espíritu? ¿Qué sabemos en cuanto al derramamiento del Espíritu? ¿Qué sabemos respecto a estas grandes manifestaciones del Espíritu Santo? Necesitamos ser muy cuidadosos «no sea que nos hallemos luchando contra Dios», no sea que seamos culpables de «apagar el Espíritu de Dios».[2]

Hasta aquí todo se ha mantenido a una distancia prudencial, segura. La llama del Espíritu ha estado ardiendo, pero nosotros no hemos volado lo suficientemente cerca como para sentir mucho calor, ¿verdad? ¡Ah!, hemos hablado respecto al Espíritu transformando nuestras vidas, pero sobre todo nos hemos concentrado en Jesús y sus discípulos, un aposento alto en Jerusalén y en las personas que formaron la iglesia del primer siglo. Las «lenguas de fuego» los tocaron a ellos (no a nosotros) y las manifestaciones sobrenaturales fueron las que ellos (no nosotros) experimentaron. De modo que hasta aquí, todo ha estado frío.

---

[2] Martin Lloyd Jones, citado y reimpreso en John White, *When the Spirit Comes With Power* [Cuando el Espíritu viene con poder], InterVarsity Press, Downers Grove, IL, 1988, p. 13. Usado con permiso de InterVarsity Press, P.O. Box 1400, Downers Grove, IL, 60515.

Hasta ahora.

En este capítulo quiero que *nos incluyamos* dentro del cuadro. Vamos a volar un poco más cerca de la llama. Pero, no se preocupe... usted está seguro.

El Espíritu... mi pecado

En la carta a los Romanos Pablo hace un magistral trabajo para preparar al lector para su primera mención del Espíritu Santo. El tema, casi hasta la mitad de la carta, es el pecado. Pecado, pecado y más pecado, en cinco capítulos consecutivos.

Cuando empieza a mencionarlo (en los primeros tres capítulos), la escena es terrible: toda esperanza parece perdida. La humanidad está corrupta hasta el tuétano, totalmente depravada, descarriada en lo moral, sin esperanza. Cualquiera que lee Romanos 13 y no llega a tal conclusión, ha errado el mensaje por un kilómetro.

En Romanos 4 y 5, Pablo trae a Cristo dentro del cuadro. Puesto que Él nos ha redimido de la dominación del pecado, una brillante luz aparece en el horizonte. Su muerte en el Calvario trajo la promesa de alivio, de paz restaurada con Dios, e hizo posible que éste nos declarara justos, sobre la base de la obra redentora de Cristo a nuestro favor. Esto se conoce como la «justificación».

El poder del pecado por fin fue desarmado, y la esclavitud rota, al menos en la teoría. El pecado no fue erradicado, sino que su garra que nos mantenía atrapados fue abierta, de una vez y para siempre. Cuando el pecador cree en el Señor Jesucristo, éste entra en el cuadro... y el viejo amo (el diablo) ¡lo detesta! Como Satanás ha dictaminado las jugadas por tanto tiempo, piensa que todavía es el rey de la montaña.

Conociendo esto, Pablo entonces ejecuta en los siguientes tres capítulos una operación de alta cirugía en el tema. Permítame resumirlo:

• *Romanos 6:* El pecado ya no tiene poder sobre nosotros. Hemos sido emancipados. La libertad ya nos pertenece. Disfrute de su libertad, pero no se aproveche de ella. Siendo que está libre de su antiguo amo, no permita nunca más que el pecado reine sobre usted. El mensaje liberador de Romanos 6 está bastante explícito en estos dos versículos:

No reine, pues, el pecado en vuestro cuerpo mortal, de modo que lo obedezcáis en sus concupiscencias; ni tampoco presentéis vuestros miembros al pecado como instrumentos de iniquidad, sino presentaos vosotros mismos a Dios como vivos de entre los muertos, y vuestros miembros a Dios como instrumentos de justicia.

Romanos 6.12-13

• *Romanos 7:* Pero el pecado todavía está presente en mí; algunas veces batallo sobre quién va a estar a cargo. Puedo haber sido emancipado, pero el antiguo amo está bien vivo [...] y a veces me asalta.

Todo cristiano puede identificarse con la admisión sincera y franca de Pablo:

Porque sabemos que la ley es espiritual; mas yo soy carnal, vendido al pecado. Porque lo que hago, no lo entiendo; pues no hago lo que quiero, sino lo que aborrezco, eso hago.

Romanos 7.14-15

Podemos tener un nuevo maestro y amo, pero el pecado todavía está dentro de nosotros, agazapado cerca de la puerta, ¡listo para atacar! La batalla es tan inclemente, tan despiadada, que algunas veces nos deprime... lo cual puede haber sido la razón por la que Pablo dejó escapar su clamor:

¡Miserable de mí! ¿quién me librará de este cuerpo de muerte? Romanos 7.24

¡Gran pregunta! ¿Quién, en verdad, es capaz de darme la victoria sobre mi antiguo amo... quién, en verdad, me «libertará» de la opresora, desgarradora, presencia del pecado?

Y regresamos a la magnífica solución de antes: ¡El que transforma, EL ESPÍRITU SANTO! Que llega a ser el tema de:

• *Romanos 8:* El Espíritu provee una nueva dimensión de la vida. El síndrome deprimente explicado en Romanos 7 es vencido en Romanos 8. La «ley del pecado y de la muerte» que habitualmente nos condenaba en nuestra situación anterior, ha sido conquistada por «el Espíritu de vida en Cristo Jesús». Por eso es que: «Ahora, pues, ninguna condenación hay para los que están en Cristo Jesús [...]» (Romanos 8.1).

Pablo de manera deliberada determina su ritmo al escribir Romanos. Capítulo tras capítulo trata con el pecado, pecado y más pecado... sin una sola palabra de aliento en ese aspecto. Y luego, como si la cortina pareciera estar cerrándose y el lector llegar al mismo fondo sin ver ninguna salida... ¡Bravo! Entra «el Espíritu de vida». La cortina rápidamente se abre de nuevo, el escenario es inundado de luz, y se presenta al Transformador. ¡Qué gran verdad!

Lea esta importante sección de Romanos 8 despacio, pensando en lo que lee:

> Ahora, pues, ninguna condenación hay para los que están en Cristo Jesús, los que no andan conforme a la carne, sino conforme al Espíritu. Porque la ley del Espíritu de vida en Cristo Jesús me ha librado de la ley del pecado y de la muerte. Porque lo que era imposible para la ley, por cuanto era débil por la carne, Dios, enviando a su Hijo en semejanza de carne de pecado y a causa del pecado, condenó al pecado en la carne; para que la justicia de la ley se cumpliese en nosotros, que no andamos conforme a la carne, sino conforme al Espíritu. Porque los que son de la carne piensan en las cosas de la carne; pero los que son del Espíritu, en las cosas del Espíritu. Porque el ocuparse de la carne es muerte, pero el ocuparse del Espíritu es vida y paz. Por cuanto los designios de la carne son enemistad contra Dios; porque no se sujetan a la ley de Dios, ni tampoco pueden; y los que viven según la carne no pueden agradar a Dios. Mas vosotros no vivís según la carne, sino según el Espíritu, si es que el Espíritu de Dios mora en vosotros. Y si alguno no tiene el Espíritu de Cristo, no es de él. Pero si Cristo está en vosotros, el cuerpo en verdad está muerto a causa del pecado, mas el espíritu vive a causa de la justicia. Y si el Espíritu de aquel que levantó de los muertos a Jesús mora en vosotros, el que levantó de los muertos a Cristo Jesús vivificará también vuestros cuerpos mortales por su Espíritu que mora en vosotros.
>
> Así que, hermanos, deudores somos, no a la carne, para que vivamos conforme a la carne; porque si vivís conforme a la carne, moriréis; mas si por el Espíritu hacéis morir las obras de la carne, viviréis. Porque todos los que son guiados por el Espíritu de Dios, éstos son hijos de Dios.
>
> Romanos 8.1-14

¿Por qué se introduce al Espíritu en esta manera tan súbita? Porque sin Él no hay manera en que usted o yo podamos restringir o controlar el aspecto carnal de nuestras vidas. Pero las buenas noticias son: Debido a que Él está en nosotros, sí podemos. Y debido a que podemos... ¡*debemos*!

Mi carne... su Espíritu

Puesto que tanto el Espíritu como la carne residen dentro de cada creyente, invariablemente hay un conflicto que tiene lugar bajo la superficie de nuestras vidas. Cada día que vivimos está allí, como un mechero a punto de estallar en nuestra mente. Es como una guerra en el alma... una batalla sin sangre que no cesa.

Esto no quiere decir que seamos carnales; significa que somos humanos. No hay pecado en admitir el conflicto. En efecto, si usted no cree que tal conflicto existe, no ha sido franco y sincero consigo mismo, ni ha invertido suficiente tiempo en la segunda mitad de Gálatas 5.

> Digo, pues: Andad en el Espíritu, y no satisfagáis los deseos de la carne. Porque el deseo de la carne es contra el Espíritu, y el del Espíritu es contra la carne; y éstos se oponen entre sí, para que no hagáis lo que quisiereis.
>
> Gálatas 5.16-17

Para aclararlo aún más, veamos la paráfrasis del versículo 17, según consta en la edición *La Biblia al Día* [versión en inglés]:

> Porque por naturaleza nos gusta hacer lo malo. Esto va en contra de lo que el Espíritu Santo nos ordena hacer; lo bueno que hacemos cuando la voluntad del Espíritu Santo se impone, es exactamente lo opuesto a nuestros deseos naturales. Estas dos fuerzas luchan en nosotros y nuestros deseos están siempre sujetos a sus presiones.

La Biblia Ampliada [versión en inglés] traduce la parte central de este versículo: «son antagónicas entre sí, continuamente resistiendo y en conflicto la una contra la otra».

¿No es cierto esto? En la profundidad de los recovecos de nuestra mente se encuentra este campo de batalla invisible, aunque hostil. Por un lado están mis deseos carnales; por el otro, el bendito Espíritu de Dios. Un lado es obscuridad; el otro, luz.

Uno es malo; el otro, justo. Uno está lleno de deseos e impulsos letales; el otro es saludable y provechoso.

Debido a que ese conflicto se desarrolla en el campo invisible, rara vez pensamos en él en términos objetivos; pero el contraste no podría ser sino una antítesis bien pronunciada. Si no fuera por la presencia limitante del Espíritu, usted y yo tal vez seríamos la personificación de la maldad. Ningún pecado sería demasiado extremo. Ningún acto de desobediencia demasiado rebelde. Las tinieblas de nuestras almas serían más oscuras que mil cavernas a media noche. Sin restricción, la carne no conoce límites en la tétrica esfera de la iniquidad.

Cuando la carne es dominante

Tal vez eso parezca demasiado. ¿Podría haber exagerado respecto a nuestra capacidad potencial para el mal? Decida usted:

> Y manifiestas son las obras de la carne, que son: adulterio, fornicación, inmundicia, lascivia, idolatría, hechicerías, enemistades, pleitos, celos, iras, contiendas, disensiones, herejías, envidias, homicidios, borracheras, orgías, y cosas semejantes a estas; acerca de las cuales os amonesto, como ya os lo he dicho antes, que los que practican tales cosas no heredarán el reino de Dios.
>
> Gálatas 5.19-21

¡Qué lista!, ¿verdad? A mí me parece terrible. De hecho, es la misma lista de pecados que podría aplicarse para los que están fuera de Cristo. Y ¡ese es el punto exacto! Cuando el pueblo de Dios trafica en esto, el mundo no puede notar la diferencia entre nosotros y ellos.

Antes de seguir adelante, tal vez debería aclarar el significado de la frase, «los que practican tales cosas no heredarán el reino de Dios».

Pablo selecciona las palabras con mucho cuidado. Por ejemplo, «practican». El tiempo del verbo original sugiere «practican habitualmente». En otras palabras, se refiere a la persona cuya vida entera está consumida por tales maldades. Esa es una descripción de un estilo de vida de pecadores depravados que no tienen ningún escape en sí mismos.

Pero antes que desatemos nuestra lengua en contra de aquellos que «practican habitualmente» tales cosas, tengamos presente que nuestra vieja naturaleza sigue siendo tan oscura y depravada como la de ellos, incluso cuando el Espíritu reside dentro de nosotros. Si no fuera por su presencia, nuestra maldad no conocería límites.

Pero Él está allí... Él vive dentro de nosotros... Él nos impulsa a practicar una vida por encima de las heces de la depravación. Si esto no fuera verdad, estaríamos sin esperanza alguna sumergidos en las actividades de la carne.

Cuando el Espíritu toma el control

Las buenas noticias son: ¡Ya no tenemos que servir al antiguo amo! Ahora que tenemos la divina y dinámica presencia de nuestro Señor viviendo siempre en nosotros, podemos vivir por encima de todo eso... y podemos hacerlo de manera consistente. Por la plenitud del Espíritu emergen evidencias de nuestra nueva naturaleza.

Entonces, ¿qué ocurre? ¿Qué se produce, por ejemplo, cuando el Espíritu toma el control? Pablo responde a la pregunta directamente.

> Mas el fruto del Espíritu es amor, gozo, paz, paciencia, benignidad, bondad, fe, mansedumbre, templanza; contra tales cosas no hay ley.
>
> Gálatas 5.22-23

Y esto es apenas una breve muestra de lo que Él produce en nosotros. ¡Magnífico pensamiento! Al entregarle los controles de nuestra vida a Aquel que vive en nosotros, iniciamos el modelo de vida que Cristo llevó cuando anduvo en la tierra. Cuando eso ocurre, comienza el proceso de transformación.

La elección es nuestra. ¿Recuerda Romanos 8:5?

> Porque los que son de la carne piensan en las cosas de la carne; pero los que son del Espíritu, en las cosas del Espíritu.

Por años me he preguntado qué son esas «cosas del Espíritu». ¡Ahora lo sé!

Podemos hacer las «cosas de la carne» al fijar nuestra mente en ella... o podemos hacer las «cosas del Espíritu» al entregarle a Él el control de nuestra vida. Es así de simple. Nos convertimos en seguidores del amo o maestro que escogemos obedecer. Eso es justo lo que Pablo escribió a los cristianos del primer siglo en Roma:

> ¿No sabéis que si os sometéis a alguien como esclavos para obedecerle, sois esclavos de aquel a quien obedecéis, sea del pecado para muerte, o sea de la obediencia para justicia?
> Romanos 6.16

Vivir bajo el control de nuestra carne es una existencia que equivale a muerte. Somos miserables, nos sentimos culpables y avergonzados, y el vacío es peor que malo. Pero cuando operamos bajo la influencia del Espíritu Santo, «las obras del Espíritu» son reproducidas en nosotros y por medio nuestro.

Y ¿cuáles son algunas de ellas? Romanos 8 nos da una muy buena lista.

* *Vida y paz.*

> Porque el ocuparse de la carne es muerte, pero el ocuparse del Espíritu es vida y paz.
> Romanos 8.6

* *Ausencia de temor y cercanía a Dios.*

> Pues no habéis recibido el espíritu de esclavitud para estar otra vez en temor, sino que habéis recibido el espíritu de adopción, por el cual clamamos: ¡Abba, Padre!
> Romanos 8.15

* *Seguridad interior... ¡las dudas desaparecen!*

> El Espíritu mismo da testimonio a nuestro espíritu, de que somos hijos de Dios. Y si hijos, también herederos; herederos de Dios y coherederos con Cristo, si es que padecemos juntamente con él, para que juntamente con él seamos glorificados.
> Romanos 8.16,17

> Y de igual manera el Espíritu nos ayuda en nuestra debilidad; pues qué hemos de pedir como conviene, no lo sabemos, pero el Espíritu mismo intercede por nosotros con

gemidos indecibles. Mas el que escudriña los corazones sabe cuál es la intención del Espíritu, porque conforme a la voluntad de Dios intercede por los santos.

Romanos 8.26,27

• *Una profunda convicción de que «todas las cosas» ayudan a bien y para la gloria de Dios.*

Y sabemos que a los que aman a Dios, todas las cosas les ayudan a bien, esto es, a los que conforme a su propósito son llamados.

Romanos 8.28

Dejar lugar para el misterio

Cuando Jesús y Nicodemo se reunieron una noche para conversar sobre temas espirituales, el Señor le dio al fariseo, y a nosotros, bastante sobre lo cual pensar, incluyendo una declaración en cuanto a la carne y al Espíritu. En cierto punto Él dijo:

El viento sopla de donde quiere, y oyes su sonido; mas ni sabes de dónde viene, ni a dónde va; así es todo aquel que es nacido del Espíritu.

Juan 3.8

Por lo general aplicamos esta declaración a la salvación, queriendo indicar que el Espíritu se mueve en forma silenciosa, misteriosa, e inesperada, impulsando a varios individuos a volverse a Cristo para nacer de nuevo. Eso es verdad; pero me parece que las palabras de Jesús también indican que el Espíritu continúa moviéndose como el viento que sopla. ¡Cuán silenciosa y misteriosamente obra en nosotros! De manera inesperada y espontánea, Él obra la perfecta y profunda voluntad de Dios.

¡Cuán insondables son sus juicios, e inescrutables sus caminos!

Romanos 11.33

Somos insensatos al restringir la obra del Espíritu a un sistema simplista que creemos poder analizar y explicar. ¡No lo hagamos! No tratemos de encasillarlo.

Recuerde... Él es como el viento... misterioso en su movimiento... soplando aquí, cambiando para allá, alterando planes, creando situaciones tensas, estimulando deseos buenos, motivando decisiones. Todo esto está incluido en «las cosas del Espíritu», y sólo aquellos que vuelan más cerca de la llama son lo suficientemente sensibles como para notarlo. De modo que, acérquese. No tenga miedo. Ábrase y esté dispuesto a permitir que entre en usted un renovado asombro. Deje abundante espacio para que el Espíritu trabaje... para que se mueva... para que se revele... para que traiga nuevas dimensiones de libertad. Pablo experimentó eso, según lo admite ante sus amigos en Corinto:

Antes bien, como está escrito:

COSAS QUE OJO NO VIO, NI OÍDO OYÓ,
NI HAN SUBIDO EN CORAZÓN DE HOMBRE,
SON LAS QUE DIOS HA PREPARADO PARA LOS QUE LE
AMAN.

Pero Dios nos las reveló a nosotros por el Espíritu; porque el Espíritu todo lo escudriña, aun lo profundo de Dios. Porque ¿quién de los hombres sabe las cosas del hombre, sino el espíritu del hombre que está en él? Así tampoco nadie conoció las cosas de Dios, sino el Espíritu de Dios. Y nosotros no hemos recibido el espíritu del mundo, sino el Espíritu que proviene de Dios para que sepamos lo que Dios nos ha concedido, lo cual también hablamos, no con palabras enseñadas por sabiduría humana, sino con las que enseña el Espíritu, acomodando lo espiritual a lo espiritual.

1 Corintios 2.9-13

Es de especial interés para mí el comentario desusado que hace respecto a que «el Espíritu todo lo escudriña, aun lo profundo de Dios». Conforme penetramos, por medio del Espíritu, en eso «profundo», descubrimos mucho de lo que «Dios nos ha concedido». Tales «cosas» no entran en nuestra mente consciente mientras el pecado domine. Pero cuando estamos llenos del Espíritu (veremos esto en detalle en el próximo capítulo), nuestras mentes y corazones se abren a dimensiones espirituales que nunca antes habíamos conocido, y empezamos a ser transformados en verdad.

Tres pensamientos absolutamente estimulantes

Permítame dejarle con tres pensamientos que Dios me dio mientras escribía este capítulo. Después de leer cada uno, cierre sus ojos y permita que las palabras penetren en su mente.

- Hay áreas de la experiencia terrenal que nunca hemos atravesado. (Al volar más cerca de la llama, el Espíritu puede abrirlas para nosotros.)

  Tome tiempo y reflexione...

- Hay profundidades de la voluntad de Dios de las que nunca hemos bebido. (Conforme volamos más cerca de la llama, el Espíritu puede revelárnoslas.)

  Tome tiempo y reflexione...

- Hay dimensiones del poder sobrenatural que nunca hemos tocado. (Al volar más cerca de la llama, el Espíritu permitirá que eso ocurra.)

  Tome tiempo y reflexione...

4

¿Es la plenitud del Espíritu una gran cosa?

$\mathcal{H}$A SENTIDO ALGUNA VEZ la necesidad imperiosa de conocer al Espíritu de Dios? A mí me ha ocurrido, y estoy seguro que a usted también. Para muchos esas ocasiones vienen envueltas en varios paquetes:

- Enfrentamos alguna tribulación terrible, de la cual no podemos escapar.

- El médico nos dice que le preocupan las radiografías que nos ha tomado.

- El teléfono suena a media noche, dejándonos preocupados por alguna noticia trágica.

- Necesitamos saber la voluntad de Dios en algún asunto importante, que pudiera conducir a resultados que cambiarán nuestra vida.

- Somos el blanco de algún ataque que se vuelve complicado y peligroso.

En tales ocasiones se desata la preocupación y ansiedad, nuestro estómago se retuerce, nuestra cabeza da vueltas. Nos tiemblan las piernas. Sentimos las etapas iniciales del pánico. Necesitamos ayuda... y no las bondades que algún otro ser humano pudiera brindarnos.

Necesitamos a Dios. Necesitamos que Él intervenga, que calme nuestros temores y que se haga cargo de la situación. Más que eso, necesitamos tener la certeza de su presencia en ese mismo momento. No es que esperemos una voz audible celestial o una visión del futuro en película a colores. No es eso. Lo que más necesitamos es la seguridad interna de que Él está allí, que se interesa, que tiene el control.

Hace algunos años mi teléfono sonó un viernes, alrededor del medio día. Era alguien de la escuela de nuestra hija mayor, Charissa, informándome que había sufrido un accidente. Había estado practicando una formación de pirámide con su grupo de animadoras, cuando alguien, en la fila inferior, se había resbalado, haciendo que toda la pirámide humana se viniera abajo. Charissa había estado en la parte más alta y, consecuentemente, cayó de mayor altura, golpeándose la parte posterior de su cabeza en forma contundente. Sus piernas y sus brazos se habían adormecido y ahora ya no podía mover sus dedos. Después de notificar a los paramédicos, la funcionaria de la escuela me llamó.

Mi esposa, Cynthia, estaba fuera en esos momentos, de modo que me dirigí corriendo a la escuela, sin saber con qué me encontraría, ni cuán seria era la lesión que había sufrido nuestra hija. De camino, oraba en voz alta. Clamaba al Señor como un niño atrapado en un profundo pozo. Le dije que necesitaba que Él hiciera varias cosas: que tocara a mi hija, que me diera fuerza, que proveyera habilidad y sabiduría a los paramédicos. La lágrimas estaban a punto de aflorar, de modo que le pedí que me calmara, que restringiera el creciente pánico que se estaba apoderando de mí.

Mientras conducía y oraba, sentí la más increíble sensación de la presencia de Dios. Era casi espeluznante. El pulso que había estado golpeándome en las sienes y en la garganta retornó a su ritmo normal. Cuando llegué al estacionamiento de la escuela, incluso las luces rojas y azules intermitentes en la cubierta de los vehículos de emergencia no perturbaron mi calma.

Corrí a donde se había aglomerado la multitud. Los paramédicos ya tenían a Charissa asegurada en la camilla y su cuello estaba sujeto por un brazalete de inmovilización. Me arrodillé junto a ella, le di un beso en la frente y la oí decir: «No puedo sentir nada de mis hombros para abajo. Algo se me rompió en la espalda, justo por debajo del cuello». Parpadeaba bajo las lágrimas.

En un caso así, hubiera estado a punto de perder el control. Pero no lo estaba. Normalmente, ¡hubiera gritado a la muchedumbre que abrieran paso para que el conductor de la ambulancia pudiera llevarla de inmediato al hospital! No lo hice. Con asombrosa calma, le retiré el cabello que le caía sobre los ojos, y le susurré: «Aquí estoy contigo, corazón. También lo está nuestro Señor. Pase lo que pase, saldremos adelante juntos. Te quiero, Charissa». Las lágrimas corrían por sus mejillas al cerrar sus ojos.

Con calma me puse de pie y hablé con el personal de emergencia médica. Acordamos a qué hospital debían llevarla y qué ruta tomaríamos. Les seguí en mi coche, sintiendo de nuevo la profunda y soberana presencia del Espíritu. Cynthia se me unió en el hospital, en donde esperamos las radiografías y el informe del radiólogo. Oramos, además le conté de mi encuentro con la maravillosa presencia del Espíritu.

En pocas horas supimos que Charissa se había fracturado una vértebra. Los médicos no sabían cuánto daño habían sufrido los nervios como resultado de la caída y de la fractura. Tampoco sabían cuánto tiempo llevaría para que se redujera el adormecimiento o, en verdad, si se reduciría. Usaban las palabras con mucho cuidado, todavía recuerdo cuán lúgubres parecían ambos doctores. No teníamos nada tangible sobre lo cual descansar, nada de carácter médico con lo cual contar y nada emocional para apoyarnos... excepto el Espíritu de Dios, quien había estado con nosotros a través de toda la odisea.

Se aproximaba el domingo (siempre se avecina). El sábado por la noche ya estaba exhausto, pero de nuevo el Espíritu Santo siguió dándome estabilidad. En debilidad humana y con enorme dependencia, prediqué el domingo por la mañana. El Señor me dio las palabras y demostró su fortaleza en mi debilidad. (Nuestro departamento de cintas de audio me dice que ese mensaje en particular continúa siendo uno de los sermones más solicitados de todos los mensajes que he predicado desde que llegué a pastorear esta iglesia en 1971.)

¡Sorprendente! Dios, el Espíritu Santo, me llenó, tomó plenamente el control, me dio gran gracia, calmó mis temores y por último sanó en forma maravillosa la espalda de Charissa. Hoy goza de buena salud, es una esposa feliz y madre de dos hijos, ¡y la única vez en que le duele la espalda es cuando estornuda! Cuando eso sucede y estoy con ella, la miro y le pregunto: «¿Te duele?» Siempre asiente, y dice: «Así es. Me duele». Sonrío y ella también, y por un momento regresamos mentalmente a la escena original cuando ella y yo nos dimos cuenta de la presencia del Espíritu.

La vida cristiana es la que se vive en el plano espiritual, un campo que incluye dimensiones extrañas a los no cristianos. Para ellos, escenas como la que acabo de describir son irreales y rayan en lo inaceptable. Una palabra más apropiada sería «necias». Eso es comprensible, puesto que ellos no tienen al Espíritu dentro de sí. ¿Recuerda lo que Pablo les escribió a los corintios?

> Pero el hombre natural no percibe las cosas que son del Espíritu de Dios, porque para él son locura, y no las puede entender, porque se han de discernir espiritualmente.
>
> 1 Corintios 2.14

El término griego que se traduce «locura» es *moros*, que se traduce «necedad» o «insensatez». Para el incrédulo escéptico «las cosas del Espíritu» son total necedad, absolutamente ridículas; una pérdida de tiempo. Pero para nosotros que entendemos cómo operar en un mundo donde las cosas «se han de discernir espiritualmente», es asombroso cuánto sucede en esa dimensión. Es más, regresemos a algunas de las cosas espirituales «básicas».

Primer curso de cristianismo

Para entrar en la vida cristiana una persona debe empezar en el lugar correcto: la conversión. Eso quiere decir que debemos relacionarnos con el Señor Jesucristo de manera correcta. No importa cuál haya sido nuestro pasado, nombre, sexo, situación social, color o cultura, todos empiezan la vida cristiana en la misma manera: viniendo a Cristo por la fe, aceptando su sacrificio en la cruz como suficiente pago por el pecado.

> Jesús le dijo: Yo soy el camino, y la verdad, y la vida; nadie viene al Padre, sino por mí.
>
> Juan 14.6

> Porque por gracia sois salvos por medio de la fe; y esto no de vosotros, pues es don de Dios; no por obras, para que nadie se gloríe.
>
> Efesios 2.8-9

> Y este es el testimonio: que Dios nos ha dado vida eterna; y esta vida está en su Hijo. El que tiene al Hijo, tiene la vida; el que no tiene al Hijo de Dios no tiene la vida.
>
> 1 Juan 5.11-12

Luego, para vivir la vida cristiana, la persona debe continuar bajo el control del poder correcto: el poder del Espíritu Santo. Para entrar en estas nuevas dimensiones de la vida espiritual, debemos estar relacionados en forma correcta con el Espíritu Santo.

> Por tanto, de la manera que habéis recibido al Señor Jesucristo, andad en Él.
>
> Colosenses 2.6

Llegamos a ser cristianos cuando recibimos «al Señor Jesucristo». Nos llena el Espíritu Santo y nos da poder cuando andamos «en Él».

Ambas cosas son esenciales si es que esperamos disfrutar de los beneficios de la vida cristiana, porque es posible ser convertido y sin embargo no vivir en un plano espiritual. Una cosa es llegar a ser cristiano y otra muy diferente es llegar a ser un cristiano lleno del Espíritu. Lo trágico es que hay muchos convertidos y muy pocos están llenos del Espíritu. Cuando esto ocurre, la persona se pierde lo mejor que Dios tiene para ofrecernos aquí en la tierra.

Lo que el combustible es para el automóvil, lo es el Espíritu Santo para el creyente. Él nos da la energía para permanecer en actividad. Nos motiva a pesar de los obstáculos. Nos mantiene avanzando cuando el camino se pone áspero. Es el Espíritu quien nos consuela en nuestra aflicción, quien nos calma en tiempos de calamidad, quien se convierte en nuestro compañero en la soledad y el dolor, quien estimula nuestra «intuición» llevándola a la acción, quien llena nuestras mentes con discernimiento cuando estamos intranquilos en cuanto a cierta decisión. En pocas palabras, es nuestro combustible espiritual. Cuando intentamos operar sin Él o usar algún combustible sustituto, cualquier sistema rechina hasta acabar por detenerse.

Debemos recordar de quién y quiénes somos

Aunque el combustible y el automóvil pueden ayudar a ilustrar la salvación y la espiritualidad, el ejemplo falla en un punto importante. Tenemos el auto en propiedad; pero no nos pertenecemos a nosotros mismos. Hemos sido comprados por otro y el precio fue la muerte de Jesús en la cruz. La sangre de Jesús fue el pago completo por nuestros pecados.

> ¿O ignoráis que vuestro cuerpo es templo del Espíritu Santo, el cual está en vosotros, el cual tenéis de Dios, y que no sois vuestros? Porque habéis sido comprados por precio; glorificad,

pues, a Dios en vuestro cuerpo y en vuestro espíritu, los cuales son de Dios.

1 Corintios 6.19-20

No nos pertenecemos a nosotros mismos, ni debemos operar de manera independiente del Espíritu de Dios. Ahora que nos hemos convertido, pertenecemos al Señor y Él, como nuestro Maestro, tiene todo el derecho de usarnos de la manera que escoja. Al vivir la vida cristiana, tenemos un solo objetivo principal: glorificar a Dios en nuestro cuerpo.

Puesto que se considera al cuerpo del creyente el «templo del Espíritu Santo», es lógico que debe ser glorificado en este y a través de este. ¡Él es el dueño! Este nuevo orden es, por completo, nuestra razón de existir. Cuando usted opera su vida desde esta perspectiva, todo cambia. Eso explica por qué es tan importante ver cada día, desde que sale el sol hasta que se pone, desde una dimensión espiritual. Cuando lo hacemos así, nada es accidental, coincidencia, sin significado o superficial. Las cosas que nos ocurren están bajo la supervisión de nuestro Señor, porque somos de Él y debemos glorificarle de todas formas. Puesto que le pertenecemos y su Espíritu vive en nosotros, estamos en buenas manos. Ocupamos, en verdad, la mejor situación posible en la tierra.

Esto quiere decir que palabras tales como «accidentes» o «coincidencias» deben eliminarse de nuestro vocabulario. ¡En serio! Cuando ocurren hechos que no podemos comprender o explicar, debemos recordar que no somos nuestros. En lugar de enfadarnos, frustrarnos o confundirnos, necesitamos permitir que su Espíritu nos llene con el combustible divino que necesitamos para servirle y darle honor en esos casos, para glorificarle.

Permítame recordarle que como cristiano usted tiene al Espíritu Santo. No necesita orar para que Él venga a su vida; Él ya está allí. Él vino a residir en usted cuando se convirtió, aun cuando tal vez no lo haya sabido. ¿Recuerda cómo Pablo lo dijo en los versículos que acabamos de considerar?

¿O ignoráis que vuestro cuerpo es templo del Espíritu Santo, el cual está en vosotros, *el cual tenéis de Dios*? (cursivas mías).

1 Corintios 6.19

Un poco más tarde, en la misma carta, se nos dice que hemos sido «bautizados» por el Espíritu en el «cuerpo» universal de Cristo. Lea las siguientes palabras lenta y cuidadosamente:

> Porque por un solo Espíritu fuimos todos bautizados en un cuerpo, sean judíos o griegos, sean esclavos o libres; y a todos se nos dio a beber de un mismo Espíritu.
>
> 1 Corintios 12.13

Todo hijo de Dios ha sido «identificado» con el cuerpo y hecho parte del mismo. ¡Nunca más cuestione eso! Romanos 8.9 dice lo mismo con diferentes palabras:

> Y si alguno no tiene el Espíritu de Cristo, no es de él.

Establezca esta verdad doble de una vez por todas: si es cristiano, usted tiene al Espíritu viviendo todo el tiempo; si no es cristiano, no lo tiene.

Lo maravilloso de todo esto es que por el hecho de tener el Espíritu, tenemos el «combustible» que necesitamos. Puesto que Él mora en nosotros, está allí, listo para darnos energía y poder en cualquier momento.

Cuando recibí aquella llamada telefónica respecto a mi hija, no le pedí a Dios: «Envía tu Espíritu Santo... necesito que esté conmigo para fortalecerme y estabilizarme». No; reconocí que Él estaba ya allí y conscientemente puse en movimiento los engranajes que le entregaban a Él el control total. ¿Por qué? Porque quería «glorificar a Dios» en medio de las cosas que ocurrían. De modo que le pedí que me llenara de poder fresco y dinámico... lo cual Él hizo.

La revelación esencial de lo que tenemos

Aunque cada creyente tiene el Espíritu Santo, es posible operar nuestras vidas sin su control. Pero cuando eso sucede, que es lo que hacen muchos cristianos a diario, lo que nos perdemos raya en lo trágico. Si operamos bajo su control, el potencial para paz y gozo, calma y comodidad, dirección y guía, confianza y valor, no tiene límites. No es exageración; es un hecho, porque es absolutamente crucial un entendimiento de la plenitud del Espíritu.

¿Cómo nos llenamos del Espíritu?

Regresando a mi analogía, nuestro tanque está lleno. No necesitamos más combustible, ni tampoco debemos intentar usar un sustituto. Como creyentes, tenemos el combustible para todo el poder, perspectiva, comodidad, guía, valor y dinámica que jamás necesitaremos. La pregunta es: ¿Cómo logramos que el combustible fluya de modo que podamos operar nuestras vidas como Dios intentó? O, para usar los términos de las Escrituras, ¿Cómo nos llenamos del Espíritu? ¿Hay alguna técnica al respecto? Examinemos la referencia primaria sobre la llenura del Espíritu Santo, Efesios 5, la cual empieza:

> Sed, pues, imitadores de Dios como hijos amados. Y andad en amor, como también Cristo nos amó, y se entregó a sí mismo por nosotros, ofrenda y sacrificio a Dios en olor fragante[...] Porque en otro tiempo erais tinieblas, mas ahora sois luz en el Señor; andad como hijos de luz.
>
> Efesios 5.1-2,8

Este pasaje empieza con tres mandamientos contundentes:

- «sed imitadores de Dios»
- «andad en amor»
- «andad como hijos de luz».

Claramente, la vida cristiana es la que honra a Dios y demuestra semejanza a Cristo. Aquellos que «imitan a Dios» hacen las dos cosas: andar en amor y en la luz. No es de asombrarse que se nos advierta:

> Mirad, pues, con diligencia cómo andéis, no como necios sino como sabios[...] Por tanto, no seáis insensatos, sino entendidos de cuál sea la voluntad del Señor.
>
> Efesios 5.15,17

¿Cuál es «la voluntad del Señor»? Se nos dice en forma clara y breve en el siguiente versículo:

> No os embriaguéis con vino, en lo cual hay disolución; antes bien sed llenos del Espíritu.
>
> Efesios 5.18

Es interesante notar que en las Escrituras nunca se nos ordena que «¡seamos bautizados en el Espíritu!» o «¡que dejemos que el Espíritu more en nosotros!» o «¡que se nos den dones!» o «¡sean sellados!» Pero aquí, en un contexto de varios mandamientos, se nos ordena: «¡Sed llenos del Espíritu!» Por consiguiente, es algo que tenemos que obedecer. De hecho, hay dos mandamientos. El primero es *negativo:* «no os embriaguéis con vino»; y el segundo es *positivo:* «antes bien sed llenos del Espíritu». He oído enseñar que estas dos cosas deben ser combinadas en alguna manera. Por ejemplo, algunos dicen que la llenura del Espíritu es como una embriaguez espiritual... algo así como una «intoxicación divina». Es como si el creyente estuviera fuera de control, bajo la influencia del Espíritu. Una persona es ebria «con vino» cuando está llena de alcohol; pero cuando ha «bebido del Espíritu» está espiritualmente aliada con Él.

Cuestiono esta interpretación, dado el contexto. Este versículo no está comparando las dos cosas; está ofreciendo la una como contraste de la otra. Esto es enfatizado al añadir Pablo que la embriaguez es «disolución», lo cual quiere decir libertinaje, excesos, vivir fuera de control, sin esperanza. Pero el cristiano lleno del Espíritu nunca está «fuera de control». Por el contrario, usted tal vez recuerde que entre la lista del fruto del Espíritu se halla el *dominio propio* (Gálatas 5.23). Antes que asemejar la una a la otra, me parece que es mejor contrastarlas. Como John R. W. Stott observa en forma acertada:

> Podemos en verdad concordar que en ambas, la embriaguez y la llenura del Espíritu, hay dos influencias poderosas trabajando en nosotros, el alcohol en el torrente sanguíneo y el Espíritu Santo en nuestros corazones. Pero, en tanto que el alcohol excesivo conduce a libertinaje sin restricción e irracional, transformando al borracho en un animal, la llenura del Espíritu conduce a conducta restringida, moral y racional, transformando al cristiano en la imagen de Cristo. De este modo, los resultados de estar bajo la influencia de las bebidas alcohólicas por un lado, y la del Espíritu de Dios, por el otro, son total y completamente diferentes. Lo uno nos hace bestias, lo otro como Cristo.[1]

Puesto que el clímax del argumento de Pablo se halla en su mandamiento respecto a ser llenos del Espíritu, examinémoslo con mayor profundidad. Siga conmigo... y pronto verá que todo esto tiene sentido.

[1] John R. W. Stott, *Baptism and Fullness: The Work of the Holy Spirit* [Bautismo y plenitud: La obra del Espíritu Santo], InterVarsity Press, n.d. Downers Grove, IL, p. 57.

Estoy endeudado con el Dr. Stott por cuatro observaciones muy útiles respecto a este versículo crucial de las Escrituras:[2]

Primero, *el mandamiento está en el modo imperativo:* «¡SED LLENOS del Espíritu!» Esto no es sugerencia casual, diplomática, reposada, sino un mandamiento directo y firme. No tenemos más libertad para ignorar este deber de la que tenemos para soslayar los mandamientos éticos que la rodean, tales como «trabajar duro», «hablar la verdad», «ser amables», «perdonar». Como ve, «sed llenos del Espíritu» es similar a estos otros mandamientos. De modo que, cristiano, permítame amonestarle a que obedezca ese enfático mandamiento de Dios. ¡El modo imperativo exige obediencia!

Segundo, *el imperativo «sed llenos» está en plural.* El apóstol Pablo no está dirigiendo esto a algún grupo especial de personas, o algún santo superespiritual de la iglesia en Éfeso o, dicho sea de paso, a la iglesia en general. Nos dice a todos nosotros —individual y colectivamente— que, como cuerpo universal de cristianos, debemos ser llenos del Espíritu de Dios.

Tercero, *está en voz pasiva.* ¿Notó usted eso? El mandamiento es «sed llenos»; no es «llénense ustedes mismos con el Espíritu». O, según lo traduce la nueva versión en inglés: «Permitan que el Espíritu los llene». Pero no le asigne a esto más de lo necesario. Así como la persona se embriaga al beber alcohol, así el individuo es llenado con el Espíritu al involucrarse en el proceso que conduce a eso.

Por ejemplo, no puedo ser lleno del Espíritu mientras tenga un pecado conocido y no confesado. No puedo ser lleno con el Espíritu mientras al mismo tiempo conduzco mi vida en las cosas de la carne. No puedo ser lleno con el Espíritu mientras esté contra la voluntad de Dios y dependiendo de mí mismo. Necesito asegurarme de que he arreglado todos los pecados que han surgido en mi vida, que no he ignorado el mal que he hecho ante Dios y a otros. Necesito andar en dependencia del Señor diariamente. Jesús enfatiza el mismo pensamiento en Juan 15, donde ordena que permanezcamos en la vid. ¿Por qué? «Porque separados de mí nada podéis hacer» (Juan 15.5). Y cuando Jesús dice *nada,* quiere decir *nada.*

Muchas mañanas comienzo mi día sentado a un lado de la cama, y diciendo:

---

[2] Ibid.

Este es tu día, Señor. Quiero estar a tu disposición. No tengo idea de lo que sucederá en las próximas 24 horas. Pero, antes de empezar, antes de beber mi primera taza de café, e incluso antes de vestirme, quiero que sepas que desde este momento, y durante todo el día, soy tuyo, Señor. Ayúdame a ser una rama que permanece en la vid, a apoyarme en ti, a obtener de ti mi fuerza, y dejar que llenes mi mente y mis pensamientos. Toma control de mis sentidos, de modo que sea literalmente lleno con tu presencia, poder y dinámica. Quiero ser hoy tu instrumento, tu vaso. No puedo hacer que eso ocurra. Sin ti no puedo lograr nada. Y por eso te digo, Señor, lléname con tu Espíritu hoy.

Puesto que esto sirve para mí, le sugiero que lo pruebe. Cuarto, *el mandamiento de «sed llenos» está en tiempo presente.* Es una apropiación continua. No se trata de algún momento demasiado elevado y poderoso, que ocurre una sola vez en la vida; cuando usted experimenta la llenura del Espíritu, desde entonces está siempre en ese punto elevado y jamás se desvanece. En lugar de eso, debemos orar: «Lléname, Señor, para este momento... lléname en esta hora... lléname al enfrentar este desafío».

Es como decir: «Señor, quiero ser lleno. Quiero ser usado. Quiero estar disponible. Deliberada y conscientemente me hago dependiente de ti».

La llenura del Espíritu es como caminar. Cuando somos pequeños, cada pasito es un esfuerzo consciente, y un logro magnífico. Pronto aprendemos a dar dos o tres pasos sin caernos. Y, antes de que uno se dé cuenta, cuando han pasado cuatro o cinco meses, estamos caminando y ni siquiera pensamos en eso. Andar se ha convertido simplemente en una parte de la vida.

Con el correr del tiempo, conforme experimentamos su llenura, llega a ser una parte constante de nuestra conciencia y de nuestra vida. Pero empezamos en forma deliberada, lenta y cuidadosa. Al asomar el sol en la madrugada, le decimos al Señor: «Señor, este es tu día. Conforme pasan las horas, quiero andar contigo, permitiendo a tu Espíritu el pleno control. Puesto que te pertenezco y que no hay día desperdiciado, ayúdame a vivir bajo tu poderosa autoridad».

Ahora, tenga cuidado, por favor. Sé que al escribir esto habrán personas «tipo ingeniero» leyendo mis palabras. Y esta clase de personas adoran las técnicas. Adoran un proceso paso a paso, lógico. Adoran los detalles: «Pues bien, cada paso, Señor; esto es para ti (Paso 1). Señor, que sea lleno del Espíritu. Y, Señor, este es tu día (Paso 2). De modo que, Señor, ayúdame a... (Paso 3)». Pero andar por fe por la llenura del Espíritu no es algo mecánico. En lugar de eso, es como si dijéramos:

> Estoy en el proceso, Señor, de cumplir tu voluntad. Quiero glorificar tu nombre. Te pertenezco. Te prometo mi lealtad y fidelidad hoy. Capacítame en mi andar para tener el discernimiento de hacerlo en obediencia y no en desobediencia, para percibir el mal cuando lo encuentro, de modo que me aleje de él. Consérvame fuerte cuando venga la tentación. Guarda mi lengua de decir las cosas erradas, o hablar demasiado, o hacerlo muy apresuradamente. Capacítame para restringir lo profano y resistir los arranques de cólera. Señor, ayúdame en mi andar. Lléname con tu Espíritu. Toma mis ojos, mi lengua, mis emociones, mi voluntad y úsame, Señor, porque quiero estar bajo tu control en forma continua.

Esto se llama el andar cristiano.

¿Qué ocurre cuando somos llenos del Espíritu?

Ahora estamos listos para la siguiente pregunta crucial: ¿Qué ocurre cuando soy lleno con el Espíritu? En Efesios 5, después de que se nos ordena «sed llenos del Espíritu», se nos dice cuatro resultados en la vida cristiana.

> [...] sed llenos del Espíritu, hablando entre vosotros con salmos, con himnos y cánticos espirituales, cantando y alabando al Señor en vuestros corazones; dando siempre gracias por todo al Dios y Padre, en el nombre de nuestro Señor Jesucristo. Someteos unos a otros en el temor de Dios.
> Efesios 5.18-21

Primero, *su llenura afecta nuestro hablar*. Para empezar, debemos hablarnos unos a otros. Esto es una parte vital de lo que se llama la comunión cristiana. O, como Pablo lo dice en su carta a los colosenses:

> La palabra de Cristo more en abundancia en vosotros, enseñándoos y exhortándoos unos a otros en toda sabiduría, cantando con gracia en vuestros corazones al Señor con

salmos e himnos y cánticos espirituales. Y todo lo que hacéis, sea de palabra o de hecho, hacedlo todo en el nombre del Señor Jesús, dando gracias a Dios Padre por medio de Él.
Colosenses 3.16-17

Cuando somos llenados con el Espíritu, empezamos a relacionarnos con otros en la familia de Dios. Queremos oír lo que tienen que decir. Queremos aprender unos de otros. Y también queremos contribuir al bienestar de los demás. Si vemos a nuestros hermanos y hermanas en una situación peligrosa, queremos advertirles.

Segundo, *su llenura nos da corazones melodiosos*. No sólo nos hablamos unos a los otros; también vivimos en armonía los unos con los otros.

[...] con salmos, con himnos y cánticos espirituales, cantando y alabando al Señor en vuestros corazones.
Efesios 5.19

La vida adquiere un ritmo especial. El gozo regresa.

Howard Stevenson es ministro de música en nuestra iglesia. Al dirigir nuestros cultos de adoración, con frecuencia nos exhorta a que hagamos «de corazón» lo que hacemos. Es una de sus frases favoritas. Y es una expresión bíblica apropiada, por cuanto la llenura del Espíritu abre nuestros corazones y nos mueve a un desbordamiento entusiasta de adoración.

Una de las características de los creyentes llenos del Espíritu Santo es que no tienen que esperar hasta el culto de adoración del día domingo. Tienen una adoración diaria sucediendo en sus vidas. Podemos ser cantantes. Podemos tal vez no serlo. (O por lo menos, ¡no cantamos en público!) Pero todos podemos tener una melodía por dentro que brote espontáneamente en nuestras vidas. Y he observado que cuando estoy andando en el Espíritu casi siempre hay una canción en la punta de mi lengua, porque tengo una melodía que fluye en mi corazón. Hay, incluso en un sentido más amplio, un deseo de vivir en armonía con mis hermanos y hermanas en la fe.

Tercero, *su llenura nos hace personas agradecidas*.

[...] dando siempre gracias por todo al Dios y Padre, en el nombre de nuestro Señor Jesucristo.
Efesios 5.20

Una de las señales indicadoras de la vida llena del Espíritu es la gratitud. Muéstreme un gruñón y le mostraré una persona que se ha distanciado del Espíritu de Dios. Cuando estamos llenos del Espíritu, hay un abrumador sentido de gratitud. No somos difíciles de complacer. Estamos contentos de tener cualquier cosa que Dios provee. No somos engreídos ni «remilgados». Cuarto, *su llenura nos lleva a someternos los unos a los otros.*

Someteos unos a otros en el temor de Dios.
Efesios 5.21

Cuando estamos llenos del Espíritu, nos tornamos más sumisos.

Si estamos en posición de liderazgo, un corazón de siervo reemplaza al demagógico y dogmático. Emerge una humildad dirigida por Dios.

Si estamos casados, nuestro corazón lleno del Espíritu nos impulsa a desear servir a nuestro cónyuge, no a controlarlo. Por difícil que para ciertos varones dominantes pudiera ser aceptar esto, en el matrimonio debe haber una sumisión mutua del uno al otro, una actitud de dejarse enseñar, una apertura. No sólo de parte de la esposa para el esposo, sino también del esposo para su esposa.

Maridos, amad a vuestras mujeres, así como Cristo amó a la iglesia, y se entregó a sí mismo por ella.
Efesios 5.25

Así como Cristo amó a la Iglesia, el esposo lleno del Espíritu ama a su esposa. La sumisión no es una vía en una sola dirección.

Hace poco oí a Jack Hayford relatar acerca de una pareja que asistió a un seminario dirigido por uno de aquellos demagogos decididos a mostrar que las Escrituras enseñan que el hombre esta A CARGO de la casa. Fue ese tipo de terrible enseñanza en cuanto a la sumisión, que convierte a la mujer en una humilde alfombrilla. Pues bien, ¡al esposo le encantó! Nunca había oído nada semejante en su vida y se lo tragó por completo. Su esposa, sin embargo, echaba chispas mientras escuchaba, hora tras hora, tal perorata.

Cuando salieron de la reunión aquella noche y al subir a su automóvil, él se sentía embriagado con fresco poder. Al dirigirse a su residencia, con tono pomposo le preguntó: «Bien, ¿qué piensas de todo eso?» Ella no respondió palabra... de modo que él continuó: «A mí me parece *¡fantástico!*»

Cuando llegaron a su casa, ella salió y, en silencio, le siguió hasta entrar. Una vez dentro, él cerró la puerta con un violento portazo, y dijo: «Espera un momento... quédate allí y no te muevas». Ella se quedó donde estaba, con los labios apretados, y se quedó mirándolo. «He estado pensando en lo que ese hermano dijo esta noche, y quiero que sepas que desde este instante *esa es* la forma en que van a marchar las cosas aquí. ¿Lo comprendes? *Esa es* la manera en que van a marchar las cosas en esta casa».

Y habiendo dicho eso, no volvió a verla en dos semanas. Después de las cuales, *pudo empezar a volver a verla, un poquito, por el ojo que empezaba a abrírsele de nuevo.*

He descubierto, a través de los años, que hay algo realmente torcido en la mente del hombre que piensa que la sumisión es algo limitado a la mujer. He descubierto que rara vez hay problemas de sumisión en el hogar cuando el esposo tiene un corazón sumiso a Dios. La razón es clara: con un corazón sumiso a Dios, el hombre lleno del Espíritu ama a su esposa en verdad así como Cristo amó a la iglesia... no hay nadie más en la tierra a quién él ame más que a ella. Y lo demuestra escuchándola cuando ella habla... respetando su opinión... cuidándola... dejando a su lado muchos de sus propios derechos. Parte del amor es compartir. Cuando una esposa sabe que la rodea esa clase de afecto respetuoso, no tiene ningún problema en someterse a su esposo.

El andar lleno del Espíritu no sólo cambia una vida; en el proceso transforma por completo el hogar.

Una respuesta práctica a cómo vivimos

Permítame concluir recordándole de nuevo que no necesitamos suplicar la presencia de Dios. La tenemos. No necesitamos gastar nuestros días preguntándonos por qué algunas personas tienen una porción mayor de poder. Nosotros también la tenemos. No necesitamos dar vueltas y volteretas en noches de insomnio, luchando por nuestra incapacidad para reclamar ese poder superdinámico que algunos televangelistas parecen tener y nosotros no. Déjeme repetir, como cristiano usted ya tiene el Espíritu de Dios.

Pero aun cuando esto es verdad, algunas preguntas serias están en orden.

- ¿Está acoplando los engranajes?
- ¿Está conservando cuentas pequeñas respecto a aquellas cosas que interrumpen la comunión con Dios?
- ¿Está andando en dependencia consciente del Señor?
- ¿Está diciéndole al comenzar el día, y con frecuencia, «Señor, mi vida es tuya»?

Por último, quiero que recuerde tres advertencias importantes para los creyentes respecto a la vida llena del Espíritu.

Primero, *experiencias anormales no son necesarias para la madurez cristiana.*

Algunos grupos de la comunidad evangélica ponen gran énfasis en ciertas manifestaciones fenomenales, excepcionales del Espíritu. Otros se sienten incómodos con este tipo de expresión; hasta tal vez opinen que ellas no pueden ser defendidas a partir de las Escrituras. Permítame animarle, cualquiera que sea su marco de referencia; tenga gracia, sea tolerante.

A decir verdad, le daría el mismo consejo de Gamaliel que dijo estas palabras a sus amigos cuando se preguntaban qué hacer con los apóstoles que estaban trastornando el mundo:

Y ahora os digo: Apartaos de estos hombres, y dejadlos; porque si este consejo o esta obra es de los hombres, se desvanecerá; mas si es de Dios, no la podréis destruir; no seáis tal vez hallados luchando contra Dios.

Hechos 5.38-39

De modo que mi súplica a aquellos cuya persuasión particular no encaja bajo alguna expresión en particular de la llenura o plenitud del Espíritu (estoy tratando de quedarme fuera de todos los membretes), sean tolerantes con aquellos que lo son.

Cuando acababa de salir del seminario, pensaba que era necesario corregir todas las cosas con las cuales no concordaba. Sentí necesario ser el cruzado autodesignado para rebatir todas las expresiones de la fe que no coincidían con mis convicciones. Pero con el correr de los años he hallado que todo eso es una excelente manera de desperdiciar una gran cantidad de energía.

Dios no me llamó a limpiar el mundo entero (lo cual, traducido quiere decir, enderezar a los demás de modo que encajen con mis convicciones), y con el correr de los años he aprendido a ser mucho más tolerante y un poco más sabio.

Segundo, *la plenitud del Espíritu es para que la disfrutemos todos nosotros, como creyentes; pero cómo opera ella en la vida de cada persona es un asunto muy diferente.*

De modo que aquellos que le asignan gran énfasis a lo sobrenatural, recuerden: Regocíjense en la comodidad que Él ha traído a su andar, pero no trate de imponer su experiencia a los demás. No piense que tiene que ser un celoso prosélito de sus convicciones y no clasifique a todas las experiencias cristianas en el mismo estereotipo. Encajará mucho con mayor facilidad en el cuerpo de Cristo y encontrará mucha más satisfacción en su andar con el Señor, si sólo acepta todo eso como su propia experiencia personal. Pero, por favor, no mire por sobre su nariz, como si tuviera algo que los otros no tienen y que lo hiciera a usted espiritual en forma especial.

Tolerémonos unos a otros y con nuestras diferentes experiencias... incluso con diferentes expresiones de la llenura del Espíritu.

Tercero, *procuremos disfrutar de nuestro vasto terreno común, antes que establecer y defender nuestro propio territorio teológico.*

Por años he dicho que hay más cosas que nos unen que las que nos separan. Debemos disfrutar del vasto terreno común de nuestra fe, antes que defender alguna área particular de una persuasión teológica o de la experiencia. Tranquilícese. Cumpla con sus responsabilidades delante del Señor y deje que sus hermanos en la fe cumplan delante de Él con las de ellos. Permitamos que Dios sea Dios y comprendamos que nosotros somos su familia.

Poco después de su conversión, C. S. Lewis escribió a un amigo la siguiente nota: «Cuando se ha dicho todo (y dicho verdaderamente) respecto a las divisiones de la cristiandad, todavía queda, por la misericordia de Dios, un enorme terreno común».[3]

Puesto que el terreno común es tan enorme, opino que debemos pedirle al Espíritu de Dios que nos dé una «tolerancia

---

[3] C. S. Lewis, *Christian Reflections* [Reflexiones cristianas], ed. Walter Hooper, Eerdmans, Grand Rapids, MI, 1974, prefacio.

enorme» del uno para el otro, incluyendo gran gozo en su presencia, de modo que no sintamos la necesidad de obligar a los demás a pisar exactamente sobre nuestras huellas.

Hubo un tiempo en mi vida cristiana cuando si oía a una persona decir algunas de las cosas que estoy indicando, quizás la hubiera rotulado como cuasi hereje; es decir, blanda, una persona sin una convicción firme. Pero ahora no pienso así. He llegado a darme cuenta que Dios no sólo usa a muchísimas personas, sino que usa a algunos que no me gustan en particular. Y, para sorpresa de aquellos a quienes no les gusto mucho, también estoy siendo usado. Aunque podemos ser de mente estrecha, nuestro Padre no lo es. Él se deleita en bendecir en innumerables maneras a todo el arco iris de su pueblo.

¿No está contento de no ser Dios? ¿No está contento de que nuestro Padre amante, quien es la fuente de nuestro combustible y de la razón para nuestra existencia, está todavía en el trono, y todavía está comprometido a usarnos a cada uno de nosotros para su gloria?

Que nuestro «enorme terreno común» sea el cimiento que nos apoya, antes que un campo de batalla que nos separa. ¿El secreto para que esto ocurra? La plenitud del Espíritu... nada más, nada menos, nada más que eso.

> *Espíritu del Dios viviente, ¡ven nuevamente sobre mí!*
> *Sé honrado en mi espíritu sumiso.*
> *Sé visto y oído en mi melodioso corazón.*
> *Sé visto en mi gratitud.*
> *Sé glorificado en la comunión y la adoración que tengo*
>   *con otros en tu familia.*

5

El Espíritu que sorprende

$\mathcal{A}$CABO DE EXPERIMENTAR UNA de las más grandes sorpresas de mi vida. En realidad, *la* mayor en los últimos veinte años. Observando en retrospectiva todo el asunto, me doy cuenta de que fue el Espíritu de Dios quien orquestó cada uno de los sucesos. Mi cabeza todavía da vueltas. Estoy seguro de que mi pulso no retornará a lo normal por varios días más.

He aceptado la invitación de mi alma mater, el Seminario Teológico de Dallas, para ser su nuevo presidente. Con sinceridad, todavía estoy tratando de creerlo, en particular cuando hace trece meses estaba tan convencido que *no* debería aceptarlo. Es más, cuando se me pidió que reconsiderara mi decisión seis meses después, estuve todavía más convencido de que no era el más indicado para dicho trabajo. De modo que, después de pensarlo más detenidamente, dije otra vez que no, sólo que en esta ocasión con más seguridad que antes. Incluso pedí al comité de selección del presidente que aceptara mi negativa como irrevocable. Estaba convencido, más allá de toda duda.

Y entonces el Espíritu se hizo cargo.

No intentaré describir todos los detalles de lo que ocurrió, quiénes estuvieron involucrados o cómo cambié de opinión. Pero puedo asegurarle que hubo sorpresa tras sorpresa: una conversación inesperada que demostró ser lo que yo llamaría un poderoso foco de atención... una sugerencia imprevisible hecha justo en el momento preciso, que hacía imposible que se la ignorara... un individuo que me desafió a ver el cuadro en una manera diferente por completo... y luego persona tras persona (además de un significativo grupo tras otro) afirmaron la idea y me animaron a que aceptara el puesto.

Y así me encuentro aquí, distante apenas a unas cuantas horas del torbellino de actividades conectadas con mi aceptación de la oferta de la institución. Será un arreglo inusitado (otra de las muchas sorpresas del Espíritu), por el cual continuaré siendo pastor de una iglesia local, y, sin embargo, tendré la libertad de proveer la visión, dirección y motivación al seminario. Mi plan es estar disponible tanto como me sea posible durante el año, para tocar e influir las vidas de aquellos que están preparándose para toda una vida de ministerio. Y debido a los dones, diligencia, buena disposición y competencia de un hombre que vendrá junto conmigo como rector del seminario, el Dr. John Sailhamer, no tendré que preocuparme de los detalles agotadores y exigentes que casi siempre drenan la energía y obscurecen la visión de un presidente de una institución educativa.

Sólo el tiempo dirá qué tan bien funciona todo esto, pero hoy todavía estoy sacudiendo mi cabeza del asombro. Cuando me doy cuenta de cuán lleno de sorpresas es en realidad nuestro Dios, me recorre el cuerpo una nueva oleada de emoción. Él tiene muchas de tales cosas reservadas para todos nosotros. Si no lo cree, ¡prepárese para una sorpresa masiva! La geografía y detalles de su plan será diferente para cada uno de nosotros, por supuesto, pero la obra soberana del Espíritu Santo está mucho más allá de lo que la mente humana puede jamás imaginar.

Esto es precisamente lo que el profeta quiso decir cuando escribió:

> Porque mis pensamientos no son vuestros
> pensamientos, ni vuestros caminos mis caminos,
> dijo Jehová. Como son más altos los cielos que la
> tierra, así son mis caminos más altos que
> vuestros caminos, y mis pensamientos más que
> vuestros pensamientos.
> Isaías 55.8-9

El problema con la mayoría de nosotros no es que nuestra teología sea herética, sino que ha llegado a ser predecible; lo cual, para mí, es sinónimo de árida y aburrida. No debería ser así. Aquel a quien nuestro Señor Jesús envió es el Espíritu que da vida, siempre nos da energía, y es quien quiere obrar en nosotros de manera fenomenal, de modo que seamos capaces de beber de las insondables profundidades de Dios. Pero lo trágico es que demasiados, en el pueblo de Dios, prefieren dejar tales pensamientos encerrados en la seguridad de las páginas de las Escrituras antes que experimentarlos en forma práctica en la vida diaria.

Un recordatorio de lo que Jesús prometió

Ya hemos visto la promesa de Jesús respecto a enviar el Espíritu, pero tal vez sea útil repasar de nuevo esas palabras:

> Y yo rogaré al Padre, y os dará otro Consolador, para que esté con vosotros para siempre; el Espíritu de verdad, al cual el mundo no puede recibir, porque no le ve, ni le conoce; pero vosotros le conocéis, porque mora con vosotros, y estará en vosotros. Os he dicho estas cosas estando con vosotros.
>
> Mas el Consolador, el Espíritu Santo, a quien el Padre enviará en mi nombre, él os enseñará todas las cosas, y os recordará todo lo que yo os he dicho.
>
> Juan 14.16-17,25-26

En esta sección nuestro Señor usa dos veces el término *Consolador*. La palabra es traducida de una combinación de dos términos griegos, *pará* (junto a) y *kaleo* (llamar). Aquel a quien nuestro Señor «llamará para estar junto a» nosotros con el propósito de asistirnos, sólo desempeñará una doble tarea. ¿Las observó al leer la promesa de Jesús?

1. Él nos enseñará «todas las cosas».

2. Él nos «recordará todo» lo que Jesús ha dicho.

En otras palabras, es el deseo del Señor revelar la verdad antes que esconderla, que recordemos en lugar de que olvidemos. Piénselo de esta manera: Dios quiere que sepamos su voluntad de modo que podamos andar en ella y experimentar la plena manifestación de su poder, sus bendiciones. Él no está huyendo ni escondiendo las perlas de sus promesas ni las gemas de su sabiduría. No; Él nos ha dado su Espíritu para revelarnos esas cosas... para recordarnos vez tras vez que las palabras de Jesús son fidedignas y verdaderas. Al captar la realidad de esas cosas, con frecuencia nos sorprendemos, puesto que son muy diferentes a lo que esperamos.

Un ministerio del Espíritu que con frecuencia se soslaya

Poco antes de que fuera arrestado y crucificado, Jesús hizo esta importante predicción y promesa. Léala con suma atención.

> Pero yo os digo la verdad: Os conviene que yo me vaya; porque si no me fuere, el Consolador no vendría a vosotros; mas si me fuere, os lo enviaré. Y cuando Él venga, convencerá al mundo de pecado, de justicia y de juicio. De pecado, por cuanto no creen en mí; de justicia, por cuanto voy al Padre, y no me veréis más; y de juicio, por cuanto el príncipe de este mundo ha sido ya juzgado. Aún tengo muchas cosas que deciros, pero ahora no las podéis sobrellevar. Pero cuando venga el Espíritu de verdad, Él os guiará a toda la verdad; porque no hablará por su propia cuenta, sino que hablará todo lo que oyere, y os hará saber las cosas que habrán de venir.
>
> Juan 16.7-13

En realidad, ¿qué es lo que Jesús predice? Él nos asegura que el Espíritu hará por nosotros lo que no podemos hacer por nosotros mismos. Pero es de especial interés para mí su comentario al concluir. Después de decirnos lo que el Espíritu de Dios hará respecto al pecado, a la justicia y al juicio, hace una predicción avasalladora que la mayoría de nosotros nunca hemos aceptado por lo que vale; esto es: «Él os guiará a toda la verdad». ¡Imagínese!

Por años abracé una perspectiva limitada de esta declaración, incluso cuando Jesús usó la palabra «toda». Sentía que se refería sólo a la verdad de las Escrituras. En realidad estaría incluida en la categoría de «la verdad», pero ¿está limitada a eso? Piense antes de dar su respuesta. De hecho, observe el versículo 15:

> Todo lo que tiene el Padre es mío; por eso dije que tomará de lo mío, y os lo hará saber.
>
> Juan 16.15

Si una de las tareas del Espíritu es guiarnos a la verdad y revelárnosla, ¿quién asegura que eso quiere decir solamente la verdad de las Escrituras? ¿Por qué no puede incluir la verdad de su voluntad? ¿O la verdad respecto a otra persona? ¿O la verdad respecto a ambos lados de una decisión difícil? ¿Por qué esas cosas no podrían ser parte de «las cosas que habrán de venir», que Él prometió revelarnos a usted y a mí?

Voy a dedicar el capítulo 7 a los estímulos internos que nos da el Espíritu, de modo que no hay necesidad de que tome mucho tiempo ahora para desarrollar estas ideas. Pero tal vez sea útil pasar unos cuantos minutos meditando en las preguntas que acabo de hacer.

Piense en las veces, en su propio pasado, cuando el Espíritu le guió a algo o le reveló algo. Puede haber ocurrido cuando estaba atascado en algún pasaje de las Escrituras. Necesitaba comprender lo que significaba, pero nada parecía aclararse. Y entonces, para sorpresa suya, en un período en apariencias corto, todo se abrió. No puedo enumerar la cantidad de veces que eso me ha ocurrido.

Y ¿no ha batallado usted con alguna decisión? Mientras más luchaba, más grande era el conflicto. Al principio se sentía como si estuviera parado en medio de una nube espesa y oscura. Entonces, poco a poco, la niebla se desvaneció, y pudo ver el camino. Opino que eso puede ser indicio de la obra reveladora del Espíritu Santo.

Es interesante notar que Jesús dijo: «No hablará por su propia cuenta, sino que hablará todo lo que oyere». Encuentro asombrosa esta declaración. No es «todo lo que leyere», como si estuviera leyendo por sobre nuestros hombros las páginas de la Biblia, sino «todo lo que oyere». ¿De quién «oye» las cosas que revela? Me parece que la fuente final debe ser Dios el Padre. Después de todo, es su plan que se está poniendo en práctica.

Recuerdo varios momentos sorprendentes cuando he recibido las revelaciones del Espíritu.

- Perspectivas bíblicas que de otra manera hubiera pasado por alto.

- Una súbita comprensión de la voluntad de Dios, o del peligro, o una percepción de paz en medio del caos.

- Una fuerte oleada de confianza en un ambiente donde cundiría el temor y la vacilación.

- Una paz, conciencia tranquila del que no está solo, aunque en realidad no había nadie conmigo.

- La conciencia innegable del mal que nos rodea... incluso la tétrica presencia de las fuerzas demoníacas.

En cada caso tomé conciencia de «la verdad», revelada por el Espíritu. Era en ese momento, o poco tiempo después (algunas veces tardaba más), que se me revelaba.

Hace poco, mientras asesoraba a una persona atribulada, esta se dejó llevar por una extrema ansiedad. Sus lágrimas fluían. Se apoderaron de él los sentimientos de pánico, y temblaba sin control. Fue un momento demasiado emocional para él, sentirse tan desvalido, junto a su esposa sentada a su lado. Entonces, al parecer saliendo de la nada, recibí el destello de una perspectiva, debido a algo que ella dijo. Encajaba muy bien con un principio escritural sobre el cual había hablado días antes. El comentario de la esposa, unido al principio bíblico, más un pensamiento que me vino al estar los tres sentados en aquella habitación, me guió a decir una o dos frases, nada más. El resultado fue sorprendente.

De repente el hombre hizo una pausa y se quedó mirándome. Parpadeó varias veces sin decir ni una sola palabra. Podía decir que estaba procesando la información. Se limpió las lágrimas, sacudió un par de veces la cabeza, y dijo: «Eso es. Eso es justo lo que necesitaba oír, pero no podía; necesitaba descubrirlo». Se puso de pie, me dio un firme apretón de manos, y salió con su brazo en la cintura de su sonriente esposa.

¿Qué ocurrió? Estoy convencido de que el Espíritu que sorprende nos guió en ese momento de verdad y con precisión quirúrgica reveló la declaración que necesitaba ser dicha y oída.

Algunos ejemplos de la obra interna del Espíritu

Lo que Jesús enseñó antes de ir a la cruz, y al final dejar la tierra, el apóstol Pablo lo trata con un poco más de detalle en su carta a los Corintios. Eso explica porque tenemos en 1 Corintios 2 algunos ejemplos de la obra interna del Espíritu.

Mientras más observo estas cosas, más fascinado quedo. Mientras más hurgo debajo de la superficie, más observo cuánto me extravié en mis estudios de las Escrituras. Mucho de lo que Él hace es tan sorprendente que casi siempre pensamos que es sólo una coincidencia. Debido a que no podemos ver al Espíritu de Dios, tendemos por lo general a pasar por alto su presencia en nuestro medio y en nuestras vidas en particular.

Demuestra el poder único de Dios

En su carta a los corintios, el apóstol Pablo observa en retrospectiva a sus primeros días en Corinto, cuando estaba apenas fundando la iglesia, y trae a colación su ministerio entre ellos. Hallo significativo que lo primero sobre lo cual pone su dedo es la demostración del poder único de Dios, mientras da su propio testimonio respecto al ministerio en Corinto.

Así que, hermanos, cuando fui a vosotros, para anunciaros el testimonio de Dios, no fui con excelencia de palabras o de sabiduría.

1 Corintios 2.1

Pablo indica desde el principio lo que *no* hizo. No fue pavoneándose de superioridad carnal y egoísta de palabras o exhibiendo su sabiduría.

¿Era un hombre brillante? Usted sabe que lo era. Había estudiado bajo Gamaliel y otros maestros excepcionales. ¿Y famoso? Saulo de Tarso de seguro que era un nombre familiar entre los judíos del primer siglo. Era el sanedrinista de armas tomar. Era fariseo de fariseos. Era el archiperseguidor de la iglesia. Era un hombre con títulos académicos avanzados y pasión incansable. No es exagerado decir que no era segundo de nadie.

Y entonces, ¡sorpresa! El Espíritu de Dios entró en su vida en el momento de su conversión, el apóstol Pablo experimentó una transformación que cambió la dirección total de su vida. Su manera radical de acercarse, su filosofía completa de la vida, fue alterada. Tan transformador fue el cambio que cuando vino a este «centro antiguo de diversiones», Corinto de Grecia, para servir al Señor entre gente que buscaba elocuencia impresionante y demostraciones carnales de sabiduría humana, rehusó de manera deliberada dar espectáculo para satisfacerlos. Pablo no tenía ningún interés en ser un «éxito clamoroso».

Pues, bien, ¿qué fue lo que *hizo*?

Pues me propuse no saber entre vosotros cosa alguna sino a Jesucristo, y a éste crucificado. Y estuve entre vosotros con debilidad, y mucho temor y temblor.

1 Corintios 2.2-3

Regrese y piense seriamente de nuevo en esta descripción propia: «debilidad... temor... temblor». Ahora, si a mí se me pidiera que describiera a Pablo, dudo que usaría alguna de esas tres palabras. Porque, cuando pensamos en Pablo, pensamos en un hombre con enorme fortaleza, un hombre que tenía la capacidad de hablar sobre cualquier tema y no equivocarse ni siquiera en una palabra. En efecto, Apolo era el elocuente, no Pablo, quien vino con aparente debilidad, en un espíritu de temor y también con mucho temblor.

Dicho sea de paso, la sinceridad y franqueza de Pablo es un buen recordatorio para usted y para mí, cuando nos hallamos en lugares en donde nos sentimos intimidados, cuando nos sentimos temerosos y muy débiles. Allí es cuando el Espíritu de Dios, en forma sorprendente, hace su mejor trabajo. Porque cuando soy débil, Dios muestra su poder.

Pablo aprendió eso al escribir 1 Corintios 12. El Señor le mostró que cuando era débil e incapaz, inhábil e inadecuado, Dios se hacía cargo. El ministerio del Espíritu de Dios vino como un torrente e hizo de esas ocasiones las más poderosas y profundas de su vida y ministerio en Corinto.

¿Cómo pudo él haber sido fuerte en su debilidad, poderoso en sus temores y eficaz en medio de su agitación? La respuesta está en los versículos 4 y 5.

Y ni mi palabra ni mi predicación fue con palabras persuasivas de humana sabiduría, sino con demostración del Espíritu y de poder, para que vuestra fe no esté fundada en la sabiduría de los hombres, sino en el poder de Dios.

1 Corintios 2.4-5

Allí está de nuevo la palabra: *poder*, que procede del término griego *dúnamis*. Continúa aflorando en nuestro estudio del Espíritu, una dinámica invariablemente ligada al Espíritu Santo.

Cuando los creyentes corintios abandonaban las reuniones a las que acudían para ser ministrados por Pablo, salían hablando acerca del Señor y no de aquel que les había servido. Y eso agradó mucho a Pablo. ¿Por qué? ¡Porque él había recibido *dúnamis* del Consolador! El Consolador llenó de poder al mensaje del hombre, desató su liderazgo y moldeó su inimitable estilo. Como resultado, se sintió la asombrosa presencia de Dios. No tenga temor de aquellas palabras o de esa realidad. No la resista porque parezca «demasiado emocional». Hay ocasiones en que la presencia de Dios es tan obvia que es como la electricidad sobre la asamblea. He estado en ciertas reuniones cuando cada uno de los presentes pudo sentir el poder dinámico del Espíritu de Dios.

La más reciente experiencia que he tenido al respecto ocurrió cuando ministraba este año en Brisbane, Australia. Varios líderes de nuestro ministerio de radio «Insight for Living» [Perspectivas para la vida] habían sido invitados a una iglesia en la costa oriental de «la tierra baja». No habíamos estado ni diez minutos en la reunión cuando nos dimos cuenta de cuán presente se hallaba el Espíritu de Dios. La música estaba llena de alabanza gozosa y significativa. Había ocasiones espontáneas que añadían al deleite refrescante de la noche. Sentí una libertad poco común al hablar, la gente escuchaba y respondía. No conocía a nadie y ellos nunca me habían visto antes. Sólo había estado en Australia una vez, de modo que era un novato en su cultura. Pero el vínculo que se formó entre nosotros fue instantáneo y genuino. ¡Me encantó!

Cuando salió nuestro grupo de líderes, todos estuvimos de acuerdo: fue la obra transparente del Espíritu. Más tarde, cuanto tratamos de describir a otros el significado del momento, no pudimos hacerlo. Todavía más, he descubierto que tales ocasiones llenas del poder del Espíritu no pueden duplicarse. No es como una presentación de teatro, que se puede repetir una actuación tras otra. La obra del Espíritu de Dios es absolutamente única.

La experiencia de Pablo entre los corintios, por su propio testimonio, fue una clara demostración de la obra del Espíritu. Así como en la reunión en Brisbane, Dios estaba presente desde el principio hasta el final.

Busca la sabiduría oculta de Dios

Habiendo introducido la «demostración del Espíritu», Pablo profundiza aún más al escribir sobre su esfuerzo de «buscar». Lea las siguientes palabras lenta y cuidadosamente:

Sin embargo, hablamos sabiduría entre los que han alcanzado madurez; y sabiduría, no de este siglo, ni de los príncipes de este siglo, que perecen. Mas hablamos sabiduría de Dios en misterio, la sabiduría oculta, la cual Dios predestinó antes de los siglos para nuestra gloria, la que ninguno de los príncipes de este siglo conoció; porque si la hubieran conocido, nunca habrían crucificado al Señor de gloria. Antes bien, como está escrito:

COSAS QUE OJO NO VIO, NI OÍDO OYÓ,
NI HAN SUBIDO EN CORAZÓN DE HOMBRE,
SON LAS QUE DIOS HA PREPARADO
PARA LOS QUE LE AMAN.

1 Corintios 2.6-9

El apóstol retorna a las palabras de Isaías, y las parafrasea, quizás obteniéndolas de la Septuaginta, que era la Biblia de los días de Pablo.

Somos incapaces, dice, en nosotros y por nosotros, de sentarnos y descubrir la «sabiduría de Dios», sin que importe cuánta inteligencia pueda uno tener o cuántos títulos avanzados haya obtenido. La sabiduría de Dios no se descubre a partir de fuentes humanas. La mente humana, por sí misma, no puede sumergirse en las profundidades de las verdades de Dios. Usted y yo dependemos de otro que las conoce. Esas verdades deben proceder de la Deidad. Y ¿quién es el designado para la tarea? El Espíritu Santo, que vive en cada hijo de Dios. Él reside en nosotros, no para estar durmiendo o pasivo, sino activamente involucrado en revelar la sabiduría escondida de Dios. Tampoco podemos cosechar tal sabiduría el uno del otro. La sabiduría profunda, divina, tiene que venir de Dios a medida que nos permitimos volar más cerca de la llama.

Avancemos más:

Pero Dios nos las reveló a nosotros por el Espíritu; porque el Espíritu todo lo escudriña, aun lo profundo de Dios.

1 Corintios 2.10

¡Otra sorpresa! El Espíritu de Dios es quien recoge la verdad de dentro de la Deidad y entonces revela esa sabiduría a los individuos como usted y yo. Gracias al Espíritu Santo, tales verdades profundas son depositadas en nuestras mentes. Sin la ayuda sobrenatural del Consolador, ¡estamos hundidos! Él debe revelárnoslas o de lo contrario no las recibimos.

Algunas veces pienso en el Espíritu Santo como en un buzo de mares profundos, que se sumerge muy hondo en busca de tesoros. Se echa por la borda del bote. Las burbujas suben a la superficie mientras él desciende, más hondo, más profundo, más profundo... investigando todos los misterios de las profundidades que el ojo humano no puede ver desde arriba. Por último, sube de nuevo a la superficie trayendo consigo tesoros de algún navío hundido. Algunas veces son tan preciosos que son invaluables. Sin el buzo, no obstante, hubieran continuado escondidos para siempre.

El Espíritu de Dios, de la misma manera, escudriña los campos más profundos de la sabiduría de Dios para extraer verdades que necesitamos saber y comprender. No sólo que las excava. También es capaz de traerlas a nuestra atención. ¡Qué obra tan importante!

> ¡Oh profundidad de las riquezas de la sabiduría y de la ciencia de Dios! ¡Cuán insondables son sus juicios, e inescrutables sus caminos! PORQUE ¿QUIÉN ENTENDIÓ LA MENTE DEL SEÑOR? ¿O QUIÉN FUE SU CONSEJERO? ¿O QUIÉN LE DIO A Él PRIMERO, PARA QUE LE FUESE RECOMPENSADO? Porque de Él, y por Él, y para Él, son todas las cosas. A Él sea la gloria por los siglos. Amén.
> Romanos 11.33-36

A la teología se la ha llamado «la reina de las ciencias». Ante ella, todas las demás verdades terrenales deben inclinarse. Sólo quienes han captado la sabiduría y el magnífico, profundo, inescrutable plan de Dios pueden encajar la verdad en su lugar apropiado en cualquier era en la que vivan. Una verdadera educación ocurre cuando se le da a la teología la prioridad apropiada. Nuestros antepasados lo sabían.

Por eso es que, cuando se fundaron las primeras universidades, fue con el propósito de establecer un ministerio letrado y conocedor, de modo que la gente pudiera continuar teniendo la sabiduría de Dios en foco con las necesidades de los seres humanos.

Revela los pensamientos profundos de Dios

En la carta a los corintios, Pablo se refiere a lo «profundo de Dios», que menciona en Romanos 11.

> Porque, ¿quién de los hombres sabe las cosas del hombre, sino el espíritu del hombre que está en él? Así tampoco nadie conoció las cosas de Dios, sino el Espíritu de Dios.
>
> 1 Corintios 2.11

Si pudiera mirarle fijo a los ojos y estudiarlos por varias horas, todavía sería incapaz de saber lo que pasa por su mente. También sería incapaz de decir lo que hay en su espíritu. Sin embargo, usted y yo sabemos lo que pasa por nuestra mente, ¿verdad?

Dentro de la mente de Dios hay un tesoro vasto e insondable de verdad llamado «sabiduría». Es obvio, que el Dios viviente la conoce. Y el Espíritu de Dios, como deidad en sí mismo, sabe todo de esa sabiduría magnífica, misteriosa, oculta. Comprender un cuerpo de verdad es esencial para la vida; en realidad, algunas veces es esencial para sobrevivir en los tiempos en que vivimos. Ahora, el «argumento decisivo» es:

> Y nosotros no hemos recibido el espíritu del mundo, sino el Espíritu que proviene de Dios, para que sepamos lo que Dios nos ha concedido.
>
> 1 Corintios 2.12

¿Es eso maravilloso, o qué? En el momento de la salvación, a usted y a mí se nos dio el Espíritu de Dios. Se nos identificó con el cuerpo de Cristo. Fuimos hechos parte de la familia. Incluido en el «paquete original» estaban las profundas obras del Espíritu Santo dentro de nuestro ser. Al venir Él a vivir dentro de nosotros, estaba plenamente capacitado para revelar la sabiduría de Dios, habiendo escudriñado su profundidad. ¡Y qué conjunto de primerísimas verdades es esto!

Cuando nos encontramos en un atolladero, el Espíritu de Dios nos asiste para ayudarnos a pasarlo. Cuando estamos experimentando aflicción y pérdida, el Espíritu de Dios está allí para darnos sabiduría y perspectiva en la encrucijada de nuestro dolor. Cuando nos encontramos con lo desconocido, el Espíritu de Dios está allí para evitar que seamos intimidados. Él vive en nosotros para revelar, enseñar y dirigirnos. Y cuán a menudo esas cosas que vienen de Él son sorpresas totales, mucho más allá de los pensamientos humanos. Como Isaías escribió, los pensamientos que vienen de Dios son «más altos que la tierra» y totalmente diferentes al simple conocimiento humano.

Permítame avanzar un paso más y decir que esto tal vez explique bien cómo usted y yo podemos tener confianza interna y seguridad respecto a ciertas cuestiones, cuando otros no la tienen. ¿No le ha ocurrido eso? Usted ha estudiado en detalle algún asunto con mucha oración, ha esperado en Dios, buscado su verdad en las Escrituras, y llega a una conclusión: «Esto es lo que tengo que hacer». O tal vez: «Esto es lo que no tengo que hacer». Unos no concuerdan con usted. Otros, a su alrededor, no pueden ver la lógica. Sin embargo, es como si estuviera «ligado en Espíritu» para realizar su convicción debido a que sabe que eso es lo que Dios quiere que haga. Puede ser sorprendente para algunos e insensato para otros, pero usted sabe que eso es lo que debe hacer. Mientras más vivo, más creo que esa clase de sabiduría, convicción y conocimiento es la obra del Espíritu.

Quiero mostrarle un ejemplo. Una escena muy similar a la que acabo de describir ocurrió entre los líderes de Éfeso mientras Pablo se despedía. Estaban a punto de abrazarse y de decirse adiós por última vez. Pero justo antes de que lo hicieran, Pablo les dijo:

> Ahora, he aquí, ligado yo en espíritu, voy a Jerusalén, sin saber lo que allá me ha de acontecer; salvo que el Espíritu Santo por todas las ciudades me da testimonio, diciendo que me esperan prisiones y tribulaciones. Pero de ninguna cosa hago caso, ni estimo preciosa mi vida para mí mismo, con tal que acabe mi carrera con gozo, y el ministerio que recibí del Señor Jesús, para dar testimonio del evangelio de la gracia de Dios.
>
> Hechos 20.22-24

¡Mírelo! El Espíritu Santo está literalmente testificándole a Pablo. ¿Y qué es lo que le dice? Le confirma que en cada ciudad habrá «prisiones y tribulaciones». Veremos esta escena en detalle más adelante, pero por ahora trate de imaginarse la confianza de Pablo, la cual brotó de la «voz interna» del Espíritu.

El Espíritu no siempre nos conduce a lugares cómodos. Algunas veces es el plan sorprendente de Dios llevarnos a lugares de dificultad para que sirvamos como sus representantes. La experiencia de Pablo fue exactamente así. En efecto, decía: «Voy a Jerusalén, y sé desde antes de llegar allá que me esperan problemas». Y eso fue lo que ocurrió. Si estudia el resto de la historia, verá un hombre que dependía de Dios para sobrevivir. El Espíritu le reveló a Pablo mucho de lo que le esperaba, testificando que habría «prisiones y tribulaciones» en el horizonte de su futuro. Pues bien, si él lo sabía de antemano, alguien pudiera preguntar, ¿por qué se fue en una misión tan amenazadora? Porque era siervo de Dios. La obediencia, que brotaba de la confianza hasta el sacrificio, era su única opción.

> Pero de ninguna cosa hago caso, ni estimo preciosa mi vida para mí mismo, con tal que acabe mi carrera con gozo, y el ministerio que recibí del Señor Jesús, para dar testimonio del evangelio de la gracia de Dios.
>
> Hechos 20.24

Eso es lo que yo llamo una visión de largo alcance. Si viéramos sólo el presente, seríamos muy cautelosos, muy protectores de nosotros mismos. Pero debemos mirar la vida a la luz de la eternidad. Somos parte de un plan. Como Pablo, nuestro deseo debe ser terminar la carrera, firmes en la fe.

Pablo podría decir: «Voy a Jerusalén. Y sé que me esperan dificultades, porque por medio del Espíritu se me ha dado esta perspectiva. Dios me la aclaró». Algunos hoy se verían tentados a llamar a esto una premonición. Yo no usaría esa palabra para describir la obra que el Espíritu ejecuta dentro de nosotros. Confieso, con libertad, que es difícil poner el dedo sobre el asunto. Es difícil describirlo en términos exactos. Es como clavar un huevo revuelto a un árbol. No puede lograr que todo se quede pegado. En realidad, en este caso, fue la obra sorprendente del Espíritu en la vida de Pablo.

Enseña las profundas perspectivas de Dios

Y así es el Espíritu Santo quien toma lo de Dios y lo comunica a los suyos. ¿Cómo? Lea con mucha atención el comentario de Pablo:

Lo cual también hablamos, no con palabras enseñadas por sabiduría humana, sino con las que enseña el Espíritu, acomodando lo espiritual a lo espiritual.

1 Corintios 2.13

Por la obra del Espíritu que acomoda «lo espiritual a lo espiritual», somos guiados a un territorio nuevo e inesperado. Tenemos una confianza creciente en que Él proveerá toda la fuerza y poder que necesitamos para enfrentar cualquier cosa que nos espere adelante. Porque...

• Tenemos un «Consolador» que ha sido «llamado a estar a nuestro lado».

• En lugar de debilidad, trae poder.

• En vez de ignorancia, trae conocimiento.

• En lugar de conocimiento humano, trae sabiduría divina y profundas perspectivas desde lo más íntimo del plan de Dios.

• A medida que captamos estas verdades, acomodando lo espiritual a lo espiritual, ganamos confianza en su voluntad.

• Y aun cuando puede ser sorprendente, cuando Dios está en ello, hay sólo una opción: *obediencia*.

Lo cual nos trae de regreso al hecho con el que comenzamos este capítulo: cómo caí sorprendentemente en cuenta de que debía dejar de resistir, y responder de manera afirmativa al llamado para ser el próximo presidente del Seminario Teológico de Dallas.

De alguna manera, en su plan perfecto, esta es su voluntad para mí. Y debido a que esto es verdad, tengo una sola opción. La obediencia.

Pero *aún* estoy sorprendido.

6

Ponme cerca...

¿*E*STÁ COMPLACIDO CON su andar cristiano? Quiero decir, ¿está absoluta, inequívoca, e incondicionalmente satisfecho con el nivel de su relación con Cristo... con el poder de la presencia de Dios en su vida? O, en momentos desprevenidos, le han venido pensamientos como:

¿Me pregunto si hay algo más?

¿Me pregunto si mi vida de oración podría ser más apasionada, más dinámica, con más confianza?

¿Es realmente el Señor lo primero en mi pensamiento?

¿Por qué, cuando me enfermo, lo primero que pienso es en llamar al médico en lugar de clamar a mi Dios?

¿Por qué, cuando tengo una seria necesidad financiera, primero pienso en algún banco al cual pudiera acudir a solicitar un préstamo antes que pensar en las cortes del cielo esperando ayuda divina?

Pues bien, si esa clase de pensamientos le perturban, no está solo.

Permítame leerle algunos fragmentos de una carta que recibí de un amigo a quien respeto mucho. Es un hombre de negocios cristiano, trabaja para una organización cristiana, tiene una esposa cristiana y una familia hermosa. Es evangélico, conservador, pero no es lo que algunos llamarían un «carismático». Todo esto no es para tipificarlo, sino para ayudarle a comprender de dónde viene.

En la sección de su carta que él llama «de escopeta», escribe:

Hay en el mundo evangélico un anhelo de una mayor intimidad con Dios. Creo que hemos tenido demasiada cabeza y poco corazón. La gente está ahora intrigada con el Espíritu Santo. Como la proverbial mariposa y la llama, no saben cuán cerca pueden volar sin quemarse las alas. Por alguna razón inexplicable se sienten atraídos por la llama; y sin embargo, todavía se atemorizan del Espíritu Santo.

Hay un temor entre nosotros, los evangélicos, de que espiritualmente nos hemos perdido algo. La vida abundante que hemos buscado no es por completo satisfactoria. Hay un anhelo de intimidad espiritual con Dios que rara vez es satisfecho. ¿Podría ser que lo que en realidad nos hemos estado perdiendo, lo que nos daría un apetito por la oración diaria y el estudio bíblico y una dinámica personal, es la concesión de poder en una medida más profunda del Espíritu Santo? ¿No necesitamos acaso permitir al Espíritu Santo salir de nuestro armario?

Tal vez los evangélicos han creído que el mundo espiritual es plano; que si navegan demasiado cerca del borde de la experiencia cristiana, pueden caer en una amnesia emocional. Y así nos hemos alejado corriendo de todo, excepto de las expresiones más intelectualizadas del Espíritu, como si Él fuera alguna clase de monstruo marino.

Los evangélicos son «creyentes razonables», casi demasiado lógicos, y sin embargo siempre hemos sospechado que demasiada emoción ha sido dejada fuera de nuestra experiencia cristiana. Muchos de nosotros anhelamos pasión espiritual, la cual ha llegado a ser apenas un fogonazo de luz, que da cuerda para unas pocas vueltas. Alguien, con credibilidad evangélica, necesita decirnos que está bien acercarse a la llama. [Él me desafía a que lo haga.]

Tal vez Dios todavía obra milagros; por lo menos en cierta medida. Si no, entonces, ¿por qué oramos a Él por ayuda cuando estamos enfermos o afligidos? ¿Son nuestras oraciones pidiendo la intervención de Dios simplemente un truco sicológico que jugamos con nosotros mismos, sabiendo que Él ya no actúa más decisivamente (mucho menos de manera milagrosa) en nuestro mundo de hoy? Los evangélicos están secretamente preocupados que se hayan vuelto «deístas» quienes piensen que los últimos actos de Dios fueron unos pocos milagros después de la resurrección. Desde casi el año 70 d.C., ¿se ha retirado Dios a su habitación del fondo, dejando en control a ciegas leyes espirituales y físicas?

¿No hay alguna opción además del deísmo y de Oral Roberts? ¿Podemos dejar a Dios en libertad para que obre en su universo?

Enfrentémoslo, Charles, los carismáticos nos asustan. En secreto sentimos alivio cuando los trapos sucios de algunos elementos extremistas tales como [menciona por nombre a varios muy conocidos] son exhibidos por la prensa. La verdad es que los carismáticos de la corriente principal también se sienten abochornados por tales extremistas. No arrojemos al bebé junto con el agua sucia de la bañera.

¿Cómo podría una nueva, no intimidada teología del Espíritu Santo cambiar nuestras experiencias en la adoración, en la oración, al testificar, en la confianza espiritual? Algunos de nosotros necesitamos una revolución, Charles.

¿No es acaso el momento para que los evangélicos revisen la doctrina del Espíritu Santo sin preocuparse porque suene demasiado carismática? ¿No deberíamos dejar a Dios más espacio para que obre directamente en nuestras vidas hoy? ET [Extra terrestre] ha tenido un impacto mucho más profundo, más positivo y personal en las vidas de algunas personas que el Espíritu Santo.

Después que hayas tenido una oportunidad de analizar mi carta, me encantaría conversar contigo por teléfono. Tal vez estoy tan fuera de base que a lo mejor te da un patatús. ¡Si es así, lo comprenderé![1]

Aprecio a ese hombre. Me encanta su coraje. Me encanta su mente inquisidora, su honestidad, su originalidad. Estoy muy impresionado de que no tiene miedo de poner su dedo sobre la llaga y apretar un poco más. Incluso, si eso nos deja a algunos con cierta incomodidad e inquietud, ¡por lo menos nos hace pensar!

La tragedia es que algunos han dejado de pensar. Para muchos en las filas de los evangélicos conservadores la búsqueda se acabó. No hay nada más que descubrir, ni nuevo territorio que examinar, nada más que experimentar. Como dice el viejo refrán, ya están «salvados, santificados, galvanizados y petrificados». Eso me preocupa en gran manera.

Ahora, por causa de muchos de nosotros, déjeme hacer una confesión abierta y sin reservas: Hay ocasiones en que usted y yo deseamos expresiones más satisfactorias de la fe. Hay ocasiones que deseamos más evidencias de la dinámica del Espíritu de

---

[1] Carta personal. Usada con permiso.

Dios en nuestras vidas. ¡Pero el temor nos restringe! Temor de ser mal entendidos por nuestros hermanos y hermanas en la fe... temor de que nos endilguen algún rótulo... temor de caernos en un abismo emocional y hacer cosas extravagantes... temor de alejarnos de las Escrituras y caer en el error. Tenemos miedo de meternos demasiado hondo en las aguas doctrinales, sumergiéndonos más allá de la cabeza, y luego no poder nadar de regreso a la playa.

Ahora casi puedo oír a algunos de ustedes decir: «Swindoll ha perdido un tornillo. Lo siguiente que va a hacer es irse al Tíbet para meditar encima de alguna montaña». No apueste a ello.

Por favor, tenga la seguridad de que nunca en mi vida he estado más comprometido con las Escrituras. Nací en 1934, de modo que no soy ningún polluelo... sin embargo, a esta edad, puedo decir con sinceridad que amo a Cristo más profundamente y creo en su Palabra de un modo más firme que nunca antes en mi vida. Cada día de mi vida estoy excavando en los tesoros de la Palabra de Dios. Déjeme tranquilizarlo. Soy quizás más ortodoxo en la teología que nunca. Pero eso no significa que he dejado de aprender. Todavía estoy pensando y aún estoy insatisfecho con el status quo.

La verdad del asunto es que no estoy convencido de que nuestra comprensión y apropiación del Espíritu Santo es todo lo que puede ser y debería ser. Mientras que no pienso que necesitamos «más de Dios» (una imposibilidad, puesto que ¡tenemos todo de Él!), sí creo que necesitamos actuar según lo que ya tenemos. No es que necesitamos orar por alguna cosa nueva viniendo sobre nosotros, sino que creo que necesitamos apropiarnos en una medida mucho más amplia de lo que ya está dentro de nosotros.

Es como el cerebro. Durante nuestra vida entera, usamos tal vez una décima parte de él, o menos —una minúscula porción— y el resto simplemente yace en su lugar como una masa gris, sin aprender nada nuevo, sólo marcando el tiempo. No puedo creer que eso sea el deseo de Dios para su pueblo al tratarse de los recursos espirituales que Él nos ha dado.

Como ya he escrito, pienso que el Espíritu de Dios, el cual reside en el interior de cada creyente, está listo para hacerse cargo e infundirnos, no sólo una nueva dinámica sino también una tranquila confianza en la vida. Sin embargo, la mayoría de nosotros parece que tropezamos día tras día, sin caer en cuenta o sin preocuparnos por reclamar las vastas provisiones que son nuestras.

Mi oración es que permanezcamos receptivos y susceptibles de ser enseñados —como mi amigo— y que nuestro Dios nos conduzca y nos revele verdades frescas de su Palabra, incluyendo el desempolvar las más viejas y traerlas de nuevo a la vida. Espero que las páginas de este libro despejarán los escombros de algunas de ellas en espera de que nos las apropiemos.

Quiero pasar el resto de mis años retando a la gente a avanzar hasta el mismo borde de la fe... a arriesgarse a tener nuevos pensamientos... a meditar en nuevas ideas... a entrar en nuevas experiencias sin temor. La verdad es que nos hemos retirado demasiado lejos de algunas de las mejores cosas que el Señor tiene para nosotros.

Un examen más detallado que nos ilumina

Si vamos a volar más cerca de la llama sagrada, necesitamos reaprender y, con esperanza, descubrir, mediante un examen más detenido, lo que Él ha dicho en su Palabra. Por ejemplo, regresemos a Efesios 5. Aquí hallamos una lista de lo que no debemos hacer.

• Efesios 5.3: *No ser inmoral, impuro o codicioso.*

Pero fornicación y toda inmundicia, o avaricia, ni aun se nombre entre vosotros, como conviene a santos.

• Efesios 5.4: No perder el control de la lengua.

[...] ni palabras deshonestas, ni necedades, ni truhanerías, que no convienen, sino antes bien acciones de gracias.

• Efesios 5.6: *No dejarse engañar.*

Nadie os engañe con palabras vanas, porque por estas cosas viene la ira de Dios sobre los hijos de desobediencia.

• Efesios 5.11: *No participar en las obras de maldad... de las tinieblas.*

Y no participéis en las obras infructuosas de las tinieblas, sino más bien reprendedlas.

- Efesios 5.15: *No ser necios.*

Mirad, pues, con diligencia cómo andéis, no como necios sino como sabios.

- Efesios 5.17: *No ser insensatos.*

Por tanto, no seáis insensatos, sino entendidos de cuál sea la voluntad del Señor.

- Efesios 5.18: No embriagarse.

No os embriaguéis con vino, en lo cual hay disolución; antes bien sed llenos del Espíritu.

Todos estos «no» me dicen que Dios se preocupa por los detalles de nuestras vidas más de lo que la mayoría de la gente jamás creería. Él nombra estas cosas, las llama a nuestra atención, porque nos harán daño si las toleramos y/o traficamos con ellas. Él trae todo a un clímax al ofrecer un gran mandamiento positivo. Después de «No, no, no, no, no, no, no», dice: «Hagan» (por lo menos esa es la directriz implicada).

- Efesios 5.18: *Antes bien sed llenos del Espíritu.*

En lugar de todas estas cosas que el mundo tratará de decirle que son estimulantes emocional y físicamente, regrese a la persona del Espíritu íntimo y permítale que llene su vida.

Cuando el Señor le entregó la salvación, su Espíritu vino a morar en usted como parte del trato, ¿recuerda? El Espíritu estaba en el «paquete de obsequio» original. Sin que tan siquiera lo supiera, el Espíritu de Dios vino a residir en forma permanente en usted. Y cuando entró en su vida, trajo consigo, para usted, la plena capacidad de su poder. Sin Cristo, usted y yo somos como una cisterna vasta y vacía, esperando la llegada de una lluvia fuerte. Cuando la salvación se convirtió en una realidad, el vacío se llenó hasta el punto de desbordarse. El Espíritu de Dios ha llenado nuestra capacidad interna con poder y dinámica.

Ahora, a la luz de eso, ¡permítale que asuma el control total! Ese es el mandamiento. En lugar de llenarse de alcohol, en lugar de llenarse de drogas, en lugar de llenarse de vocabulario soez, en lugar de llenarse de inmoralidad, llénese del dinámico Espíritu de Dios. Como el viento que llena las velas, permita que su poder impulse su vida.

¿Está Él llenándolo de esa manera? ¿Ha respondido al mandamiento de Dios?

¿Puede pensar en algún momento en su vida cuando en realidad pudo decir: «Recuerdo haber estado tan lleno de los pensamientos de Dios y de su poder que me sentía invencible en medio de mis tribulaciones»? Eso es lo que puede ocurrir. Todavía más importante, eso es lo que Dios quiere para nosotros. Podemos en verdad y en realidad ser «llenos» con su poder dinámico.

En Hechos 6 se relata un maravilloso ejemplo de esto, en donde se nos dice cómo los apóstoles dirigían la iglesia primitiva. ¿Y quién iba a pensarlo? Surgió una queja debido a que algunas personas en la iglesia no tenían suficiente alimento. El problema se complicó debido al hecho de que algunos estaban recibiendo ayuda en tanto que a otros se les pasaba por alto. La raíz del problema estaba en el tratamiento preferencial. Mientras que se daba cuidado a los judíos locales, los helenistas [judíos también] eran ignorados.

En aquellos días, como creciera el número de los discípulos, hubo murmuración de los griegos contra los hebreos, de que las viudas de aquéllos eran desatendidas en la distribución diaria. Entonces los doce convocaron a la multitud de los discípulos, y dijeron: No es justo que nosotros dejemos la palabra de Dios para servir a las mesas.

Hechos 6.1-2

Tal vez podríamos llamar a esto la primera de las reuniones de negocios en la iglesia. Debe haber contado con cientos de presentes, tal vez millares. Después de reunidos, los apóstoles les dijeron que había que hacer algo. Alguien tenía que ayudar para servir cada día los alimentos a los necesitados.

Buscad, pues, hermanos, de entre vosotros a siete varones de buen testimonio, llenos del Espíritu Santo y de sabiduría, a quienes encarguemos de este trabajo. Y nosotros persistiremos en la oración y en el ministerio de la palabra.

Hechos 6.3-4

¿No es interesante notar la lista de requisitos para el servicio? De entre ellos (implicando que no todos reunirían los necesarios), debían escoger siete varones «de buen testimonio», llenos de «sabiduría» y «llenos del Espíritu Santo». Allí, en la iglesia primitiva, los líderes —los apóstoles— decían que querían hombres llenos del Espíritu para que desempeñaran la tarea de servir. Y los demás concordaron con su evaluación, por cuanto: «Agradó la propuesta a toda la multitud» (Hechos 6.5). Como resultado, «eligieron a Esteban», a quien se identifica como «varón lleno de fe y del Espíritu Santo». Este era un hombre en cuyo interior el Espíritu desarrollaba su obra dinámica. Su vela estaba llena del bendito viento del Espíritu. La llama de Dios había inflamado su espíritu. Avanzaba por la vida con la mano de Dios sobre él. Andaba en la luz, permaneciendo en la vid.

Poco después de ser seleccionado, Esteban fue acorralado por:

> [...] unos de la sinagoga llamada de los libertos, y los de Cirene, de Alejandría, de Cilicia y de Asia[...]
>
> Hechos 6.9

Estos hombres «se levantaron[...] disputando con Esteban». ¿Podría este sostenerse ante una muchedumbre amenazadora como esa? ¡Mejor que lo crea! Leemos que sus antagonistas:

> [...] no podían resistir a la sabiduría y al Espíritu con que hablaba.
>
> Hechos 6.10

Sus críticos adolecían de suficiente fuerza para sostener su posición frente a él. Literalmente, fueron incapaces de sostenerse. Estando Esteban lleno hasta su capacidad con la presencia ardiente del Espíritu, ni siquiera tenían una posibilidad. ¡Esteban debe haber estado encendido!

A. T. Robertson opina que «Esteban fue como una batería cargada y en acción».[2] Eso no quiere decir que pisoteó a los demás. Significa que bajo el control dominante del Espíritu, no se dejó intimidar por sus críticos, y fue invencible ante ellos.

---

[2] Archibald Thomas Robertson, *The Acts of the Apostles* [Hechos de los apóstoles], vol. 3 de *Word Pictures in the New Testament* [Imágenes verbales del Nuevo Testamento], Broadman Press, Nashville, TN, 1930, p. 76.

Intrépido como un león, confiado en Dios, bajo el completo control del Espíritu, avanzó por entre las aguas de la resistencia sin desviarse de su curso. Fueron incapaces de detenerlo. La plenitud del Espíritu fue obvia para todos. No se equivoque, lo detestaron por eso. El partido de oposición se tornó cada vez más hostil, hasta que su cólera y su odio se convirtió en asesinato.

> Entonces sobornaron a unos para que dijesen que le habían oído hablar palabras blasfemas contra Moisés y contra Dios. Y soliviantaron al pueblo, a los ancianos y a los escribas; y arremetiendo, le arrebataron, y le trajeron al concilio. Y pusieron testigos falsos que decían: Este hombre no cesa de hablar palabras blasfemas contra este lugar santo y contra la ley; pues le hemos oído decir que ese Jesús de Nazaret destruirá este lugar, y cambiará las costumbres que nos dio Moisés. Entonces todos los que estaban sentados en el concilio, al fijar los ojos en él, vieron su rostro como el rostro de un ángel.
>
> Hechos 6.11-15

¿Qué quiere decir esto? Pues bien, siendo que nunca he visto un ángel, es difícil explicarlo. Sospecho que Esteban resplandecía. Casi sin excepción, donde hay evidencia de la presencia del cielo sobre la tierra hay un aura: como una luz resplandeciente, brillante. En este caso, creo que fue visible, lo cual explica por qué se dice que tenía el «rostro de un ángel».

A pesar de la presión creciente que Esteban estaba enfrentando, predicó un sermón; uno de los mejores que jamás he leído. De pie enfrentando un grupo de personas iracundas —con sus brazos cruzados, su ceño fruncido, sus mandíbulas apretadas y sus mentes fijas en apedrear al predicador— Esteban predicó. (¡Parece la situación en algunas iglesias de hoy!)

¿Ha hablado alguna vez enfrente de una multitud hostil? Tal vez no con tanta hostilidad. Recuerdo haber predicado a Cristo desde las plataformas de discursos libres, allá en la década del sesenta. ¡Vaya qué excitación! Lugares como la Universidad de Oklahoma en Norman... la Universidad de California en Berkeley. ¡Qué experiencias más emocionantes y entusiastas! Usted tenía que estar lleno del Espíritu, o jamás hubiera podido soportar sus ataques verbales. Algunos hasta nos lanzaban cosas. Pero eso era como decirle «búscalos» a un perro perdiguero hambriento. Las palabras de Churchill tenían un nuevo significado: «Pocas cosas en la vida son más emocionantes que el hecho de que le disparen a uno sin resultado».

En ocasiones como esas, el Espíritu de Dios da una confianza que no permite ser intimidada. Eso fue lo que tuvo Esteban. Recuerde, el hombre estaba lleno del Espíritu de Dios. Era la personificación del coraje frío, calmado.

¿Qué ocurrió? Sosténgase bien. La escena se pone más fea.

> Oyendo estas cosas, se enfurecían en sus corazones, y crujían los dientes contra él.
>
> Hechos 7.54

¡Estaban lívidos!

> Pero Esteban, lleno del Espíritu Santo, puestos los ojos en el cielo, vio la gloria de Dios, y a Jesús que estaba a la diestra de Dios.
>
> Hechos 7.55

[...] lleno del Espíritu Santo[...] ¿Por qué el escritor inserta de súbito este comentario? Porque esa fue la fuente invisible de la fortaleza de Esteban. Esa fue la razón detrás de su invencibilidad y perseverancia. Tengo la confianza de que su voz ni siquiera tembló.

Increíble. Con el pesado aliento de la muerte soplándole por sobre el cuello, Esteban literalmente vio la eterna, penetrante luz de la gloria de Dios desbordándose del cielo. Lleno del Espíritu, vio lo que ningún otro podía ver. Así testificó:

> He aquí, veo los cielos abiertos y al Hijo del Hombre que está a la diestra de Dios.
>
> Hechos 7.56

No sólo que vio la gloria de Dios, sino que vio a Jesús a la diestra de Dios. (Dicho sea de paso, ¿recuerda cuando Cristo ascendió? Las Escrituras declaran que en aquella ocasión nuestro Señor *se sentó* a la diestra del trono de Dios. Pero Esteban vio a Jesús de pie. Me pregunto... tal vez con sus manos exhibiendo las cicatrices de los clavos, diciéndole: «Ven a casa, Esteban. Ven a casa, querido siervo mío. Ya basta de eso».)

De acuerdo a este relato, ¿me pregunto si a aquellos llenos del Espíritu en ciertos momentos de crisis desesperadas en sus vidas se les capacita para testificar cosas que ningún otro puede ver?

Sólo me pregunto...

Entonces ellos, dando grandes voces, se taparon los oídos, y arremetieron a una contra él. Y echándole fuera de la ciudad, le apedrearon; y los testigos pusieron sus ropas a los pies de un joven que se llamaba Saulo. Y apedreaban a Esteban, mientras él invocaba y decía: Señor Jesús, recibe mi espíritu. Y puesto de rodillas, clamó a gran voz: Señor, no les tomes en cuenta este pecado. Y habiendo dicho esto, durmió.

Hechos 7.57-60

De alguna manera Dios le dio a Esteban la capacidad sobrenatural de entregar un mensaje en medio de insuperables probabilidades en contra. Incluso en ese increíble momento, alabó a Dios y perdonó a sus asesinos. ¿Es esta la parte de «vencer» incluida en la plenitud del Espíritu? Lo fue para Esteban. ¿Por qué no debería ser la nuestra?

¿Es esta la clase de andar con Cristo que usted tiene? ¿Es esta la dinámica que caracteriza su vida en estos días? Si es así, usted es una persona rara. Puedo asegurárselo. Si no, ¿por qué no? Si eso es posible, ¿por qué entonces no hay manifestaciones similares a estas en nuestros círculos hoy en día?

Simplemente pregunto...

Preguntas y observaciones que nos intrigan

Fue casi como si la llenura del Espíritu le proveyó a Esteban alguna clase de preparación especial para la batalla. ¿Podría esto haber sido alguna clase de «unción»?

De nuevo, sólo estoy preguntando...

Empecemos nuestra investigación respecto a la «unción» del Espíritu repasando un par de cosas que ya aprendimos. ¿Recuerda por qué recibimos al Espíritu? 1 Corintios 2 lo explica:

> Y nosotros no hemos recibido el espíritu del mundo, sino el Espíritu que proviene de Dios, para que sepamos lo que Dios nos ha concedido, lo cual también hablamos, no con palabras enseñadas por sabiduría humana, sino con las que enseña el Espíritu, acomodando lo espiritual a lo espiritual.
>
> 1 Corintios 2.12-13

Primero, recibimos «el Espíritu que proviene de Dios» para que podamos «hablar» los pensamientos que Él nos da («acomodando lo espiritual a lo espiritual»).

> Pero el hombre natural no percibe las cosas que son del Espíritu de Dios, porque para él son locura, y no las puede entender, porque se han de discernir espiritualmente. En cambio el espiritual juzga todas las cosas; pero él no es juzgado de nadie.
>
> 1 Corintios 2.14-15

Y segundo, recibimos el Espíritu para que podamos «juzgar todas las cosas».

Juzgar significa «cernir, discernir». ¿Es eso parte de la llenura? Sin duda alguna. Al ser llenos con el Espíritu, se nos da un discernimiento que filtra las cosas incidentales de las esenciales, la verdad del error. En otras palabras, a los cristianos se les provee de un sistema interno de filtración.

Ahora estamos listos para 1 Juan 2, en donde se habla de la «unción» de Dios. Esta es una carta escrita a creyentes, a quienes Juan cariñosamente llama «hijitos».

> Pero vosotros tenéis la unción del Santo, y conocéis todas las cosas.
>
> 1 Juan 2.20

Algunas versiones de la Biblia traducen la última frase como «y todos ustedes tienen conocimiento» (VP). Esta indica que cuando usted tiene la unción, tiene todo el conocimiento. Me gusta más pensar que el texto original sugiere que «todos» es el sujeto: «todos ustedes conocen». ¿De modo qué? Que es para todos. «Hijitos, ustedes tienen una unción, y todos ustedes, por consiguiente, tienen un conocimiento». Hay algo de Dios que liga esta unción con el conocimiento.

Pero la unción que vosotros recibisteis de él permanece en vosotros, y no tenéis necesidad de que nadie os enseñe; así como la unción misma os enseña todas las cosas, y es verdadera, y no es mentira, según ella os ha enseñado, permaneced en él.

1 Juan 2.27

Este uso particular de *unción* se halla sólo tres veces en el Nuevo Testamento y todas en este capítulo de 1 Juan. El término procede de la palabra griega *crisma*. En la antigüedad crisma era un ungüento, algo así como aceite espeso. A los reyes se les ungía con crisma, así como a los sacerdotes que eran ordenados para el oficio sagrado.

Sobre esta base, opino que la «unción» ocurre sólo una vez, lo cual explica el comentario de Juan «vosotros tenéis la unción». También, Juan dice que ella «permanece en vosotros». De modo que es permanente; esta «unción» no se irá. Cada creyente la tiene. Ocurre una sola vez. Es permanente. Y «enseña todas las cosas».

La palabra original aquí es *oida*, que significa conocimiento, pero no el conocimiento *experimental*.

La electricidad está en todas nuestras casas; estamos conscientes de eso. Eso es conocimiento *oida*. Lo sabemos teórica e intelectualmente. Si introduzco una presilla de metal en un tomacorrientes de mi casa, de súbito ¡*experimento* la electricidad! Eso es conocimiento *ginosko*. El primero es *saber*; lo segundo es *conocer*.

Mi punto aquí es que Juan usa *oída*, no *ginosko*. Lo cual nos dice que hay algo respecto a la presencia del Espíritu Santo que nos provee, a usted y a mí, con un conocimiento innato, un darse cuenta interno. Tal conocimiento está incluido en la unción.

En otras palabras, tenemos un sexto sentido. Es algo que la gente del mundo no posee, porque no tiene el Espíritu. Cuando usted tiene a Cristo, tiene el Espíritu. Y cuando tiene el Espíritu, tiene la unción. Usted sabe algo que no puede ser enseñado y no puede ser aprendido. Usted tiene discernimiento, una forma interna de darse cuenta de las cosas, una brújula interna, por así decirlo.

¿No sería esta unción explicada por lo que comúnmente llamamos intuición? No lo sé, pero pienso que no es de esa familia. ¿Damos crédito a la intuición por algo que en verdad le pertenece al Espíritu Santo? No podría decirlo con seguridad, pero tal vez sí lo hacemos.

Aquí está otra pregunta intrigante: Si estamos llenos del Espíritu, ¿podemos tener una visión de cosas que otros no pueden? De nuevo, no estoy afirmándolo. Sólo estoy preguntando. Puesto que Esteban pudo verlo, ¿lo puede ver todo creyente? Puesto que el Espíritu escudriña todas las cosas, ¿puede Él darnos perspectiva y discernimiento al instante que trasciende la capacidad humana, la educación académica y la educación personal? Él es Dios; ¿por qué no podría hacerlo?

Y si esto es verdad, ¿no se hallarían aquellos que se nos oponen incapaces de resistirnos... incapaces de «permanecer de pie»? Me inclino a decir que sí. Es lo que pudiéramos llamar un «sentido sobrenatural de invencibilidad». Y en ocasiones lo he experimentado, ese sentido fundamental de absoluta confianza. Tal vez usted también lo ha experimentado. En aquellos momentos de coraje inusual —sin ningún crédito para mí mismo— no tengo temor de ponerme de pie absolutamente solo.

¿Podría ser la confianza interna una parte de la unción?

Unas pocas palabras de advertencia

Espero que esto no será peloteado y distorsionado por su mente, convirtiéndolo en alguna terrible teología. Para evitar que esto ocurra, permítame advertirle con unas pocas palabras de precaución.

El equilibrio es preferible a los extremos. De modo que, así como antes le he recordado: *Mantenga todas las cosas en equilibrio.* Una palabra bíblica para eso es *moderación.* Manténgase razonable, amigo cristiano. No se vaya y empiece a orar pidiendo algún tipo de visión de media noche; eso no es bíblico. Tenga su cabeza sobre sus hombros. No se vuelva loco.

No empiece a buscar el rostro de Jesús en una enchilada. Ni trate de convencerme de que alguna formación de nubes representa la Última Cena. No empiece a fijar las fechas del retorno de Jesús. No se ponga a jugar con serpientes y escorpiones. No sacrifique sus bases bíblicas sólidas y puras en el altar de las experiencias extravagantes. No empiece a asistir a reuniones en donde se estiran las piernas a los cojos o se empastan dientes.

Esta clase de espectáculos baratos pueden atraer a mucha gente, pero eso no es la unción.

La unción es conocimiento. Usted sabe algo. Usted discierne algo. Es un conocimiento interno. Es un flujo de seguridad que fortalece. Y nunca olvide que siempre exalta al Señor y da toda la gloria a Dios.

Permítame también añadir: *quédese en las Escrituras*. Aun cuando nuestras experiencias individuales pueden variar de alguna manera, según el Señor nos usa a cada uno en formas únicas, nunca debemos —y quiero decir nunca— alejarnos demasiado de la Palabra de Dios revelada y confiable. Si lo hace, empezará a usar su experiencia como la base para sus creencias, y las Escrituras disminuirán en importancia conforme dé más y más lugar a las experiencias extrañas.

Tengo amigos pastores que han hecho precisamente eso. Y hoy, cuando hablo con ellos, noto que ya no creen que la Biblia es la Palabra *final* de Dios. Ahora están convencidos que de Dios todavía está revelando verdad inspirada. ¿Mi reacción? Si eso fuera cierto, ¿cómo sé dónde empieza su Palabra y en dónde termina la vívida imaginación de ellos... y cuánto de esto es confiable? Sin que importe cuán persuasivo sea el predicador, usted y yo necesitamos la Palabra inspirada de Dios, y no revelaciones adicionales de «verdad». Cuando *eso* ocurre, estamos hundidos sin esperanza.

Un teólogo ha dado una voz de alerta muy sabia:

> La cuestión de la inspiración y autoridad bíblica yace muy cerca del corazón de la teología cristiana. Es una división continental que corre a través del centro del paisaje. En dónde estemos, en cuanto a la divina integridad de las Escrituras, determinará la naturaleza y el contenido del evangelio que proclamamos al mundo...
>
> La característica distintiva de la teología en nuestro día es su espantosa ambigüedad. Algo tiene que hacerse para verificar la pretendida autonomía de este pensamiento no bíblico. El caos de la teología de los Estados Unidos hoy en día puede enraizarse en el rechazo de la infalibilidad de la Biblia; por cuanto la teología cristiana descansa sobre la verdadera afirmación implícita en la doctrina de la inspiración. Las Escrituras son el principio de la teología. Y es debido a que la Biblia incorpora objetivamente verdadera comunicación respecto a la naturaleza de Dios, la condición del hombre, y la provisión

de su salvación, es posible empezar la tarea teológica. La cuestión de la inspiración no es, entonces, el juguete del especialista teológico; es el fundamento práctico sobre el cual descansa el evangelio... Predicar no es el acto de desdoblar nuestras convicciones personales. Es el deber de informar a los hombres respecto a todo lo que Dios ha hablado. Salirse de las páginas de las Escrituras es entrar en el desierto de nuestra propia subjetividad.[3]

Una sugerencia final que nos liberta

Hay mucho más respecto a la obra del Espíritu en nosotros de lo que usted y yo jamás hemos conocido o siquiera nos hemos permitido experimentar, pero *no se engañe*. Permanezca con el Libro de la verdad de Dios. Haga rebotar todo contra la Palabra escrita de Dios.

Pero, mientras que mantiene vertical su plomada, recuerde que puede tener un gran espacio entre el punto en que está y el lugar en donde el Espíritu quiere que esté.

Acérquese... no tenga miedo de volar más cerca de la llama. Puede revolucionar su vida de oración, su testimonio diario, su propia imagen conflictiva, tímida y, de seguro, su confianza en Dios. Puede darle fortaleza y tranquilidad en medio de la enfermedad e incluso seguridad como la de Esteban al enfrentar la muerte.

Incluso antes de empezar este libro muchos meses atrás, un antiguo himno ha estado en mi mente y en mis labios:

> Tuyo soy, Señor, por tu amante voz
> Tu cariño comprendí;
> Acercarse anhela mi corazón
> Por la fe, y unirse a ti.
>
> Santifícame como siervo fiel;
> Que con gozo sepa andar
> Empeñoso para obedecer
> Tu suprema voluntad.
>
> Del amor arcanos hay, bien lo sé,
> Para los de aquende el mar;

[3] Clark H. Pinnock, *Our Source of Authority: The Bible, Bibliotheca Sacra* [Nuestra fuente de autoridad: La Biblia, Biblioteca Sagrada], vol. 124, Nº 494, abril-junio 1967, pp. 150-151.

Y sublimes goces que soñaré
Mientras deba aquí morar.

Ponme cerca, cerca, Salvador,
De tu cruz y su raudal;
Ponme cerca, cerca,
Cerca, Salvador,
No me agobie ya el mal.[4]

Mientras cantaba este gran clásico anoche en la ducha, me vino un pensamiento: ¿Debo esperar hasta cruzar «ese mar» antes de que pueda experimentar esos momentos íntimos con Dios? ¿Debo esperar hasta que deje de «aquí morar», antes de que pueda alcanzar los «sublimes goces»? Solía pensar así. Ya no.

Señor, cuán agradecidos estamos por tu voluntad, por esta Palabra tuya. Ayúdanos en medio de esta búsqueda para preservarnos del error. Y al hacerlo así, protégenos mientras volamos más cerca de la llama. Quítanos el temor. Danos una intrepidez santa en la fe. Deténnos cuando tendemos a huir temerosos de verdades nuevas como esta, pero capacítanos para acercarnos y escuchar mejor. Y que podamos descubrir en el proceso una dulce relación y una profunda intimidad contigo, tal como nunca antes la hemos conocido, todo para tu gloria. Queremos, anhelamos fervientemente, alzarnos en los brazos de la fe y ser transformados por el poder de tu Espíritu. Por tanto, acércanos, bendito Señor... ponnos cerca, más cerca de ti. En el nombre de nuestro amado Salvador. Amén.

---

4 Fanny J. Crosby, 1975. Tr. T. M. Westrup.

7

Esos estímulos internos
no identificados

¿*H*A ASISTIDO ALGUNA VEZ a una convención sobre OVNIS? Una vez estuve en una. Bueno, en realidad no asistí; pero me sentí como si lo hubiera hecho.

Lo que ocurrió fue que me alojé en un hotel en el que se celebraba una convención sobre OVNIS. Los ascensores estaban repletos de devotos a los OVNIS. Las filas de quienes esperaban por un taxi, los salones de reunión, cada mesa en el comedor e inclusive el vestíbulo estaban repletos con esas personas. Y déjeme decirle, ¡algunas en realidad daban miedo!

Lo que tuvo lugar durante ese día fue insólito, sin embargo, después de que se puso el sol las cosas realmente se desenfrenaron. A todas horas de la noche se podía ver a hombres y mujeres en un parque público cercano, o de pie junto a las ventanas, o asomándose a los balcones del hotel —la mayoría con binoculares— avizorando el espacio estelar y mascullando en su conversación. Mientras uno miraba al cielo, buscando objetos voladores no identificados, otro tomaba notas, dibujando diagramas y bocetos de todo lo que observaban. Por todos lados había grupitos apuntando aquí y allá, entusiasmados respecto a cosas que veían en el cielo oscuro.

Lo curioso es que yo no vi nada. Tal vez era demasiado escéptico o demasiado ignorante para saber qué buscar, pero cuando levante mi vista, todo lo que vi fue el firmamento negro azulado, la luna, estrellas, y, de vez en cuando, alguna nube flotando.

Recuerdo la primera noche en particular, cuando dos personas que estaban alojadas en la habitación contigua a la mía, en el noveno piso, se entusiasmaron tanto por lo que vieron que no pudieron contener su emoción. Era como las dos y media, o quizá las tres de la mañana, cuando empezó el escándalo. Al fin me levanté de la cama y a rastras fui a la ventana. Dejé apagada la luz de mi habitación para tener una mejor vista. Cuando me había despertado lo suficiente, y pude llegar a tropezones a la ventana, cuatro o cinco amigos se habían reunido en la otra habitación y todos miraban por la ventana, discutiendo cuán visible había algo en la distancia. Dirigí mi vista al lugar que señalaban. Al principio pensé que había algo y mis latidos se aceleraron un poco, pero entonces noté que era nada más que la luz del pasillo que brillaba por debajo de la puerta y se reflejaba en los cristales de mi ventana. Me froté los ojos, parpadeé y de nuevo miré al cielo con cuidado. Sinceramente... no había nada allí. Absolutamente nada.

Esta clase de cosas continuó noche tras noche toda la semana, y aquí me encuentro, todavía esperando vislumbrar mi primer OVNI. Hace algunos meses pensé que en realidad vi algo en el cielo, hacia el sur de la ciudad donde vivo, Fullerton... pero entonces me di cuenta de que lo que me estaba emocionando eran los últimos fuegos pirotécnicos del gran final de la presentación del parque de Disneylandia. Todavía estoy esperando ver mi primer OVNI.

Algunos cristianos bien intencionados me recuerdan a aquella gente de los OVNIS. Siempre están viendo lo que otros no pueden ver. Se emocionan por cuestiones que experimentan... y cuando usted no las siente, ¡hacen que parezca una falta suya! Debido a la seguridad de que están en lo correcto —y a que tantas personas de pensamiento similar, e igualmente sinceras, están por allí cerca asintiendo sí, sí, sí— muy pocos tienen el valor de enfrentarlos y decirles: «¡Yo no veo nada!» La mayoría simplemente nos encogemos de hombros, volteamos nuestra vista y dejamos que el asunto pase.

Eso tal vez esté bien tratándose de OVNIS, pero cuando tiene que ver con las cosas del Espíritu, no pueden ser soslayadas y encogerse de hombros. ¿Quién realmente se interesa así si un grupo de personas aduce ver discos girando en el cielo, o ruedas futurísticas con luces brillantes parpadeando, y gente estrafalaria con antenas brotando de sus cabezas que suben y bajan por escaleras que brillan en la oscuridad? La mayor parte de todo eso es cómico. Pero cuando se usan tácticas de espectáculo barato en el nombre del Dios viviente... cuando miles (¿millones?) están siendo alejados de la verdad, seducidos a invertir tiempo y a despilfarrar su dinero en empresas llamadas ministerios que prometen «milagros» diariamente y «revelaciones» sobrenaturales extra bíblicas para conservar a la gente que viene cautivada, no es algo ni inocuo ni cómico.

Y si piensa que me estoy inclinando en esa dirección al urgir a las personas a volar más cerca de la llama, tengo que aclarar las cosas. No lo estoy haciendo. La obra de Dios no se hace en una atmósfera de circo. El Espíritu de Dios no hace comedias o farsas. Y mientras estoy en eso, los verdaderos mensajeros de Dios no ofrecen instrucciones sobrenaturales procedentes de visiones y trances. Y sus llamadas profecías no son tal cosa. Ni inspiradas, ni confiables. Puede contar con eso: si no está entre Génesis y Apocalipsis, no es divinamente inspirado, ni es sobrenaturalmente infalible, ni tampoco inerrable en forma absoluta.

Con franqueza, usted y yo no necesitamos más revelaciones de Dios; lo que necesitamos es observar y obedecer la verdad que Él ya nos ha revelado en su Libro. La Palabra de Dios es inerrable, absoluta y final.

Mi propósito al escribir este volumen, no es sugerir que necesitamos revelaciones nuevas y frescas de Dios, sino que necesitamos explorar su Palabra y *aumentar nuestra comprensión de lo que Él ya ha revelado...* lo que me lleva al tema de este capítulo: No es OVNIS sino EINIS. ¿Qué en cuanto a esos «estímulos internos no identificados» que tendemos a ignorar o interpretar mal? ¿Podrían estar relacionados de alguna manera con la obra del Espíritu Santo en nosotros? Me vienen cinco a la mente:

• Usted siente un retortijón inexplicable en la boca del estómago. Se relaciona con una decisión que tiene que tomar, y ni se imagina cómo llegar a ella. No hay ninguna respuesta bíblica específica; cualquier decisión que tome contaría con el respaldo de las Escrituras. De manera interesante, al imaginar que avanza por un lado de la bifurcación del camino, el retortijón se intensifica... pero cuando toma el otro sendero, disminuye. Usted «siente» en su interior que eso es lo que debe hacer, y lo hace, y resulta ser la elección correcta. Por lo general llamamos a esto «intuición», o más común aún «hallar la voluntad de Dios»... pero ¿es ese estímulo interno no identificado parte de la obra del Espíritu?

• Usted invierte tiempo en la Palabra de Dios. Está tratando de discernir lo que significa... lo que dice respecto a una situación que enfrenta. La verdad parece estar velada, escondida para usted. Está perplejo. Empieza a orar pidiendo iluminación y una comprensión más clara de su mente respecto al asunto. Lee el pasaje vez tras vez. De pronto, el cuadro íntegro se aclara por completo en su mente. Lo «ve»... asiente emocionado, sabiendo que ha logrado abrir la caja fuerte. Es capaz de captar el significado de lo que antes parecía vago, tal vez hasta confuso. Le llamamos a esto «visión», «perspicacia» o «perspectiva». En realidad, ¿por qué no puede eso ser el estímulo interno sobrenatural del Espíritu conforme Él ilumina su entendimiento de la Palabra y de la voluntad de Dios? ¿No es meramente perspicacia humana, verdad?

• Usted atraviesa un severo tiempo de prueba. Su corazón está agobiado... su mente preocupada. El dolor no disminuye. En vez de eso, pierde el apetito, sufre de insomnio, se aísla cada vez más, se pone más pensativo, tal vez un poco irritable. La opresión pesa como un ancla. A menudo, las lágrimas brotan sin quererlo. Y entonces, casi de la noche a la mañana, las noventa y cinco libras de peso se le quitan del pecho. Asombrosamente, su aflicción disminuye y una maravillosa tranquilidad ocupa su lugar. Comúnmente llamamos a esto «alivio», pero, ¿es eso todo? ¿Por qué no puede este EINI ser el resultado directo del Espíritu de Dios trayendo tranquilidad sobrenatural, curación interna y un divino aluvión de paz?

• Hay una sensación creciente de intranquilidad y/o conflicto entre usted y otra persona muy allegada. Podría ser un compañero de trabajo o alguien que trabaja para usted. Pudiera ser un amigo, un familiar o su cónyuge. Usted desea que las cosas cambiaran por sí mismas, pero sólo empeoran. Entonces, justo en el preciso momento, usando palabras cuidadosamente escogidas, enfrenta el asunto o asuntos. Cosas grandes ocurren como resultado de ese encuentro; ocurren cambios. Llamamos a esto «intervención», un tiempo de confrontación seria. Sin embargo, ¿no podría esto ser la infusión de poder del Espíritu? ¿No pudiera ser esto su estímulo interno infundiéndole el valor necesario para confrontar a la persona y hablar directamente sobre el problema?

• Usted tiene una relación con alguien con quien cada vez es más difícil tratar. La presión aumenta con cada semana que pasa. Parece como que no podrá escaparse de una lucha para ver quién gana, aunque duda que habrá algún beneficio de tal encuentro verbal. Ora fervientemente. Justo, cuando la situación llega a ponerse insoportable, ocurre un giro en los acontecimientos que elimina por completo a esa persona de su vida. Usted no podría haber orquestado un mejor arreglo de los hechos, pero el caso es que en realidad no hizo nada para poner en movimiento el escenario. Simplemente ocurrió. Lo llamamos «coincidencia», pero ¿es eso realmente lo que ocurrió? ¿Quién puede decir que no fue otro de aquellos EINIS donde el Espíritu del Dios soberano intervino y puso en escena todo el asunto, dejándole maravillosamente confirmado y en paz?

Somos formidable y maravillosamente hechos

Cuando Dios creó a la humanidad, puso algo de sí mismo en cada uno de nosotros. A diferencia de las bestias del campo o las aves del cielo, o las plantas que florecen en la tierra, puso en nosotros su «imagen».

> Y creó Dios al hombre a su imagen, a imagen de Dios lo creó; varón y hembra los creó.
>
> Génesis 1.27

Esa «imagen» coloca a los seres humanos aparte de cualquier otro ser viviente en la tierra. Con cuerpo, alma y espíritu, somos capaces de ponernos en contacto, no sólo con nuestros sentimientos, sino con Él, nuestro creador. Y de igual importancia es que Él puede comunicarse con nosotros. A diferencia de las demás criaturas, que operan sus vidas por instinto, estamos equipados con suficiente «maquinaria interna» como para conectarnos con el Dios viviente.

Es más, cuando nos convertimos en hijos de Dios por medio de la fe en su Hijo, esa conexión toma una dirección totalmente nueva. Como Pablo escribió con tanta claridad:

> Porque todos los que son guiados por el Espíritu de Dios, éstos son hijos de Dios. Pues no habéis recibido el espíritu de

esclavitud para estar otra vez en temor, sino que habéis recibido el espíritu de adopción, por el cual clamamos: ¡Abba, Padre! El Espíritu mismo da testimonio a nuestro espíritu, de que somos hijos de Dios.

Romanos 8.14-16

Observe con cuidado esa conclusión. El Espíritu de Dios literalmente se comunica con —da testimonio a— nuestro ser interior, llamado aquí «nuestro espíritu». En otras palabras, un sistema completo de comunicación interna queda establecido en el momento de la salvación, ¡haciendo posible que recibamos todo lo que el Espíritu desea comunicar!

El salmista usó otra expresión al describir nuestra unicidad como seres humanos. En el magnífico Salmo 139 se nos dice que el vínculo entre nosotros y el Espíritu de Dios no sólo es una realidad, sino que es ineludible:

> ¿A dónde me iré de tu Espíritu?
> ¿Y a dónde huiré de tu presencia?
> Si subiere a los cielos, allí estás tú;
> Y si en el Seol hiciere mi estrado, he aquí, allí tú
>   estás.
> Si tomare las alas del alba
> Y habitare en el extremo del mar,
> Aun allí me guiará tu mano,
> Y me asirá tu diestra.

Salmo 139.7-10

Maravilloso y reconfortante pensamiento: Nosotros y Él estamos unidos sobrenaturalmente y somos inseparables. Dondequiera que usted y yo vamos, Él va. Cualquier cosa que pensemos, Él lo sabe. Es más, supervisó nuestra concepción, y nos dio nuestra personalidad tanto como nuestra contextura física. El mismo salmo verifica esto:

> Porque tú formaste mis entrañas;
> Tú me hiciste en el vientre de mi madre.
> Te alabaré; porque formidables, maravillosas son
>   tus obras;
> Estoy maravillado,
> Y mi alma lo sabe muy bien.
> No fue encubierto de ti mi cuerpo,
> Bien que en oculto fui formado,

Y entretejido en lo más profundo de la tierra.
Mi embrión vieron tus ojos,
Y en tu libro estaban escritas todas aquellas cosas
Que luego fueron formadas,
Sin faltar una de ellas.

Salmo 139.13-16

No pierda ese enunciado especial «formidables, maravillosas son tus obras», y recuerde que está refiriéndose a su propia formación. Es como decir «Fui hecho en forma maravillosa y asombrosa». Un comentarista judío afirma: «La reflexión sobre las grandezas del cuerpo humano, incluso con su conocimiento elemental de anatomía, inspiró al salmista con asombro y maravilla».[1]

Es verdad. Cautivado por lo maravilloso de todo esto, el antiguo escritor exclama cuán únicamente somos creados. Creo que esta unicidad incluye las cámaras internas secretas, y las capacidades ocultas que les faltan a otros seres creados. También opinaría que tal sistema interno permite la recepción de la información divina y la comprensión de las verdades bíblicas, desconocidas para el reino animal. Al ser «hechos formidable y maravillosamente», se nos equipó para captar los mensajes del Espíritu tanto como para sentir su presencia convincente y asombrosa. Eso explica por qué podemos oír su «voz apacible y delicada» y descifrar mensajes de paz o de advertencia, convicción o guía. Dios nos creó con esa capacidad.

Es más, un versículo muy familiar de las Escrituras indica cómo el mensaje de Dios puede penetrar muy dentro de nosotros.

Porque la palabra de Dios es viva y eficaz, y más cortante que toda espada de dos filos; y penetra hasta partir el alma y el espíritu, las coyunturas y los tuétanos, y discierne los pensamientos y las intenciones del corazón.

Hebreos 4.12

No pase de prisa por sobre esas palabras solamente porque tal vez esté familiarizado con el versículo. Las verdades de Dios pueden penetrar dentro de su «alma y el espíritu», exponiéndonos a «los pensamientos y las intenciones del corazón». ¡Sorprendente! Conforme el Espíritu enciende el combustible de la

---

[1] A. Cohen, *The Psalms* [Los Salmos], Soncino Press, Londres, 1958, p. 453.

revelación escrita de Dios, la llama nos envuelve, y nos circunda una conciencia interna. Ningún cirujano puede operar en el alma o el espíritu. Ese es el campo invisible en donde el Espíritu de Dios hace su obra. No importa cuán brillante sea el neurólogo, con todo su conocimiento del cerebro y del sistema nervioso, no puede tocar el espíritu que tenemos dentro. Esa es la morada especial de Dios. Los médicos pueden comprender la anatomía completa —y su estudio es fascinante—, pero cuán poco saben (y cuán poco sabemos) del alma y del espíritu... el campo interior en donde mora el Espíritu de Dios. Eso explica por qué usted puede estar en plena recuperación de alta cirugía, y sin embargo no experimentar ninguna ansiedad... debido a que el Espíritu de Dios está obrando en su interior, produciendo ese estímulo interno de paz, de otra manera no identificable.

Vacilo al usar este término, pero todo esto es muy *misterioso*. Es uno de aquellos ejemplos de verdad divina que no podemos atrapar y disectar con precisión; sin embargo, no podemos negarlo. Cada uno de nosotros en la familia de Dios ha experimentado, en uno u otro momento, algún impulso interno del Espíritu. Les damos otros nombres: corazonadas o intuición. Les decimos premoniciones. Destellos de revelación o simplemente un sentimiento de paz. No obstante, en realidad todas estas cosas que identificamos en términos humanos son parte de su obra. A pesar de todo, rara vez relacionamos con Él estos impulsos o estímulos internos, y de alguna manera nos sentimos extraños cuando tratamos de identificarlos. No deberíamos sentirnos así.

Estímulos entonces y ahora

Veamos cuatro ejemplos bíblicos de la obra del Espíritu... cuatro ocasiones en que el Espíritu obró en forma única en la vida de alguien. Y recuerde, si lo hizo entonces, puede hacerlo ahora.

1. *En tiempos de soledad y desesperación, el Espíritu motiva la esperanza y el ánimo.*

La vida del profeta Elías, un hombre íntimamente conocedor de la presencia de Dios, ofrece fuerte evidencia de que «la verdad es más extraña que la ficción». El hombre se enfrentó solo al perverso rey Acab y anunció la sequía. No llovió por tres años y medio. Durante el tiempo de esa sequía, Dios enviaba cuervos para que alimentaran a Elías; cada mañana y cada noche le traían pan y carne. Cuando ordenó que cayera fuego de Dios sobre el altar que chorreaba agua, el fuego cayó, para sorpresa de los profetas de Baal, que luego fueron degollados. Finalmente, pisándole los talones a esta y otras grandes ocasiones de victoria, cuando el profeta era más vulnerable, Jezabel, la malvada esposa del rey Acab, amenazó con quitarle la vida. El agotado profeta no pudo resistirlo. Se derrumbó.

> Acab dio a Jezabel la nueva de todo lo que Elías había hecho, y de cómo había matado a espada a todos los profetas. Entonces envió Jezabel a Elías un mensajero, diciendo: Así me hagan los dioses, y aun me añadan, si mañana a estas horas yo no he puesto tu persona como la de uno de ellos. Viendo, pues, el peligro, se levantó y se fue para salvar su vida, y vino a Beerseba, que está en Judá, y dejó allí a su criado. Y él se fue por el desierto un día de camino, y vino y se sentó debajo de un enebro; y deseando morirse, dijo: Basta ya, oh Jehová, quítame la vida, pues no soy yo mejor que mis padres.
>
> 1 Reyes 19.1-4

Ahora, utópicamente, el profeta Elías debía haber dicho: «Señor, te pido que vengas y seas mi protector, mi pronto auxilio en este tiempo de necesidad. Calma mis temores. Sé mi escudo y mi defensor». Pero no hizo así. En lugar de eso, huyó y se hundió en una profunda depresión.

Escondido en el bosque, en un inusual momento de desesperación, soledad y sin esperanza, Elías se sentó debajo de un árbol y le pidió al Señor que le quitara la vida. (Al parecer, el pensamiento del suicidio no entró en su mente.) Había llegado al límite en lo emocional, físico y espiritual.

Difícilmente se puede hallar un cuadro más patético de soledad en las Escrituras. Allí se sentó, pleno de autocompasión y desilusión.

¿Y qué hizo Dios? Nuestro Dios lleno de gracia no lo abochornó ni lo regañó; en lugar de eso, con compasión y gentileza ministró a su siervo.

> Él le dijo: Sal fuera, y ponte en el monte delante de Jehová. Y he aquí Jehová que pasaba, y un grande y poderoso viento que rompía los montes, y quebraba las peñas delante de

Jehová; pero Jehová no estaba en el viento. Y tras el viento un terremoto; pero Jehová no estaba en el terremoto. Y tras el terremoto un fuego; pero Jehová no estaba en el fuego. Y tras el fuego un silbo apacible y delicado.

1 Reyes 19.11-12

Hagamos una pausa aquí. ¿Puede imaginarse la escena? Elías, envuelto en su desolación, soledad y desesperanza, está allí de pie observando el rugir del viento, contemplando el fuego, sintiendo el terremoto. Pero el Señor no estaba en ninguno de ellos. Y de repente todos esos fenómenos desaparecen y hay «un silbo apacible y delicado». De alguna manera, en lo muy profundo de su corazón, el profeta oyó algo de Dios.

Un comentarista digno de confianza indica:

No fue en la tempestad que estaba Jehová[...] no fue en el terremoto que estaba Jehová[...] no fue en el fuego que estaba Jehová[...] Fue en un silbo apacible y delicado que se reveló a sí mismo [a Elías].[2]

Soy incapaz de explicar cómo Elías sintió la voz de Dios, o exactamente lo que dijo el Espíritu, pero es claro que Él se conectó con el profeta.

¿Y qué hizo Elías? Pronto, después de ese encuentro con Dios, se puso su manto, y salió a la entrada de la cueva. No huyó de Dios; se acercó a Él.

Debo reconocerlo, han habido ocasiones en mi vida cuando los acicates del Señor han sido para mí tan reales como la experiencia de Elías lo fue para él. No; no oí ninguna voz audible... no vi ninguna visión... pero su presencia fue tan real que sentía como que podía tocarle. Francamente, *fue magnífico*. Antes que ruidoso y frenético, fue dulce y apacible... casi como si Él dijera: «Tengo todo bajo control. Confía en mí. Depende de mí. Espera pacientemente que yo obre».

Ahora, es importante recordar que algunos de los más profundos ministerios del Espíritu de Dios no son públicos o vocingleros o gigantescos. Algunas veces su toque más significativo sobre nuestras vidas tiene lugar cuando estamos completamente solos.

---

[2] C. F. Keil y F. Delitzsch, *The Book of Kings* [El libro de Reyes], en *Biblical Commentary of the Old Testament* [Comentario bíblico del Antiguo Testamento], tr. James Martin, Eerdmans, n.d., Grand Rapids, MI, p. 258.

Le exhorto a incluir en su calendario un tiempo para estar a solas con Dios. Soy afortunado al vivir a noventa minutos de las montañas... y menos de cuarenta y cinco de la playa. Esos son excelentes lugares para estar en comunión con Dios. Usted también tiene lugares donde puede irse a dar una larga caminata, ¿no es así? Espero que sea en un área boscosa. La brisa que sopla por entre los árboles es terapéutica. Algunas veces simplemente estar a solas en la maravillosa creación de Dios, es todo lo que se necesita para que las escamas sean quitadas de sus ojos, y que usted silencie el hostigamiento y el ruido de su día y empiece a oír de Dios. En esas ocasiones el Señor nos ministra en un silbo apacible y delicado.

Hace unas pocas semanas di una caminata en un bosque que está como a dos mil metros sobre el nivel del mar. Allí, a solas en el frío, rodeado por la nieve que se había acumulado casi medio metro, me detuve y me apoyé contra un árbol, y vertí mi corazón delante de Dios. Debo haber hecho esto por quince o veinte minutos... luego simplemente escuché. Fue maravilloso. Algunas cosas por las cuales había estado preocupado simplemente cayeron en su sitio allí en su presencia.

Las Escrituras dicen: «Estad quietos, y conoced que yo soy Dios». Elías estaba quieto, y esto fue todo lo que necesitó para hallar estímulo de parte del Dios viviente. Tómese un tiempo. Quédese quieto. Descargue el peso de su alma. Escuche.

2. *En tiempos de temores amenazantes, el Espíritu da paz y valor.*
Algo que Pablo experimentó en este sentido durante su tercer viaje misionero es digno de observarse por segunda vez.

> Ahora, he aquí, ligado yo en espíritu, voy a Jerusalén, sin saber lo que allá me ha de acontecer; salvo que el Espíritu Santo por todas las ciudades me da testimonio, diciendo que me esperan prisiones y tribulaciones. Pero de ninguna cosa hago caso, ni estimo preciosa mi vida para mí mismo, con tal que acabe mi carrera con gozo, y el ministerio que recibí del Señor Jesús, para dar testimonio del evangelio de la gracia de Dios.
>
> Hechos 20.22-24

Este es un relato emotivo y conmovedor debido a que el apóstol estaba diciéndoles adiós a sus viejos amigos de Éfeso.

Añadía a su emoción la noción de que tal vez nunca volvería a verlos.

En principio lo que encuentro interesante e intrigante es que Pablo dice que va «ligado en espíritu». Pienso que quería decir que estaba «ligado por el Espíritu Santo» antes que ser atado por nudos dentro de su propio espíritu. En otras palabras, estaba cautivo en los pensamientos del espíritu, rodeado por su presencia, e incapaz de alejarse de los recordatorios de un Consolador enviado por Dios. De alguna manera sobrenatural, el Espíritu se comunicó con el espíritu de Pablo conforme él le daba «testimonio», diciéndole, en efecto: «Estás en problemas, Pablo. No importa a cuál ciudad vayas, vas a encontrar problemas fuertes». (Lo que exactamente ocurrió.) Un temor amenazante pudo haberlo atrapado y hasta descarriarlo. Pero no fue así. ¿Por qué? Porque Pablo no era lo más importante para Pablo. ¿Recuerda lo que escribió en otra ocasión?

> Porque para mí el vivir es Cristo, y el morir es ganancia. Mas si el vivir en la carne resulta para mí en beneficio de la obra, no sé entonces qué escoger.
>
> Filipenses 1.21-22

Desde el punto de vista humano, cuando usted y yo sabemos que hay problemas y aflicción esperándonos, nos asustamos. Esto no ocurre cuando el Espíritu de Dios nos da seguridad.

¿No podría esto explicar el infatigable valor y determinación de los mártires y misioneros de antaño? Si usted es como yo, cuando lee el relato de sus vidas, sacude su cabeza y piensa: «¡No puedo imaginarme cómo pudieron soportar tales pruebas! ¿Cómo pudieron continuar en tiempos tan amenazantes? ¿Cómo puede ser que no temían cada amanecer?» ¿Cómo? ¡Fue el Espíritu de Dios! Estaban «ligados en el Espíritu» en medio de esos temores amenazantes.

¿No podría esto explicar el valor y determinación de los reformadores? Usted lee el relato de sus experiencias y se da cuenta de cuán superficial y frívolamente vivimos nuestras vidas. A pesar de que perdieron su reputación, su ocupación, su status, y en algunos casos fueron quemados en la hoguera, permanecieron resueltos y confiados. ¿Cómo pudieron hacerlo? Estaban «ligados en el Espíritu».

Cuando volamos más cerca de la llama, un acicate interno, no identificado a menudo, le dice a nuestros espíritus: «Aquí estoy. Me doy cuenta de lo que estás atravesando. Conozco las amenazas. Te llevaré y te haré atravesarlas». Tal vez el escritor del himno sabía de tales divinos impulsos cuando escribió estos versos inmortales:

> La llama no puede dañarte jamás,
> Si en medio del fuego te ordeno pasar;
> El oro de tu alma más puro será,
> Pues sólo la escoria se habrá de quemar.[3]

Una advertencia es apropiada aquí. Esto no quiere decir que seamos insolentes con Dios, o que somos necios o innecesariamente atrevidos, o que juguemos con el peligro en la energía de la carne. Esta no es la clase de valor del cual estamos hablando. A lo que me refiero aquí es a aquella manera admirable en que el temor huye cuando el Espíritu nos comunica su presencia y nos da una «transfusión interna» de su poder increíble.

3. *En tiempos de posibles peligros y desastres, el Espíritu infunde paz.*

Uno de los relatos más emocionantes y llenos de aventura en el Nuevo Testamento se halla en Hechos 27. Si le gusta navegar, la vida en el mar abierto, el poder del viento y de las olas, y el desafío físico de sobrevivir a una tormenta en el mar, a usted le encantará este capítulo. Incluye todo eso, y mucho más, puesto que el peligro se intensifica con cada nueva escena:

> Cuando se decidió que habíamos de navegar para Italia, entregaron a Pablo y a algunos otros presos a un centurión llamado Julio, de la compañía Augusta. Y embarcándonos en una nave adramitena que iba a tocar los puertos de Asia, zarpamos, estando con nosotros Aristarco, macedonio de Tesalónica. Al otro día llegamos a Sidón; y Julio, tratando humanamente a Pablo, le permitió que fuese a los amigos, para ser atendido por ellos. Y haciéndonos a la vela desde allí, navegamos a sotavento de Chipre, porque los vientos eran contrarios. Habiendo atravesado el mar frente a Cilicia y Panfilia, arribamos a Mira, ciudad de Licia. Y hallando allí el centurión una nave alejandrina que zarpaba para Italia, nos

---

[3] *Cuán firme cimiento*, tr. Vicente Mendoza.

embarcó en ella. Navegando muchos días despacio, y llegando a duras penas frente a Gnido, porque nos impedía el viento, navegamos a sotavento de Creta, frente a Salmón. Y costeándola con dificultad, llegamos a un lugar que llaman Buenos Puertos, cerca del cual estaba la ciudad de Lasea. Y habiendo pasado mucho tiempo, y siendo ya peligrosa la navegación[...]

Hechos 27.1-9

¿Capta el cuadro? Los mares se ponen más agitados. Las nubes negras de tormenta se van acumulando. El viento azota las velas. Las corrientes se ponen cada vez más fuertes. La vieja nave cruje y se estremece al ser batida por el iracundo Mediterráneo. Es en medio de esto que Pablo se dirige a los que estaban en la nave:

Varones, veo que la navegación va a ser con perjuicio y mucha pérdida, no sólo del cargamento y de la nave, sino también de nuestras personas. Pero el centurión daba más crédito al piloto y al patrón de la nave, que a lo que Pablo decía. Y siendo incómodo el puerto para invernar, la mayoría acordó zarpar también de allí, por si pudiesen arribar a Fenice, puerto de Creta que mira al nordeste y sudeste, e invernar allí. Y soplando una brisa del sur, pareciéndoles que ya tenían lo que deseaban, levaron anclas y iban costeando Creta. Pero no mucho después dio contra la nave un viento huracanado llamado Euroclidón. Y siendo arrebatada la nave, y no pudiendo poner proa al viento, nos abandonamos a él y nos dejamos llevar. Y habiendo corrido a sotavento de una pequeña isla llamada Clauda, con dificultad pudimos recoger el esquife. Y una vez subido a bordo, usaron de refuerzos para ceñir la nave; y teniendo temor de dar en la Sirte, arriaron las velas y quedaron a la deriva. Pero siendo combatidos por una furiosa tempestad, al siguiente día empezaron a alijar, y al tercer día con nuestras propias manos arrojamos los aparejos de la nave. Y no apareciendo ni sol ni estrellas por muchos días, y acosados por una tempestad no pequeña, ya habíamos perdido toda esperanza de salvarnos.

Hechos 27.10-20

¿Ha estado usted en alguna situación parecida? ¿Tal vez una ventisca rugiente o un tornado?

Mi hermano Orville y su familia soportaron el huracán *Andrew* en el sur de la Florida. Oyeron cómo los vientos, soplando a más de doscientos cincuenta kilómetros por hora, arrancaban de cuajo árboles y los lanzaban contra las casas como si fueran flechas. Las puertas fueron arrancadas de sus goznes y los vidrios de las ventanas explotaron. Sus dos vehículos quedaron severamente dañados. Pero en medio de todo esto Orville, su esposa, y varios otros se apiñaban en el dormitorio, orando. Increíblemente, esa habitación fue la única que no sufrió daño. Cualquiera que vivió el huracán *Andrew* puede testificar de su poder, y del desastre que dejó a su paso.

Es una escena similar aquí en Hechos 27, y encima de todo eso, ¡los que la atraviesan están en alta mar! Ya han perdido el control, y ahora empiezan a perder el cargamento. Lo que la mayoría de personas teme en tales situaciones, por supuesto, es perder la vida. Y así, en medio de esta escena de pánico, Pablo se dirige a sus compañeros de viaje, y habla con confianza, diciendo:

> [...] Habría sido por cierto conveniente, oh varones, haberme oído, y no zarpar de Creta tan sólo para recibir este perjuicio y pérdida. Pero ahora os exhorto a tener buen ánimo, pues no habrá ninguna pérdida de vida entre vosotros, sino solamente de la nave.
>
> Hechos 27.21-22

Pregunta: ¿Cómo pudo él decir esto? ¿Tenía alguna premonición? El mundo tal vez lo diga así, pero esa no es la explicación correcta. Es la obra del Espíritu de Dios lo que da esta clase de valor. No viene naturalmente. De la misma manera, ¿cómo pudo mi hermano no dejarse arrastrar por el pánico en medio de aquel huracán, con su preciosa familia apiñada junto a él? Fue porque el Espíritu de Dios lo protegió, lo preservó y le dio un sentimiento interno de seguridad.

Pablo verifica que su confianza venía del Señor. En realidad, dice que ¡un ángel le había visitado!

> Porque esta noche ha estado conmigo el ángel del Dios de quien soy y a quien sirvo, diciendo: Pablo, no temas; es necesario que comparezcas ante César; y he aquí, Dios te ha concedido todos los que navegan contigo. Por tanto, oh varones, tened buen ánimo; porque yo confío en Dios que

será así como se me ha dicho. Con todo, es necesario que demos en alguna isla.

Hechos 27.23-26

Su mensaje fue confirmador, pero no aislado de la realidad. De inmediato les advirtió que encallarían. Pero que no se preocuparan... todos llegarían a salvo a tierra. Lea la escena final, y permita que su imaginación eche a volar:

Venida la decimacuarta noche, y siendo llevados a través del mar Adriático, a la medianoche los marineros sospecharon que estaban cerca de tierra; y echando la sonda, hallaron veinte brazas; y pasando un poco más adelante, volviendo a echar la sonda, hallaron quince brazas. Y temiendo dar en escollos, echaron cuatro anclas por la popa, y ansiaban que se hiciese de día. Entonces los marineros procuraron huir de la nave, y echando el esquife al mar, aparentaban como que querían largar las anclas de proa. Pero Pablo dijo al centurión y a los soldados: Si éstos no permanecen en la nave, vosotros no podéis salvaros. Entonces los soldados cortaron las amarras del esquife y lo dejaron perderse. Cuando comenzó a amanecer, Pablo exhortaba a todos que comiesen, diciendo: Este es el decimocuarto día que veláis y permanecéis en ayunas, sin comer nada. Por tanto, os ruego que comáis por vuestra salud; pues ni aun un cabello de la cabeza de ninguno de vosotros perecerá. Y habiendo dicho esto, tomó el pan y dio gracias a Dios en presencia de todos, y partiéndolo, comenzó a comer. Entonces todos, teniendo ya mejor ánimo, comieron también. Y éramos todas las personas en la nave doscientas setenta y seis. Y ya satisfechos, aligeraron la nave, echando el trigo al mar. Cuando se hizo de día, no reconocían la tierra, pero veían una ensenada que tenía playa, en la cual acordaron varar, si pudiesen, la nave. Cortando, pues, las anclas, las dejaron en el mar, largando también las amarras del timón; e izada al viento la vela de proa, enfilaron hacia la playa. Pero dando en un lugar de dos aguas, hicieron encallar la nave; y la proa, hincada, quedó inmóvil, y la popa se abría con la violencia del mar. Entonces los soldados acordaron matar a los presos, para que ninguno se fugase nadando. Pero el centurión, queriendo salvar a Pablo, les impidió este intento, y mandó que los que pudiesen nadar se echasen los primeros, y saliesen a tierra; y los demás, parte en tablas, parte en cosas de la nave. Y así aconteció que todos se salvaron saliendo a tierra.

Hechos 27.27-44

Note que todos estuvieron finalmente presentes y fueron contados. Todos estaban empapados, pero seguros... tal como Dios lo había dicho.

¿Cómo pudo Pablo permanecer tan animado? Se debió a que el Espíritu de Dios, usando un mensajero angelical, le motivó a tener confianza en medio del peligro, y a permanecer firme en esa promesa. Tales hechos pueden ser en verdad escasos, tal vez ocurran solamente una vez o un par de veces en la vida. Pero mi punto es este: Pablo no fue sólo un hombre valiente a quien le encantaban los desafíos. Fue impulsado por Dios a tener buen ánimo, aun cuando sus circunstancias eran aterrorizantes. Si usted lo duda, debe haber pasado ya mucho tiempo desde la última vez que estuvo en el mar en medio de una tormenta rugiente.

4. *En tiempos de gran dolor y aflicción, el Espíritu nos ministra gracia.*

Casi escondido en los primeros versículos de 2 Corintios 12 se halla un clásico ejemplo del ministerio de Dios en medio de la miseria humana.

> Y para que la grandeza de las revelaciones no me exaltase desmedidamente, me fue dado un aguijón en mi carne, un mensajero de Satanás que me abofetee, para que no me enaltezca sobremanera; respecto a lo cual tres veces he rogado al Señor, que lo quite de mí.
>
> 2 Corintios 12.7-8

El escritor es Pablo, quien reconoce que tenía un aguijón en la carne, tal vez alguna dolencia física que le producía incesante y agudo dolor. Y así, naturalmente, le pidió a Dios que le diera alivio... pero no lo recibió. En tres ocasiones diferentes oró a Dios pidiendo que le quitara el dolor. La respuesta fue la misma: «No». Pero entonces Dios le comunicó al espíritu de Pablo algo que le trajo enorme alivio. Yo llamo a este mensaje otro de los «acicates internos» del Espíritu. Y ¿qué es lo que Dios le hizo saber a Pablo en su dolor?

> Y me ha dicho: Bástate mi gracia; porque mi poder se perfecciona en la debilidad.
>
> 2 Corintios 12.9

Gracia. El Dios de toda gracia la ministró a su siervo sufriente. Gracia para soportar. Gracia para manejar el dolor. Gracia para enfrentar el futuro. Gracia para aceptar el «no» de Dios. ¡Qué profundo impacto tuvo eso en el hombre!

Por tanto, de buena gana me gloriaré más bien en mis debilidades, para que repose sobre mí el poder de Cristo. Por lo cual, por amor a Cristo me gozo en las debilidades, en afrentas, en necesidades, en persecuciones, en angustias; porque cuando soy débil, entonces soy fuerte.

2 Corintios 12.9b-10

Sobre este asunto escribo por experiencia propia, de primera mano. No puedo recordar el número de veces en que el poder de Dios se ha perfeccionado y revelado en mi propia debilidad. Algunos mensajes que he recibido de la Palabra de Dios y que he entregado en tiempos de enorme debilidad e ineptitud en mi propia vida, han sido los más bendecidos por Dios. Batallé con ellos, sintiendo como que nadie querría siquiera escucharlos, y no podía esperar escaparme de los lugares en donde estaba enseñando o predicando debido a mi propia desilusión o lucha en aquellos momentos. Pero más tarde oí respuesta tras respuesta contando cómo Dios había usado esas palabras en las vidas de los oyentes.

Cuando el Espíritu del Señor ministra gracia, crea en nosotros una medida poco usual de fortaleza divina. De alguna manera, en el misterio de su plan, Él transforma nuestro dolor en una plataforma desde la cual puede hacer su mejor obra.

Dos sugerencias prácticas

De OVNIS a naufragios en el Mediterráneo, hemos cubierto bastante terreno en este capítulo. De modo que permítame añadir un par de sugerencias para ayudarle a mantener el equilibrio en todo esto.

Primero, *cuando no esté seguro de que algo sea del Espíritu, avance con mucha cautela*. Conténgase. Use las Escrituras como su guía. Si son del Señor, esos estímulos internos no identificados, no contradecirán nada bíblicamente. La paz permanecerá con usted. El Señor no le conducirá a nada en contra de su propia

Palabra revelada. De modo que no haga un caballito de palo de algo que es cuestionable o está claramente fuera de la Biblia.

Segundo, *cuando tenga la seguridad de que es de Dios, quédese firme, aun cuando otros duden.* Sea fuerte y resuelto. Eso es parte del andar por fe. Hay ocasiones cuando otras personas dicen: «No hay ninguna posibilidad de que Dios esté en esto»; sin embargo usted está muy seguro en su corazón de que sí lo está. En ocasiones como esas, sólo permanezca firme. No podrá convencerlos, pero es correcto. Dios todavía hace cosas raras. PERO no haga cosas extravagantes. Usted puede estar confiado en Dios sin empezar a actuar en forma estrafalaria y sin ver un montón de cosas que los demás no ven.

Lo cual me recuerda, si alguna vez me encuentro con usted en una convención de OVNIS, que vamos a tener una larga conversación.

8

El Espíritu
y nuestras emociones

«¡No TIRES LA PUERTA!»
«¡Cómete todo lo que tienes en el plato».
«Di, señora y señor».
«No corras dentro de la casa».
«Lustra tus zapatos».
«No hables con la boca llena».
«El trabajo primero, la diversión después».
¿Le parece familiar? Esas son algunas de las reglas con las que me criaron. Usted quizás puede identificar una o dos. La mayoría de las familias las tienen... usted sabe, lemas o aforismos por los cuales vivir.

Otro de los que más recuerdo era uno de los favoritos de mi madre: «No puedes confiar en tus emociones». Hasta hoy puedo recordar claramente sus palabras cuando éramos muchachos y nos advertían que no confiáramos en nuestras emociones: «Lo que realmente quieres, hijo, son los hechos. Los hechos son tus amigos... las emociones cambiarán».

Al crecer y llegar a ser cristiano, esta actitud fue confirmada una vez tras otra. En las iglesias a las que asistí, los pastores nos advertían en contra de «dejarnos llevar demasiado por las emociones». Los maestros de la Escuela Dominical concordaban. Si andas en busca de algo para dar substancia a tu fe, decían, quédate en los hechos, no en tus emociones. Posteriormente, cuando asistía al seminario, el mismo axioma fue martillado en mi cerebro. Empieza con los hechos. Haz de ellos los ladrillos con que construyes tu teología. Luego, sobre esa base, vive por fe. Sus emociones y sentimientos caerán en línea. A menudo, se trataba a los sentimientos y emociones como si no existieran, o, si existían, como si no fueran importantes, algo así como ciudadanos de segunda clase. Simplemente ignora tus emociones; ya caerán en línea... ya caerán.

No estoy solo en esta experiencia. Un escritor lo dice de la siguiente manera:

En mi juventud como cristiano me ayudó grandemente la historia sobre Fe, Emociones y Hechos, como compañeros recorriendo un sendero intrincado. Los dos primeros seguían a Hechos, quien estaba a la cabeza. La historia me enseñó que la verdad objetiva (Hechos) era lo que importaba, y que mis ojos de la fe debían estar clavados en los hechos, antes que en mis emociones.

El Sr. Fe, recordará usted, a menudo se fastidiaba cuando el Sr. Emociones se metía en dificultades. Sin embargo, cuando apartaba sus ojos de Hechos y se volvía para ayudar a Emociones, invariablemente se metía en problemas hasta que recordaba que su tarea era seguir a Hechos, en lugar de preocuparse por Emociones. Y, de acuerdo a la historia, tarde o temprano Emociones los alcanzaba.

La historia enseña tanto una verdad como una mentira. La verdad es que nuestra fe se basa en hechos, no en emociones o sentimientos. La mentira estaba en la afirmación de que los sentimientos o emociones siempre se igualaban.[1]

¡Qué verdad! Nuestra fe se basa en hechos —sólidos como una roca, confiables, esenciales— no emociones o sentimientos.

No es cierto, sin embargo, que nuestros sentimientos o emociones siempre se igualen.

Algo más que me molesta al respecto es todo lo que se ha enseñado en contra de las emociones... casi como si las emociones fueran espurias, jamás confiables, casi ni siquiera dignas de mencionarse. Y todavía peor, es como si las emociones o sentimientos nunca fueran estimuladas por el Espíritu de Dios... que estuvieran muy lejos de cualquier cosa conectada con la verdadera espiritualidad.

¿De dónde nos viene tal idea? ¿Desde cuándo la obra del Espíritu está limitada a nuestras mentes y voluntad, pero no a

---

[1] John White, *When the Spirit Comes With Power* [Cuando el Espíritu viene con poder], Intervarsity Press, Downers Grove, IL, 1988, pp. 48-49. Usado con permiso de InterVarsity Press, P.O. Box 1400, Downers Grove, Il, 60515.

nuestros corazones? ¿Por qué es que muchos de nosotros, los evangélicos, tenemos tanto miedo de las emociones y sentimientos? ¿Qué nos ha ocurrido? ¿Por qué debe nuestra teología y la expresión de nuestra fe estar privada de emoción? Después de todo, Dios nos hizo personas completas; nos creó con una mente, voluntad y corazón. Y si Él nos creó con capacidad para sentir, ¿no deberíamos estar libres para hablar acerca de nuestros sentimientos y emociones, expresarlos, y valorarlos, tanto en nosotros mismos como en otros?

Más que carecer de importancia, he hallado que mis emociones y sentimientos a menudo representan algunas de las áreas más sensibles de mi vida tocadas por el Espíritu de Dios. No es infrecuente que mis emociones jueguen un papel vital en cómo y a dónde me guía el Espíritu, dándome razones para tomar decisiones significativas, advirtiéndome que retroceda, o reprendiéndome por algo que necesita atención inmediata en mi vida .

¿De qué otra manera, sino mediante las emociones, experimentamos esa «paz que sobrepasa todo entendimiento»? La paz es, en última instancia, una emoción.

¿De qué otra manera, sino mediante de las emociones podemos sentir la presencia del mal y los peligros de las tentaciones sutiles? Las señales internas de inquietud e intranquilidad son en realidad reacciones emocionales, ¿verdad?

¿De qué otra manera sino a través de las emociones se nos motiva a gozarnos con los que se gozan y llorar con los que lloran? (véase Romanos 12.15).

Y cuando alabamos a Dios, ¿no brota de las profundidades de nuestras emociones?

¿Acaso los sentimientos y emociones no juegan un papel prominente en nuestros actos de justa indignación, tanto como en mantener una actitud positiva hacia el sufrimiento, regocijándonos en el Señor, amando a otros, y dando gracias por todo?

Todas estas son cosas que el Señor nos ordena que hagamos; sin embargo, no podemos obedecerlas sin liberar nuestras emociones. En forma extraña, no obstante, muchos creyentes todavía vacilan en cuanto a dejarlas salir; todavía «no confían en sus emociones y sentimientos».

Somos criaturas extrañas: orgullosos de nuestra inteligencia, obstinados en nuestra voluntad, pero avergonzados de nuestras emociones, aun cuando negamos los tres. Uno de los muchos beneficios de volar más cerca de la llama es que nos permite calentar nuestras emociones, lo cual no es otra cosa que permitirnos la libertad de ser auténticos, de ser completos.

En mi vida adulta he visto algunas cosas increíbles que ilustran la ausencia de esto. Recuerdo un amigo mío que perdió a su esposa después de una enfermedad prolongada y aguda de cáncer. La observó en su proceso espiral descendente, sobreviviendo varias operaciones de alta cirugía, soportando las humillantes experiencias relacionadas con la quimioterapia, y literalmente convirtiéndose en un esqueleto viviente. Aun cuando toda la tragedia fue una agonía para ella, y le partió el corazón a él, jamás perdió su compostura, incluso cuando la muerte llegó como un alivio largamente esperado. Jamás reconoció su propio agotamiento emocional, ni sus sentimientos de aflicción por la pérdida de su querida esposa, ni ira contra la enfermedad, ni hizo las preguntas que de seguro le atormentaban en medio de aquellas noches.

A pesar de ello, siempre mantuvo la calma, aceptar con paz, citando varios versículos de las Escrituras, y hasta sonreía condescendientemente ante la preocupación de otros por el bienestar de su esposa. Aun cuando en ocasiones le presionaba a que expresara sus sentimientos —solo, en terrible conflicto, impotente al ver a su querida esposa escapársele de sus brazos— jamás hubo una lágrima, jamás un cambio en su expresión. Incluso en el servicio póstumo en honor de ella, estaba muy atareado consolando a otros, en lugar de estar apabullado por su propio sufrimiento. Cuando oí comentarios admirables sobre cuán fuerte había sido a través de todo eso —«como el peñón de Gibraltar», susurró alguien— me preocupó mucho su falta de emoción... la incapacidad de reconocer su dolor y lamentar genuinamente su muerte. Todavía me pregunto si pensaba que su reacción era «la respuesta cristiana apropiada», por lo que no se atrevía a dejar que esas emociones y sentimientos reales se manifestaran.

Llegar a ser cristiano no es sinónimo de convertirse en superhombre. Expresar las emociones que uno siente no es señal de inmadurez o carnalidad. La pérdida de un ser querido lo es tanto para el creyente como para el no creyente. Una enfermedad mortal como el cáncer —especialmente en sus etapas finales— despierta los mismos sentimientos y emociones en el corazón cristiano como en el que no tiene a Cristo. El dolor es dolor. La pérdida es pérdida. La muerte es muerte. En momentos como esos las lágrimas no sólo son aceptables, sino apropiadas y se las espera. Es parte de la realidad de ser humanos. Nada se gana con negarlas, ni se demuestra nada por aparentar permanecer estoico.

El apóstol Pablo no escribió que los cristianos no deben entristecerse, sino que no deben entristecerse «como los otros que no tienen esperanza» (1 Tesalonicenses 4.13). Debe haber amplio espacio en nuestra teología para los sentimientos de pérdida y para las lágrimas, así como para la alegría, emociones de gozo y gran risa. El Espíritu de Dios estimula ambas. Me ha preocupado por años que muchos de los llamados cristianos evangélicos maduros no dejan casi nada de espacio en sus vidas para ninguno de los dos grupos de emociones... lo cual me recuerda otra «regla» que se repite en demasiados hogares cristianos: «No llores... es una señal de debilidad». ¿Me haría alguien el favor de señalar en qué lugar de las Escrituras se encuentra eso?

Dios nos ha hecho «personas completas»

Hablando de las Escrituras, demos un vistazo a cuándo y cómo creó Dios a la humanidad. Al hacerlo, prestemos mucha atención a cómo el hombre y la mujer difieren de los planetas y las plantas, de los peces y las aves. Esta búsqueda nos lleva de regreso a la creación, registrada en Génesis 1 y 2.

Génesis 1 es un repaso general de la gran creación, empezando con las palabras de apertura de la Biblia:

> En el principio creó Dios los cielos y la tierra. Y la tierra estaba desordenada y vacía, y las tinieblas estaban sobre la faz del abismo, y el Espíritu de Dios se movía sobre la faz de las aguas.
>
> Génesis 1.1-2

Dios estuvo directamente involucrado en toda la actividad creadora y, de manera interesante, el Espíritu de Dios estaba también activo, cobijando (literalmente) todo el proceso. Al leer este capítulo descubrimos el plan divino que se desarrollaba de forma milagrosa y con mucho cuidado. De un *día* al otro, de una *categoría* a la siguiente, la vida fue creada y establecida —vegetación, aves, peces, animales, reptiles— todo está allí, desarrollándose a partir de la palabra iniciadora de Dios y de su poder creador.

Por último, llega el momento de la creación del hombre. La Deidad —Padre, Hijo y Espíritu— concuerda que esta categoría debía ser única:

> Entonces dijo Dios: Hagamos al hombre a nuestra imagen, conforme a nuestra semejanza[...]
>
> Génesis 1.26

Palabras intrigantes: «Nuestra imagen[...] nuestra semejanza». El siguiente versículo verifica con precisión lo que ocurrió:

> Y creó Dios al hombre a su imagen, a imagen de Dios lo creó; varón y hembra los creó.
>
> Génesis 1.27

Dos veces el registro inspirado afirma que, a diferencia de toda otra vida creada, el hombre lleva la «imagen» del Creador. La vida vegetal no tiene esta «imagen», ni tampoco las aves del cielo, ni los peces del mar, ni las bestias del campo. Solamente el hombre.

Y ¿qué es esa «imagen»? Los teólogos han escrito volúmenes tratando de contestar a la pregunta. Antes de enredarnos en un análisis detallado de ese tipo, permítame resumir mi respuesta usando las palabras *personalidad* y *naturaleza*. Dios le dio a la humanidad una personalidad, o naturaleza, como la suya.

Dios tiene «mente»: intelecto. Cuando creó a Adán y Eva, les dio lo mismo. Les dio una inteligencia que es superior a la de todo el resto de la vida creada. Esto es ilustrado no solamente en el mandamiento de «gobernar sobre los peces[...] las aves[...] las bestias, en toda la tierra» (Génesis 1.26), sino también en el hecho de que Adán le puso nombre a todas las criaturas que Dios había creado (Génesis 2.19). El primer hombre y la primera mujer pudieron comunicarse el uno con el otro verbalmente, hacer observaciones el uno respecto al otro y comprender las instrucciones de su Creador; todo eso, características de inteligencia. Finalmente, se les dio esa clase de mente para que pudieran conocer a Dios.

Dios tiene un «corazón»: emociones. Cuando creó a Adán y Eva, les dio lo mismo. Su constitución y capacidad emocional fueron únicas. Combinadas con su intelecto, podían sentir lo que ninguna otra forma de vida creada podía. La gama completa de emociones estaba a su disposición para sentirlas... desde el afecto intenso y el gozo exuberante, a la ira intensa; podían sentir desilusión, tristeza, tranquilidad, consuelo, excitación y éxtasis. Todo esto y mucho más le fue dado en la creación. El deleite de Adán al ver a Eva por primera vez (Génesis 2.23) es un buen ejemplo de sus emociones. Una lectura literal de ese versículo indica que prorrumpió en fuertes emociones de excitación cuando Dios la trajo a él por primera vez: «¡Ya! ¡Por fin!» Y su gozo íntimo en el amor marital nos ofrece otro ejemplo de su capacidad para sentir profundamente (Génesis 2.25). A fin de cuentas, a Adán y a Eva se les dio emociones para que pudieran amar a su Dios.

Dios tiene una «voluntad»: capacidad volitiva. Cuando creó a la primera pareja, Dios les dio lo mismo. Nadie más en la creación tiene esta capacidad. Mezclada con lo intelectual y emocional, esta capacidad volitiva les permitió a Adán y a Eva comprender y razonar los asuntos, sentir las emociones, y luego tomar decisiones y ponerlas en práctica. Dios apeló a la voluntad de Adán cuando le dio sus mandamientos, tales como:

> De todo árbol del huerto podrás comer; mas del árbol de la ciencia del bien y del mal no comerás; porque el día que de él comieres, ciertamente morirás.
>
> Génesis 2.16-17

Dios le dio voluntad a Adán y a Eva para que pudieran obedecerle.

La presencia significativa de nuestras emociones

Pasemos unos pocos minutos en algunas de las más sobresalientes emociones que son parte de la personalidad que Dios nos dio. Aun cuando puedan venir como sorpresa para algunos cristianos que nunca han sentido la libertad de reconocer y afirmar sus emociones, el Nuevo Testamento está lleno de comentarios respecto a la presencia de ellas. Dos versículos de las cartas a los Corintios vienen a mi mente:

Antes bien, como está escrito:

COSAS QUE OJO NO VIO, NI OÍDO OYÓ,
NI HAN SUBIDO EN CORAZÓN DE HOMBRE,
SON LAS QUE DIOS HA PREPARADO
PARA LOS QUE LE AMAN.

1 Corintios 2.9

Porque Dios, que mandó que de las tinieblas resplandeciese la luz, es el que resplandeció en nuestros corazones, para iluminación del conocimiento de la gloria de Dios en la faz de Jesucristo.

2 Corintios 4.6

La obra de Dios en la salvación está dirigida al corazón, no sólo a la mente. Cuando el Señor empieza su obra salvadora en la vida del pecador, ¡va directamente al corazón!

Interesante, ¿verdad? Entrar al corazón, apuntando al blanco de las emociones del pecador, el Señor empieza su obra convencedora, persuasiva. Cuando una persona decide rechazar las cosas de Dios, quiere decir que ellas no han entrado en su *corazón*. La mente de la persona no redimida es ciega, sí, pero el corazón está también sin ser tocado... sin ser convicto... inmóvil.

Esto ayuda a explicar por qué en las Escrituras se dice mucho respecto a un corazón endurecido, un corazón embotado, un corazón encallecido. Nos viene a la mente el Faraón de los días de Moisés. A pesar de todo lo que ocurrió, de toda la miseria de las plagas y de toda la evidencia que presenció, su corazón continuó inamovible. El obstinado líder egipcio continuó con su corazón endurecido. El Espíritu de Dios nunca invadió para tomar el lugar que por derecho le correspondía en el asiento de las emociones del gobernante.

Si usted es salvo, parte de la razón por la cual Dios captó su atención y vino a su vida es que tocó su corazón y ablandó sus sentimientos y emociones hacia Él.

Pablo testifica que su propia pasión de corazón era por la salvación de sus compatriotas judíos.

Hermanos, ciertamente el anhelo de mi corazón, y mi oración a Dios por Israel, es para salvación.

Romanos 10.1

Luego escribe que la genuina salvación no ocurre simplemente porque lo digamos, sino porque tenemos una creencia de corazón.

Que si confesares con tu boca que Jesús es el Señor, y creyeres en tu corazón que Dios le levantó de los muertos, serás salvo. Porque con el corazón se cree para justicia, pero con la boca se confiesa para salvación.

Romanos 10.9-10

Es obvio que aquí la palabra *corazón* es más amplia que una simple referencia a las emociones, pero ciertamente las incluye. Lo desafío a estudiar por cuenta propia las emociones que se mencionan en el Nuevo Testamento. Si lo hace, quedará sorprendido al ver la cantidad —sentimientos humanos, de todos los días— que Dios enfatiza. En algunos casos Él las provoca; en otros, obra mediante ellas y habla de ellas. Se hallan entretejidas en toda la tela de la verdad. Permítame mencionar algunos ejemplos:

Alegría y gozo

Pero esto digo: El que siembra escasamente, también segará escasamente; y el que siembra generosamente, generosamente también segará.

2 Corintios 9.6

Usando una ilustración real del mundo de la agricultura, Pablo escribe que una siembra escasa, resultará en una cosecha escasa, en tanto que una siembra generosa producirá una cosecha generosa. Luego aplica esto a la contribución del dinero a la obra eterna de Dios sobre la tierra:

Cada uno dé como propuso en su corazón: no con tristeza, ni por necesidad, porque Dios ama al dador alegre.

2 Corintios 9.7

Hallo interesante que nuestro propósito de dar esté en el corazón, otro ejemplo de la voluntad uniéndose a las emociones. Cuando damos como debemos, por las razones correctas, nos sentimos «alegres». En efecto, el término griego que así se traduce es la palabra de la cual procede nuestro término «hilaridad».

Amor

Mire luego 2 Timoteo 1.7:

> Porque no nos ha dado Dios espíritu de cobardía, sino de poder, de amor y de dominio propio.

Aquí se mencionan dos emociones opuestas: una que no es motivada por Dios (cobardía o timidez), y la otra que sí lo es (amor). Si hay una palabra que pudiera ser fácilmente el tema del Nuevo Testamento, sería *amor (ágape)*. Este término particular es una palabra únicamente cristiana, indicando una búsqueda activa que procura el bienestar más alto de otra persona. *Ágape* aparece con frecuencia en los escritos de Juan, en especial en su primera carta, donde hallamos este versículo que es el favorito de muchos:

> Nosotros le amamos a él, porque él nos amó primero.
>
> 1 Juan 4.19

Temor

Ya mencioné esta emoción, pero será útil subrayarla regresando al Antiguo Testamento, y viéndola claramente en el antiguo libro de sabiduría, los Proverbios:

> El principio de la sabiduría es el temor de Jehová.
>
> Proverbios 1.7

Dios honra tales sentimientos de «temor», término éste que indica un respeto de asombro por nuestro Señor, acompañado con un sentimiento de aborrecimiento hacia el pecado. Esto no significa que nos sentimos aterrorizados por Dios, sino que tenemos un santo respeto por Él... tan grande que al pecado no se le da lugar en nuestra vida consciente.

Alabanza

Al menos en once de los Salmos, incluyendo los últimos cinco, empiezan con las mismas palabras: «Alabad a Jehová». Esto no es simplemente una respuesta intelectual basada en hechos. Es un acto emocional de adoración, alabanza y exaltación del Dios viviente. La alabanza incluye sentimientos y emociones profundas de adoración y de afecto de corazón, y Dios honra esos «estallidos» espontáneos de nuestra adoración.

Otros sentimientos

Gozo... amor... temor... alabanza... son emociones básicas y muy poderosas. Sin embargo, son sólo unas pocas de las muchas emociones a las cuales se hace referencia en las Escrituras como parte integral de nuestras vidas espirituales. Por ejemplo, en la sección de las Escrituras que sigue —apenas una sección— note cuántos de estos mandamientos incluyen sentimientos y emociones generadas dentro de nuestros corazones:

El amor sea sin fingimiento. Aborreced lo malo, seguid lo bueno. Amaos los unos a los otros con amor fraternal; en cuanto a honra, prefiriéndoos los unos a los otros. En lo que requiere diligencia, no perezosos; fervientes en espíritu, sirviendo al Señor; gozosos en la esperanza; sufridos en la tribulación; constantes en la oración; compartiendo para las necesidades de los santos; practicando la hospitalidad. Bendecid a los que os persiguen; bendecid, y no maldigáis. Gozaos con los que se gozan; llorad con los que lloran. Unánimes entre vosotros; no altivos, sino asociándoos con los humildes. No seáis sabios en vuestra propia opinión. No paguéis a nadie mal por mal; procurad lo bueno delante de todos los hombres. Si es posible, en cuanto dependa de vosotros, estad en paz con todos los hombres.

Romanos 12.9-18

Pensando en emociones fuertes, me atraen en particular esas líneas que afirman que cuando nuestros hermanos y hermanas sufren, nosotros sufrimos... lloramos «con los que lloran». Esas son emociones profundas que proceden del Espíritu de Dios, quien en sí mismo se conmueve por nuestras aflicciones.

Mientras mi esposa y yo viajábamos por el extranjero, recibimos noticias por medio de un fax que dos de sus amigas más íntimas estaban seriamente enfermas. Una estaba en la etapa final de su batalla con el cáncer (recientemente murió) y la otra había tenido un infarto masivo. Yo estaba cerca y observé a mi esposa. Antes que pudiera terminar de leer aquella hoja de papel, estalló en lágrimas.

Un pedazo de papel comunicaba información procedente del otro lado del océano, dando solamente un breve informe sobre dos buenas amigas, pero fue suficiente para hacerla llorar. La tomé en mis brazos, y la abracé mientras que el Espíritu de Dios «cobijaba» sus emociones en tanto su corazón se partía. La separaban kilómetros de aquellas dos amigas a quienes quería entrañablemente. No podía estar presente, para tocarlas, hablarles, acariciar su cabello o abrazarlas. Pero podía derramar su corazón en llanto al sentir el dolor de la pérdida, la impotencia y la aflicción. Las profundas emociones que expresó venían del Espíritu de Dios.

Emociones poco comunes

¿Alguna vez se ha sentido molesto con alguien? Sí, estoy seguro que sí. Permítame mostrarle cómo incluso eso puede proceder del Espíritu de Dios. Pienso en el relato de Hechos 17, que registra un incidente ocurrido durante el segundo viaje misionero de Pablo. El apóstol había estado evangelizando en Macedonia, y cuando llegó a Grecia, esperaba en Atenas a sus amigos Silas y Timoteo. Y...

> Mientras Pablo los esperaba en Atenas, su espíritu se enardecía viendo la ciudad entregada a la idolatría.
> Hechos 17.16

Se ha dicho que en aquellos días había más ídolos que gente en Atenas. Imagínese. Tal aplastante presencia de idolatría «enardecía» a Pablo, y esa emoción llegó a ser la chispa que encendió el fuego en su estómago. Muy dentro de su alma sentía una carga por la condición de esa ciudad. Dios le dio esos sentimientos. ¿El resultado?

> Así que discutía en la sinagoga con los judíos y piadosos, y en la plaza cada día con los que concurrían.
> Hechos 17.17

Otro relato nada común aparece en Hechos 19, durante la evangelización de Éfeso, una ciudad prominente del primer siglo. Era, sin embargo, dada a la superstición e idolatría. De modo que no debería sorprendernos leer:

> Y hacía Dios milagros extraordinarios por mano de Pablo, de tal manera que aun se llevaban a los enfermos los paños o delantales de su cuerpo, y las enfermedades se iban de ellos, y los espíritu malos salían. Pero algunos de los judíos, exorcistas ambulantes, intentaron invocar el nombre del Señor Jesús sobre los que tenían espíritus malos, diciendo: Os conjuro por Jesús, el que predica Pablo. Había siete hijos de un tal Esceva, judío, jefe de los sacerdotes, que hacían esto. Pero respondiendo el espíritu malo, dijo: A Jesús conozco, y sé quién es Pablo; pero vosotros, ¿quiénes sois? Y el hombre en quien estaba el espíritu malo, saltando sobre ellos y dominándolos, pudo más que ellos, de tal manera que huyeron de aquella casa desnudos y heridos. Y esto fue notorio a todos los que habitaban en Éfeso, así judíos como griegos; y tuvieron temor todos ellos, y era magnificado el nombre del Señor Jesús. Y muchos de los que habían creído venían, confesando y dando cuenta de sus hechos. Asimismo muchos de los que habían practicado la magia trajeron los libros y los quemaron delante de todos; y hecha la cuenta de su precio, hallaron que era cincuenta mil piezas de plata. Así crecía y prevalecía poderosamente la palabra del Señor.
>
> Hechos 19.11-20

¡Qué increíble relato! Pero así ocurre cuando la obra de Dios tiene lugar y el enemigo es confrontado. ¿No es interesante que la gente fue conducida a confesar sus vidas secretas y a descubrir sus prácticas privadas de maldad?

¿Ha estado alguna vez en un avivamiento como ese? Yo lo he visto ocurrir. He contemplado ocasiones cuando el Espíritu de Dios hace una obra tan eficaz de limpieza que las personas no pueden contener más sus pecados secretos. Cuando el Espíritu obra en las emociones de una persona, los corazones que anteriormente estaban encallecidos y endurecidos se ablandan, llenándose de respeto hacia Dios y aborrecimiento al pecado.

Tal vez ha conocido personas que solían expresar sus emociones, tipos entusiastas y pintorescos; era estimulante estar a su alrededor; entonces, debido a algún accidente o una embolia, esas mismas personas se convirtieron en «amortiguados» emocionalmente. ¡El contraste es asombroso! Recuerdo un joven que tuvo un terrible accidente de tránsito. La falta de oxígeno en el cerebro durante su recuperación precipitó el daño que le privó de sus emociones. Antes de esa trágica serie de hechos, era una persona vivaz, lleno de ilusiones y amante de las diversiones, y a todos les encantaba tenerlo cerca. Hoy, contemplar su condición «desprovista de emociones», nos parte el corazón. Cuando su padre murió hace algunos meses, me comunicó el hecho —el día que ocurrió— sin más sentimiento que si estuviera diciéndome la hora o el clima de esa tarde.

Aunque parezca ser un salto gigantesco la comparación, he presenciado una pérdida similar de emoción ¡entre aquellos que ingresan al seminario! Muchos entran en esas aulas de aprendizaje teológico llenos de celo por los perdidos, un corazón ardiente y con hambre de Dios, y un espíritu humilde y dispuesto a dejarse enseñar. Pero, desafortunadamente, años más tarde, muchos salen con una actitud y espíritu totalmente distinto. Algo extraño ocurre durante esos años en los pasillos enclaustrados y bajo las pilas de libros de la biblioteca.

En lugar de enamorarse más de Cristo y de amar más a otros en el cuerpo, muchos parecen enamorarse del aprendizaje y poco a poco se alejan de la realidad. Las discusiones y debates teológicos llegan a serles más estimulantes que estar con personas y ministrar a las necesidades del mundo real. En lugar de que esos años de seminario aumenten su entusiasmo, lo matan; en vez de que su creciente conocimiento de Dios los haga más humildes y los haga percatarse de su propia ignorancia, los ensoberbece, convirtiéndolos en personas jactanciosas, tercas, obtusas y secas. (Si piensan que estoy exagerando, ¡pregúntenselo a sus esposas... conversen con sus hijos!)

Esto no tiene que ser así, y ciertamente no es culpa del aprendizaje de la teología, como algunos tal vez sugieran. Y, me deleita grandemente añadir, que en algunos esta erosión emocional nunca ocurre. Siguen siendo ardientes, en contacto, y hombres y mujeres de Dios. El problema reside en el aprendiz, que sustituye la teoría por la realidad... y descuenta el valor de permanecer en equilibrio entre la mente y el corazón.

Algunas advertencias necesarias que debemos atender

Este es un buen momento para hacer una pausa y mencionar tres advertencias básicas, para que nuestro vuelo más cerca de la llama ocurra sin temor de quemarnos las alas.

Intelectualismo

El intelectualismo es aquello de lo cual hemos estado hablando, pero no está reservado únicamente para los seminaristas. Puede ocurrir dondequiera que rehusemos permitir que nuestras emociones sirvan a su función propia. Al mantenerlas constantemente restringidas, al contener el flujo natural de nuestras emociones, podemos empezar a descansar estrictamente en el intelecto para nuestro andar con Cristo. Como Pablo tan claramente lo indica: «El conocimiento envanece» (1 Corintios 8.1).

En las escuelas e iglesias en donde la Biblia llega a ser un libro de texto para aprender hechos, a excepción de que abrigue el corazón y que cambie la vida de uno, el intelectualismo se agazapa detrás de la puerta, listo para atrapar a su víctima. Me recuerda de la advertencia tan repetida: «¡Tenga cuidado de que su asistencia al instituto bíblico o al seminario no dañe su fe!» Tal vez sería desalentador saber cómo muchos pierden su fe en medio de un clima estéril e intelectual.

Si esperamos contrarrestar al intelectualismo, debe haber siempre un ardor lleno del Espíritu y un clima de devoción a la persona de Cristo. Es útil permanecer auténticos.

Emocionalismo

Esto ocurre cuando vamos al otro extremo, haciendo de las emociones el corazón y el centro de la vida. El emocionalismo resulta cuando uno construye la fe en las arenas de la experiencia en lugar de hacerlo en la roca sólida y confiable de la fe basada en hechos. Una vida de fe sólida empieza con una clara comprensión de la doctrina bíblica. El equilibrio debe existir tanto en la mente como en el corazón... en ese orden. Ambos necesitan estar entrelazados cuidadosa, lenta, y correctamente como un tapete dado por Dios.

Fanatismo

El fanatismo ocurre en el contexto de devoción excesiva e intensa a la información que carece de equilibrio, discernimiento y sabiduría. Los fanáticos se enredan tanto con alguna enseñanza que su mente enfoca solamente eso, en tanto que las emociones asumen el control, y las acciones llegan a ser extravagantes y perniciosas. Un ejemplo clásico de esto sería el caer en la esclavitud de una de las sectas. En estas instancias, una figura solitaria de autoridad exige lealtad ciega. Esa persona no rinde cuentas a nadie, ni da cabida a la crítica o a la corrección, y este espíritu exclusivista está acompañado con frecuencia de reacciones paranoicas. Hay una carencia dañina de equilibrio —incluyendo la ausencia de un saludable sentido del humor— y la falta de capacidad de entrar en una amplia gama de intereses y actividades. Esto, por supuesto, no está limitado a las sectas. Cualquiera de nosotros es susceptible a caer en extremos y tornarse fanático, perdiéndonos el logro de ciertos intereses.

Convencidos de que ese interés es *el único* digno de ser perseguido, podemos entonces volvernos impacientes con otros debido a que no están tan motivados como deberían con respecto al que absorbe *nuestra* mente. En ese punto nuestras emociones se salen de control, alimentan el fuego del celo, y gritan: «¡Adelante, a toda marcha!» Esto explica por qué los fanáticos se tornan ofensivos sin saberlo y cómo pueden ignorar las responsabilidades básicas de la vida sin que eso les preocupe. Los temas pueden ser (y ordinariamente lo son) de naturaleza religiosa o doctrinal, tales como la profecía, los dones del Espíritu, el testificar, la oración, el legalismo, la libertad, el conocimiento (como un fin en sí mismo), alguna preocupación social, y cientos de otras posibilidades. ¡Sea precavido! Cuando el Espíritu de Dios no está en pleno control, existe la tendencia en todos nosotros —*y eso lo incluye a usted*— de desbocarnos emocionalmente. Sabios son los que conservan el equilibrio... incluso al volar más cerca de la llama. Corrección: *especialmente* cuando vuelan más cerca de la llama.

Algunos dichos tradicionales que necesitamos aclarar

Quiero cerrar este capítulo aclarando algunos dichos tradicionales. Puesto que empezamos mencionando uno muy común, permítame regresar al mismo.

Nunca confíe en sus emociones o sentimientos. Como ya he dicho antes, a muchos de nosotros se nos crió con esa afirmación. Pienso que necesita ser moderada. Mi tropiezo está en la palabra *nunca*, puesto que la paz, que es una emoción, es una parte de la afirmación interna que Dios nos da cuando estamos en el núcleo de su voluntad, usted y yo ¡*haremos bien* en confiar en ella! Si se siente incómodo con la palabra *confiar*, entonces ¿qué tal con *ser receptivos* a ella? Se nos instruye a dejar que «la paz de Dios gobierne en vuestros corazones» (Colosenses 3.15), de modo que debemos darle a la paz el debido crédito.

Otra emoción o sentimiento del cual oímos muy poco en los círculos cristianos es la intuición. Esta es la habilidad de percibir o conocer algo sin razonamiento consciente. Es una emoción muy privada. Algo dentro de usted se agita, diciendo: «No, yo no lo haría». O sonríe y dice: «Sí, esto está bien. Esto es lo que debes hacer, o por lo menos *considerarlo*».

Un hombre me cuenta que ha aprendido, con el paso de los años, que la mejor manera de desarrollar su negocio es mediante su intuición. «Simplemente sé en mi espíritu cuándo algo es lo correcto y cuándo no lo es», dice. Y en caso de que usted se lo pregunte, su negocio marcha extremadamente bien.

De seguro que tiene que haber sabiduría sazonada junto con agudo discernimiento si esperamos operar intuitivamente. Pero aun cuando es una emoción, confiar en ella no es del todo malo. Hay ocasiones en que *haremos bien* en confiar en nuestros sentimientos y emociones.

La experiencia no prueba nada es otro dicho tradicional. En efecto, yo mismo lo decía; pero ya no soy tan dogmático como antes. He vivido lo suficiente como para saber que hay ocasiones cuando la experiencia es en extremo valiosa y puede ciertamente demostrar algo. Me viene a la mente algo que me ocurrió hace años.

Tengo el dudoso honor de haber sido pastor de una iglesia por el tiempo más breve de la historia: ¡Menos de doce horas! Permítame explicarlo.

Servía en cierta iglesia, cuando otra congregación en una ciudad cercana empezó a buscarme. No deseaba ningún cambio de pastorado en ese tiempo, pero ellos se interesaron en mí. De modo que Cynthia y yo oramos y conversamos sobre la posibilidad. Decidí averiguar un poco más sobre la situación. Me reuní para cenar con el presidente de la junta, pedí consejo a unos cuantos amigos, y pensé cuidadosamente durante todo el proceso. Por último, después de haber invertido algún tiempo hablando con la junta, me ofrecí como candidato. Cuando llegó la noche de votación de parte de la congregación, el resultado fue favorable. Todo el mundo parecía encantado, incluyéndonos a Cynthia y a mí.

Según recuerdo, fue una votación unánime. Así es como debería ser, pensé, mientras regresábamos a casa muy tarde esa noche. Sin embargo, me parecía que debería estar más emocionado de lo que estaba y no hablé mucho en el camino. Mi esposa empezó a hablar respecto a cómo deberíamos vender la casa y buscar otra para vivir. Cada vez le respondía menos y menos. Cuando llegamos a casa, le dije que estaba exhausto y me metí en la cama... pero el sueño no llegaba. Mi mente era un torbellino. Me sentía muy mal. Poco antes del amanecer, llamé por teléfono al presidente de la junta.

—¿Bill?

—El que habla

—¿Sabe? No iré.

—¿Que no qué? Anoche usted nos dijo que...

—Lo sé... Lo sé. He sido pastor de ustedes por menos de doce horas. Ya no soy su pastor. La respuesta es no.

—¿Por qué?

—Simplemente no me siento bien en cuanto a todo el asunto, Bill.

—Pues, bien, tal vez debemos hablar sobre eso.

Sabía que podíamos hablar hasta el día del juicio, pero que eso no me haría cambiar de opinión debido a que estaba convencido de que no debía aceptar. No puedo explicarlo. ¿Sabe usted lo que fue? Principalmente mi respuesta se basó en una serie de sentimientos y emociones. Experimenté una creciente intranquilidad, aprendí cuán valiosa puede ser una emoción. ¡Eso está bien! Y estoy contento que finalmente me sometí a mis sentimientos y emociones.

Esa experiencia completa (y de algún modo bochornosa) me demostró algo: que en cierto momento puedo pensar que algo está bien y más tarde percatarme de que está mal.

Hace muchos años una mujer me dijo: «Recuerdo haberle dicho a mi padre, mientras caminaba por el pasillo en mi boda, "Papá, no debería estar haciendo esto". Y él contestó: "Sigue andando, cariño. Sigue andando"».

Estoy seguro que el papá pensó que era lo mejor, pero esa fue una respuesta equivocada. El matrimonio no duró. Sus sentimientos y emociones tenían la razón.

Ahora, sé que a menudo el pánico aflora a la superficie cuando uno piensa respecto a dar el paso final hacia el matrimonio. Pero esta joven sentía una renuencia interna y profunda... algo le decía que no debería estar recorriendo ese pasillo, que no debería casarse con aquel hombre. Excelente tipo. Excelente dama. Pero no eran buenos el uno para el otro.

Comprendo los sentimientos de inquietud relacionados con las bodas. He visto a novios casi vomitando de sólo pensar en recorrer el pasillo del templo. De modo que hablamos sobre el asunto. Alrededor del noventa y nueve por ciento de las veces, es simplemente nervios. Pero si una novia o novio está *en realidad* seguro que eso no debería tener lugar... ¡cancélelo! Preste atención a sentimientos y emociones como esos.

¡Tales experiencias pueden demostrar muchas cosas!

Cuando se trata de la experiencia, la tradición también dice: *La experiencia es el mejor maestro.* Permítame añadir una palabra a eso, y aceptaré la afirmación. La experiencia *dirigida* es el mejor maestro.

La experiencia por sí sola no es el mejor maestro, pero cuando hemos sido guiados por alguien digno de confianza, entonces resulta el mejor maestro. Si no está de acuerdo con esto, trate de levantar una pared de ladrillos. Siempre puedo saber cuando estoy frente a una pared levantada por alguien que no tenía ninguna experiencia. El hombre por lo general está orgulloso de su obra, pero se ve horrible. Si queremos que la experiencia nos enseñe las mejores lecciones, ayuda tener un guía.

Finalmente, la tradición dice: *Deje que su conciencia le guíe.* Pues bien, ¡todo depende de la condición de su conciencia! Algunas veces se puede confiar en ella; otras, no.

La conciencia es como una brújula. Si está defectuosa, muy pronto habrá perdido su ruta. La conciencia recibe sus señales del corazón, el cual puede embotarse, endurecerse o encallecerse. Más aún: la conciencia puede ser sensible en exceso o puede incluso enloquecernos.

Una persona criada por padres legalistas que utilizan el complejo de culpabilidad y vergüenza para manipular a sus hijos, a menudo tiene una conciencia muy sensible. Algunos la tienen tan torcidas y confundidas que necesitan gran ayuda antes de que puedan empezar a pensar correctamente. Algunas veces requerirá la ayuda de un buen terapeuta cristiano... alguien que puede ayudar al individuo que tiene una conciencia basada en la vergüenza, a comprender cómo las cosas se tergiversaron. En otras ocasiones un amigo de largo tiempo ayuda a dar gracia a una conciencia que solo ha conocido legalismo. Una conciencia legalista no es una guía adecuada. Una conciencia libertina tampoco lo es, como tampoco una encallecida.

Para que la conciencia sea una buena guía, una que el Espíritu pueda dirigir, necesita ser saludable, sensible y capaz de recibir el mensaje y la verdad de Dios.

Este es un buen punto para añadir que el mensaje de Cristo no está privado de emociones. Cuando uno se da cuenta de la verdadera condición del corazón sin Dios, y considera el impacto de su pecaminosidad, hay una reacción emocional: más intensa en unos que en otros. Pero siempre hay una reacción emocional. *He ofendido. He entristecido el corazón de Dios. Con mis pecados he clavado los clavos en las manos de Cristo.* Eso hace algo a mis emociones cuando yo, como pecador, lo percibo. Cuando la verdad del perdón y la gracia, y el amor asombroso de Dios son derramados sobre mí, hay una reacción emocional. Y debo reconocerlo.

Cuando me doy cuenta de que Dios ha reservado una mansión en el cielo para mí —un pecador réprobo que corría en dirección contraria cuando Él me detuvo, en su gracia me hizo dar media vuelta y me atrajo a sí mismo—, eso trae una respuesta emocional. ¡No niegue esas emociones!

Las emociones del peregrinaje de la tierra al cielo existen. Cuando llegamos al lecho de muerte de un ser querido, por ejemplo, las emociones salen en torrente al pensar en su partida... sentimientos de nuestra pérdida en esta tierra... sentimientos de gozo por ellos en el cielo. De nuevo, ¡no niegue esas emociones y sentimientos!

La música del evangelio es rica en emoción. Sin esos sentimientos, se convierte en poco más que una presentación profesional. El mensaje del evangelio tiene que ser presentado con emoción, no simplemente con el intelecto. De otra manera, se convierte en poco más que una conferencia. Las reuniones de las iglesias que restringen las emociones dirigidas por el Espíritu pueden convertirse en aburridas y rutinarias, de cajón, adoleciendo de excitación, estímulo e iluminación.

Dios le dio una mente. Úsela para conocerle mejor. Estudie las doctrinas para poner acero en el cemento de su fe. ¡Ejercite su mente!

Dios le dio una voluntad. Úsela para obedecerle. Tome decisiones que le honren y le agraden a Él. ¡Ejercite su voluntad!

Y Dios le dio emociones. No tenga miedo de ellas. Déjelas salir. Permita que su corazón se muestre. ¡Ejercite sus emociones!

Si rehusamos ser francos, permitir que el prisma completo de su amor y verdad brille a través de nosotros, nos perderemos mucho del color que la vida tiene para ofrecer.

«No puedo ver, no puedo ver»,
    dice aquel que no quiere mirar.
¿Hay colores en el arco iris?
    ¿Están todavía verdes las praderas?
¿Están las flores todavía floreciendo,
    y se ven las mariposas?

«No puedo oír, no puedo oír»,
    dice aquel que no quiere escuchar.
¿Han dejado las aves de cantar?
    ¿Ha perdido su cantar el arroyo?
¿Ha dejado la música de tocar,
    y se han ido las sinfonías?

«No puedo sentir, no puedo sentir»,
    dice aquel a quien nada le importa.
¿No son las emociones sino saber
    de cosas buenas y malas?
¿De interesarnos por otros,
    de alegría y tristeza?

«No hay vida, no hay vida»,
    dice aquel que no quiere vivir.

La vida es nada sino lo que se busca;
   sí, la vida es simplemente vivir.
Y la vida no es coleccionar cosas,
   la vida es realmente dar.

«Nadie me quiere, nadie me quiere»,
   dice aquel lleno de cólera.
¿No es acaso el amor simplemente reflejos
   de lo que usted primero da,
por todos los demás
   con quienes usted debe vivir?

«No hay Dios, no hay Dios»,
   dice aquel que no tiene fe.
Vea la mano de Dios en las estrellas
   en los cielos.
En las oraciones de un niño,
   en sus suspiros silenciosos.

Anónimo (traducción de Miguel A. Mesías).

9

Medite teológicamente sobre la enfermedad y la sanidad

*E*L NUESTRO ES UN MUNDO DE enorme dolor y aflicción. Cada uno de nosotros conoce a alguien que atraviesa un tiempo intensamente difícil de trauma físico o emocional, o de ambos.

Conocemos a personas sinceras de fe que han orado por sanidad en sus vidas... y todavía siguen sufriendo.

También estamos conscientes de los que dicen haber sido sanados instantáneamente. Cuentan historias sorprendentes de milagros ocurridos en una reunión a la que asistieron donde un individuo con ciertos «poderes» les tocó o simplemente les habló y... ¡*zas*!... el Espíritu les sanó de su aflicción.

¿Por qué algunos son sanados, mientras que tantos, *en realidad la mayoría*, no lo son? ¿Por qué algunos pueden mirar hacia atrás y testificar de un milagro, en tanto que otros deben soportar penosísimos años de agotador sufrimiento?

Algunos preferirían pasar por alto esta pregunta, descartándola con un encogerse de hombros e intentando una respuesta simplista como: «algunos tienen fe y otros no». Sin embargo, muchos de nosotros no podemos hacer eso. Creemos en el Dios viviente tanto como aquellos que afirman tener sanidad. Ciertamente queremos servir a su Hijo y creemos en la obra del Espíritu con igual sinceridad y pasión. Sin embargo, nos preguntamos cómo algunos pueden recibir alivio de una aflicción de la noche a la mañana, mientras que otros deben vivir con dolor por muchos años. Conozco personas que actualmente, en la iglesia en la cual sirvo, esperan que Dios toque sus vidas y les restablezca la salud que un día tuvieron. También conozco a otros que estaban tan enfermos, que se hallaban en el mismo umbral de la muerte y, sin embargo, meses más tarde experimentaron salud y alivio. Todo esto nos crea un dilema. Al necesitar hallar respuestas a cosas que para nosotros no tienen sentido, nos vemos forzados a estudiar seriamente sobre el particular desde el punto de vista bíblico.

Debido a que la dicotomía entre sanidades milagrosas súbitas y una ausencia de milagros es un tema muy importante, y por el alto nivel actual de interés en la sanidad y los milagros, deseo dedicar los tres capítulos siguientes a enfrentar dicho tema con la esperanza de determinar cómo se relaciona, o no, con el Espíritu.

El Dr. John White, en un libro titulado *When the Spirit Comes with Power* [Cuando el Espíritu viene con poder], empieza describiendo varios sucesos diferentes e inusitados. Uno ocurrió en Malasia, otro en el estado de Ohio y un tercero en Argentina. Describe estos casos en forma cuidadosa. Cada uno cae en la categoría de los fenómenos: sucesos que no pueden explicarse en línea con la lógica humana. La pregunta es: ¿Fueron del Espíritu, o no? El Dr. White resume las historias con estas palabras:

Asia. Norteamérica. Suramérica. Estas son tres historias que conozco personalmente. Podría también relatar episodios de África y Europa. Y al parecer hay cientos, si no millares, de ocurrencias similares alrededor del globo. ¿Qué significa esto? ¿Qué son estos informes de reacciones extremadamente emocionales y conducta inusitada que se observan alrededor del mundo entre cristianos de diferentes creencias teológicas, informes de gran llanto o risa, temblores, extremo terror, visiones, caídas (lo que algunas veces se le llama «caerse en el Espíritu»), estar «embriagado con el Espíritu» y otras experiencias de avivamiento? Ciertamente algo está ocurriendo, y ese algo parece ser potente. ¿Es avivamiento? ¿Es de Dios?

Debemos ser cautelosos al evaluar los nuevos movimientos religiosos. Muchos son mediocres y unos pocos extremadamente peligrosos. El fuego falso arde con ferocidad, el ángel de luz todavía extiende sus alas y los elegidos continúan siendo engañados.

Demasiado a menudo, sin embargo, descansamos en rumores para determinar lo que ocurre. Algunas veces nuestro temor nos hace condenar demasiado aprisa, especialmente en lo que concierne a algo nuevo y espectacular. Pero ¿hay un bebé en la bañera? Dios mismo se ha dado a conocer actuando en forma espectacular, de modo que siempre existe el peligro de no verlo debido a nuestro escepticismo. Él todavía está trabajando y obrando en el mundo.[1]

Hemos cubierto algunos temas intrigantes en este libro sobre el Espíritu Santo. Estoy dispuesto a reconocer libremente que no he tomado una «ruta segura». He corrido el riesgo porque también soy incapaz de soslayar muchas de estas cosas sencillamente encogiéndome de hombros... o alegando que todas las cosas sobrenaturales que no puedo explicar son del diablo. Tampoco me siento cómodo ignorándolas. Tengo que pensar en ellas y, más a menudo de lo que esperaría, tengo que dar respuestas que tienen que ver con la difícil pregunta: ¿Por qué?

Cuando surgen cuestiones como esta, debo escudriñar en el Libro de la Verdad para hallar respuestas dignas de confianza. E incluso entonces, alguna parte sigue siendo vaga, a veces misteriosa. Incluso, alguien tan dotado como Jonathan Edwards, el erudito intelectual del siglo XVIII que se graduó de la universidad de Yale (¡a los diecisiete años!) y llegó a ser uno de los más grandes filósofos y teólogos de los Estados Unidos, admitió lo siguiente:

> Se ha visto con frecuencia que las personas con más amplio entendimiento, y que han estudiado más respecto a cosas de esta naturaleza, han quedado más confundidas que otras. Algunas declaran que toda su anterior sabiduría se convirtió en nada y que les pareció que eran como recién nacidos, que no sabían nada.[2]

Lo confieso, ¡hay ocasiones en que me siento exactamente así! Admito que en realidad hay áreas de este tema que no conozco, y quizás nunca las conoceré. E incluso después de prolongado estudio, hay algunas que simplemente nunca puedo explicar con absoluta certeza. Pero, al estudiar juntos el tema,

---

[1] John White, *When the Spirit Comes With Power* [Cuando el Espíritu viene con poder], InterVarsity Press, Downers Grove, IL, 1988, pp. 17-18. Usado con permiso de InterVarsity Press, P.O. Box 1400, Downers Grove, IL, 60515.

[2] Jonathan Edwards, *A Faithful Narrative of a Surprising Work of God* [Una narración fiel de una sorprendente obra de Dios], en *The Works of Jonathan Edwards* [Las obras de Jonathan Edwards], vol. 1, Banner of Truth, Edinburgh, 1974, p. 354.

espero que se aclararán más cosas respecto a este asunto de sanidad y milagros. Sin embargo, puedo asegurarle, que no pocas continuarán siendo un misterio.

No obstante, antes de comenzar, permítame decirle por qué debemos proceder con cautela y por qué quiero ser cuidadoso respecto a lo que escribo. El capítulo 11 de 2 Corintios está escrito con pasión por el apóstol Pablo a la gente a la cual quería mucho. Podemos percibirlo al leer sus palabras:

> Porque os celo con celo de Dios; pues os he desposado con un solo esposo, para presentaros como una virgen pura a Cristo. Pero temo que como la serpiente con su astucia engañó a Eva, vuestros sentidos sean de alguna manera extraviados de la sincera fidelidad a Cristo.
>
> 2 Corintios 11.2-3

Pablo escribe con el corazón de un pastor y puedo, en realidad, identificarme con eso. Como él, yo también soy intensamente celoso por aquellos a quienes sirvo en el ministerio, por aquellos que están dentro del alcance de nuestra influencia. Todavía más, su esperanza es mi esperanza: «presentarlos como una virgen pura». He tenido el privilegio de guiar a Cristo a algunos en nuestro rebaño introduciéndolos al gozo de conocer a Dios y de andar con Él, y mi corazón está ligado a ellos en su crecimiento espiritual. Pero concuerdo con Pablo: *Temo por muchos de ellos*. El pensamiento de que se descarríen me preocupa demasiado. No conozco ningún pastor que merezca llamarse así que no batalle con el mismo temor, es decir, que las mentes de sus feligreses «sean de alguna manera extraviadas de la sincera fidelidad a Cristo». Aunque normalmente no soy ansioso, me preocupo un poco más respecto a lo que las personas hacen con su dolor, su quebrantamiento y en especial por su necesidad de alivio. ¿Por qué? Porque hay muchas respuestas no bíblicas y erróneas que se ofrecen, y que sólo pueden engañar, desilusionar, perturbar... y traer mayor confusión.

Por desgracia, conozco individuos que se han dejado atrapar tanto en la búsqueda de milagros que su devoción a Cristo se ha desvanecido. Mi gran esperanza es que esta sección del libro ayude a evitar que eso ocurra en muchas vidas.

Posibles fuentes de «sucesos fenomenales»

Creo que los milagros y sanidades —a lo que nos referimos como «manifestaciones fenomenales»— tienen cuatro fuentes posibles.[3] Primero, *la manifestación puede ser autoinducida*. Esta es otra manera de decir que el «milagro» o la «sanidad» pudiera tener una explicación sicológica, que fue autoinducida de forma consciente o inconsciente.

Por ejemplo, muchas personas sufren de enfermedades sicosomáticas, que resultan de perturbaciones mentales o emocionales. Cuando la mente o las emociones son sanadas, sin embargo, a menudo hay una curación sorprendente de la enfermedad física relacionada. El dolor o enfermedad corporal terminan simplemente al eliminar lo que estaba perturbando al individuo.

Segundo, *la fuente de la manifestación pueden ser reuniones de alto contenido e intensidad emocional*. Podemos llamar a esta categoría como «histeria colectiva» o «hipnosis colectiva». No es ningún secreto que oradores talentosos (especialmente predicadores) pueden ser en extremo persuasivos y lograr cosas sorprendentes en audiencias sugestionadas. He estado en tales reuniones y he observado lo que ha ocurrido. En aquellas situaciones, las supuestas «sanidades del Espíritu» son el resultado del lavado del cerebro, técnicas de manipulación mental, que utilizan aquellos que saben como mover a una audiencia.

Tercero, *la fuente puede ser satánica*. Como leemos en 2 Corintios 11, «la serpiente engañó a Eva». La preocupación de Pablo era que sus amigos en Corinto pudieran haber permitido que sus mentes fueran desviadas por los poderes engañosos del adversario. A las fuerzas demoníacas les encanta imitar la obra de Dios. Nunca debemos olvidar que cuando Satanás y sus fuerzas malignas están involucradas en algo, ¡es más a menudo en el campo de la luz que en el de las tinieblas!

Lucifer en principio se reveló como ángel de luz, no como el ángel de las tinieblas. No es una criatura horrible, grotesca, con epidermis roja. Aparentemente es un ser que atrae, brillante, persuasivo, increíblemente impresionante, y lo mismo sus demonios. Cautiva y seduce a las personas con argumentos lógicos

---

[3] Estoy en deuda con el Dr. John White por estas ideas. Véase John White, *When the Spirit Comes* [Cuando el Espíritu viene], pp. 60-61.

y persuasivos, y acercamiento razonable. Todo parece estar correcto. Suena bien. Parece ser plausible. Sin embargo sigue siendo, en su médula, satánico.

Aun cuando pudiera ser que el enemigo de nuestras almas no estimule la mayoría de las manifestaciones fenomenales, nadie puede negar que está activamente inmiscuido en algunas. Cuarto, *la fuente puede ser, en efecto, Dios.* ¿Quién puede dudar del poder de Dios para sanar? ¡Negarlo sería negar las Escrituras! El que crea la vida ciertamente puede sanarla. La mayoría de los cristianos evangélicos que conozco no vacilan en decir que el Señor sana. Le hemos visto sanar matrimonios destrozados, vidas rotas y emociones llenas de cicatrices. ¿Quién de nosotros pudiera dudar que Él sanó enfermedades físicas y mentales? ¿Por qué, si no, oramos para que intervenga cuando nosotros o algún ser querido se enferma?

Conservo una maravillosa lista mental de individuos a quienes he conocido, por los cuales he orado, y a cuyo lado he estado en tiempos de enfermedad muy seria y amenazadora. Hoy son fuertes ejemplos vivos de salud. En muchos casos los médicos que los atendían virtualmente no pudieron hacer nada por ellos. Estoy convencido —y le aseguro que *ellos* también— de que el Señor los sanó. Por consiguiente, no cierre el libro, echándolo a un lado, y diciendo con un largo suspiro: «Swindoll no cree que Dios sana». Lo creo. Lo creo con todo mi corazón.

Lo que no creo que es que Dios haya puesto sus poderes de sanidad en las manos de unos pocos «individuos ungidos» que afirman realizar sanidades divinas. Tampoco creo que Dios sea la fuente de toda la proliferación de las llamadas sanidades de hoy.

Me doy cuenta de que hay miles de personas que sinceramente creen que fue el Señor quien tocó sus vidas y les alivió del dolor. Mi respuesta es un cauteloso: «tal vez lo hizo Él... pero quizás no lo fuera».

Hechos fundamentales respecto al pecado y a la enfermedad

Mientras que abogo ardorosamente por volar más cerca de la llama, creo que debemos hacerlo con inteligencia, con cautela y sabiduría. De otra manera, podemos quemarnos. Sé de lo que estoy hablando, pues me he encontrado con muchas «víctimas de quemaduras» en mis años de ministerio pastoral. He observado que dosis sólidas de teología sana pudieran haber prevenido a la mayoría de ellos a ser consumidos por el error. Aquellos que buscan una comprensión espiritual confiable deben disciplinarse a sí mismos a pensar teológicamente. En el caso de la sanidad divina, necesitamos comprender cómo nos formó Dios y cómo se relacionan el pecado y la enfermedad. Y al examinar las cuestiones respecto a la enfermedad y la sanidad, seis hechos parecen ser esenciales para colocar un sólido fundamento teológico.

Primero: *Básicamente, hay dos tipos de pecados: el original y el personal.*

El pecado original puede ser trazado de regreso al jardín del Edén, en donde Adán y Eva cedieron a la tentación del diablo, cayeron en pecado, y por consiguiente perdieron su inocencia. En su caída en el pecado, introdujeron la corrupción —una contaminación espiritual— que ha dañado permanentemente a la humanidad. Esto se llama el *pecado de Adán* —o pecado original— y yace en la misma médula de nuestra naturaleza pecaminosa.

A partir de esa caída ha sido imposible nacer sin pecado en este mundo. Lo recibimos de nuestros padres, quienes lo obtuvieron de los suyos, que a su vez lo heredaron de... y así retrocediendo hasta los padres originales de todo el mundo: Adán y Eva. Cuando Adán pecó, su acto de desobediencia contaminó el torrente de la humanidad, en forma similar como los desechos del desagüe contaminan un río.

> Por tanto, como el pecado entró en el mundo por un hombre, y por el pecado la muerte, así la muerte pasó a todos los hombres, por cuanto todos pecaron.
> Romanos 5.12

Esas palabras no pintan ningún cuadro hermoso, pero el retrato es real, como quiera que sea. La antigua pregunta hipotética: «Si Adán no hubiera pecado, ¿viviríamos para siempre?» tiene una respuesta inmediata: *Por supuesto*. El plan de Dios era perfecto. Su deseo era que sus seres creados anduvieran con Él eternamente. Su orden, por consiguiente, fue que no cedieran a la tentación de comer del árbol del conocimiento del bien y del mal.

> Y mandó Jehová Dios al hombre, diciendo: De todo árbol del huerto podrás comer; mas del árbol de la ciencia del bien y del mal no comerás; porque el día que de él comieres, ciertamente morirás.
>
> Génesis 2.16-17

Adán y Eva desobedecieron, y las consecuencias fueron trágicas. El sufrimiento, la enfermedad y la muerte se introdujeron en la raza humana, todo como resultado del pecado. Sin pecado no habría sufrimiento, enfermedad o muerte. ¿Recuerda las palabras?

> [...] así la muerte pasó a todos[...] por cuanto todos pecaron.
>
> Romanos 5.12b

Debido a que todos los seres humanos tienen dentro de sí esta naturaleza adámica, cometemos pecados personales. En lugar de obedecer, desobedecemos. En vez de escoger andar con Dios, le resistimos, huimos de Él, luchamos contra Él:

> [...] por cuanto todos pecaron, y están destituidos de la gloria de Dios.
>
> Romanos 3.23

Somos pecadores por nacimiento (pecado original), y por consiguiente llegamos a ser pecadores por elección propia (pecado personal). Al actuar con desobediencia, llevamos el fruto de nuestra raíz adámica. Debido a que el engaño reside en nuestra naturaleza, usted y yo engañamos. Puesto que la desobediencia reside en nuestra naturaleza, nos rebelamos. Ya que el desorden se halla en nuestra misma médula, actuamos según ella.

No me siento orgulloso al reconocerlo, pero algunas veces, cuando la luz roja del semáforo demora más de lo que pienso que debería, impacientemente la paso. No estoy justificando mis acciones. Por el contrario, sé que no debería pasar la luz roja, porque es peligroso y es contra la ley. Pero de vez en cuando me paso una. ¿Por qué? Porque soy un rebelde por naturaleza. Y antes de que empiece a alegrarse, permítame recordarle, ¡también *lo es usted!* Simplemente su rebeldía tal vez tome otra forma. Hay pecado original y hay pecados personales. Ambos terminan en serias consecuencias.

Segundo: *El pecado original introdujo la enfermedad, el sufrimiento y la muerte para la raza humana.*

El alma que pecare, esa morirá.

Ezequiel 18.4

Porque por cuanto la muerte entró por un hombre, también por un hombre la resurrección de los muertos. Porque así como en Adán todos mueren, también en Cristo todos serán vivificados.

1 Corintios 15.21-22

El hombre nacido de mujer,
Corto de días, y hastiado de sinsabores.

Job 14.1

Nadie es inmune al pecado y sus consecuencias. Por hermosa y encantadora que pudiera ser su hijita, su hijo o su nieto, ese niño nació con una naturaleza pecaminosa. Y esta no sólo incita a la desobediencia, sino que es la fuente de la enfermedad, del sufrimiento y, a fin de cuentas, de la muerte. Aquellas cosas son parte de la «caída» de nuestra naturaleza adámica. Están entretejidas en toda la humanidad.

Tercero: *A menudo existe una relación directa entre el pecado personal y la enfermedad física.*

En ocasiones, los actos de desobediencia y rebelión están directamente ligados a algunas enfermedades del cuerpo.

En las Escrituras hallamos numerosos ejemplos de esto. Entre los más notorios estaría el del rey David después de su enredo con Betsabé.

Como resultado de su conducta pecaminosa, David sufrió graves consecuencias físicas y emocionales. La lucha que atravesó mientras ocultaba su adulterio (incluyendo el asesinato del esposo de Betsabé), además de vivir como un hipócrita y rebelde, dio lugar a un creciente conflicto interno, tanto, que se enfermó físicamente. Después de que Natán lo confrontó y arregló las cuentas en cuanto a su pecado, escribió un cántico de recordación... su penoso testimonio de aquellos meses de miseria:

> Mientras callé, se envejecieron mis huesos
> En mi gemir todo el día.
> Porque de día y de noche se agravó sobre mí tu
> mano;
> Se volvió mi verdor en sequedades de verano.
>
> Salmo 32.3-4

David sufrió intensamente porque desobedeció a Dios, y luego rehusó encarar su pecado. La culpa empezó a carcomerle hasta que llegó a ser tan insoportable que literalmente suspiraba y gemía al sentir que su cuerpo se consumía. Perdió el apetito. Sufrió de insomnio. No podía pensar claramente. No tenía energías. Y la fiebre no se le quitaba.

Imagínese esa clase de vida. Si alguna vez usted se ha hallado en tal situación, no necesita que se la describa. Y aun cuando tal vez no haya llegado a esas proporciones, la mayoría hemos tenido períodos de sufrimiento cuando dejamos sin arreglar y sin confesar nuestros pecados personales. Y la miseria no nos deja sino cuando lidiamos con nuestro pecado y desobediencia. Eso fue lo que ocurrió con David:

> Mi pecado te declaré, y no encubrí mi iniquidad.
> Dije: Confesaré mis transgresiones a Jehová;
> Y tú perdonaste la maldad de mi pecado.
>
> Salmo 32.5

¿Qué fue lo que lo enfermó? La culpa. ¿Qué fue lo que drenó su energía? La culpa. ¿Qué le quitó su felicidad, su sonrisa, su capacidad para pensar, sus habilidades de liderazgo? La culpa. Había una relación directa entre los pecados personales de David y la enfermedad física y emocional que impactó su vida.

Otro ejemplo sería aquel al cual Pablo se refiere en una de sus cartas a los corintios, cuando les instruye respecto a la conducta inapropiada en la Cena del Señor. Algunos, si puede creerlo, aprovechaban la ocasión para la glotonería y la borrachera. Las palabras del apóstol son una represión poderosa:

Por lo cual hay muchos enfermos y debilitados entre vosotros, y muchos duermen.

1 Corintios 11.30

En otras palabras, sus pecados habían resultado en debilidad y enfermedad... ¡e incluso en muerte!

Ahora, recuerde, en tales casos, la confesión de pecados da comienzo al proceso de curación. La recuperación tal vez no sea instantánea (usualmente no lo es), pero he visto ocasiones en que lo ha sido. Pero, con frecuencia, sin embargo, el sufrimiento empieza a aminorar en intensidad conforme la persona experimenta alivio de su culpabilidad.

Cuarto: *Algunas veces no hay relación entre los pecados personales y las aflicciones humanas.*

Este es un buen punto para alertarle respecto a creerse ser el mensajero de Dios a toda persona enferma, diciéndole: «Algo debe andar mal en su vida». En ocasiones tal vez sea el Natán designado en la vida de algún David. Quizás sea el designado para decirle: «Tú eres el hombre» o «Tú eres la mujer». Pero muy rara vez tenemos el derecho de decir tal cosa; debido a que en muchos casos el sufrimiento y la enfermedad no es el resultado del pecado personal.

Un clásico ejemplo de esto sería el hombre que había nacido ciego (del cual se habla en el Evangelio de Juan). Su ceguera congénita no tenía nada que ver con pecados personales ni con los de sus padres.

Al pasar Jesús, vio a un hombre ciego de nacimiento. Y le preguntaron sus discípulos, diciendo: Rabí, ¿quién pecó, éste o sus padres, para que haya nacido ciego? Respondió Jesús: No es que pecó éste, ni sus padres, sino para que las obras de Dios se manifiesten en él.

Juan 9.1-3

Jesús mismo afirma claramente que la aflicción física del hombre no tenía nada que ver con pecados personales. Recordemos también Hebreos 4.14-15:

Por tanto, teniendo un gran sumo sacerdote que traspasó los cielos, Jesús el Hijo de Dios, retengamos nuestra profesión. Porque no tenemos un sumo sacerdote que no pueda compadecerse de nuestras debilidades, sino uno que fue tentado en todo según nuestra semejanza, pero sin pecado.

Si nuestra debilidad fuera siempre el resultado del pecado, el escritor hubiera indicado el mandamiento: «Confiesen sus pecados y serán sanados». Pero lo que dice aquí, en efecto, es que nuestro Señor se conmueve por nuestra aflicción al vernos luchar con la debilidad. Nuestros conflictos le llegan». Él *no dice:* «Por consiguiente, arregle el pecado en su vida y se recuperará». Al contrario, su corazón se conmueve por nuestro dolor. Le duele lo prolongado de su lucha con la depresión. Toma asiento a su lado en la habitación del hospital mientras usted atraviesa las consecuencias de la mortal malignidad... Está con usted mientras recibe la quimioterapia. Siente simpatía por usted en sus debilidades.

¿Por qué? Porque en estas ocasiones no hay relación directa entre el pecado y las enfermedades. Por consiguiente, no es asunto de confesar pecados y reclamar sanidad instantánea.

He conocido personas que han estado gravemente enfermas, y ellas han examinado su corazón tratando de hallar algún pecado que pudiera haberles traído su aflicción. Confiesan, y confiesan más, y siguen confesándose. Pero su enfermedad no les deja. Lenta, dolorosamente, se van acabando, preguntándose qué habrán hecho que les causó la enfermedad... cuando, en verdad, su condición no tiene ninguna relación con el pecado personal.

Quinto: *Algunas veces no es la voluntad de Dios que seamos sanados.*

Pablo tenía el don sobrenatural de la sanidad que Dios les dio a los apóstoles. Sin embargo, admite: «A Trófimo dejé en Mileto enfermo» (2 Timoteo 4.20). ¿Por qué le «dejó enfermo»? Pablo no lo dice, pero si hubiera sido la voluntad de Dios que todos fueran sanados, eso no hubiera ocurrido.

Luego, en Filipenses nos enteramos de un hombre llamado Epafrodito, quien recibió la misericordia de Dios, incluso cuando continuó enfermo.

Porque él tenía gran deseo de veros a todos vosotros, y gravemente se angustió porque habíais oído que había enfermado. Pues en verdad estuvo enfermo, a punto de morir;

pero Dios tuvo misericordia de él, y no solamente de él, sino también de mí, para que yo no tuviese tristeza sobre tristeza.

Filipenses 2.26-27

Aquí tenemos a un hombre enfermo —en verdad, a punto de morir— sin embargo Pablo, quien tenía el don de sanidad, fue impotente para cambiar las cosas. A fin de cuentas, Dios en efecto «tuvo misericordia de él», pero no fue un cambio instantáneo de su condición.

Por último, considere al mismo Pablo:

Y para que la grandeza de las revelaciones no me exaltase desmedidamente, me fue dado un aguijón en mi carne.

2 Corintios 12.7

El apóstol sufrió de una severa aflicción, «un aguijón en la carne». El término griego que traduce «aguijón» significa una estaca afilada. Sea lo que fuere, producía agudísimo dolor. Pablo lo llama un mensajero de Satanás (obviamente con el permiso de Dios) para mantenerlo humilde.

El dolor hace eso. Usted nunca se encuentra con personas arrogantes viviendo en continuo dolor. El dolor nos abofetea. Nos quebranta y nos hace humildes.

Y Pablo dice: «respecto a lo cual». ¿Respecto a qué? ¡Al aguijón! ¡El aguijón!

Respecto a lo cual tres veces he rogado al Señor, que lo quite de mí.

2 Corintios 12.8

Una vez tras otra había suplicado por alivio. Cuando el dolor alcanzaba una intensidad insoportable, este devoto siervo de Dios le imploraba que se lo quitara. Tres veces hizo la misma súplica: Sáname. Sáname. Sáname. Cada vez la respuesta de Dios seguía firme: No. No. No.

Repito... algunas veces no es la voluntad de Dios que seamos sanados. Por consiguiente, tenga mucho cuidado respecto a lo que le promete a alguna persona enferma. Si fuera la voluntad de Dios que toda persona se sanara, entonces no habría enfermos en el mundo. O, si fuera la voluntad de Dios sanar a todos los miembros de su familia, ningún cristiano se enfermaría.

Piense bíblicamente. Medite teológicamente. Si estos pasajes (y otros) indican el punto con claridad, acepte la verdad, procure entenderla y, entonces, ¡aplíquela! Dios está allí. Sólo porque Él prefiera no sanarnos no significa que nos ha olvidado. Él está con nosotros incluso en los tiempos más difíciles. Su gracia todavía es suficiente.

Sexto: *En algunas ocasiones es la voluntad de Dios que seamos sanados.*

Puesto que planeo dedicar los próximos tres capítulos a tratar sobre este punto, por ahora permítame solamente dar un breve vistazo a varios versículos de Santiago 5.

¿Está algunos entre vosotros afligido? Haga oración. ¿Está alguno alegre? Cante alabanzas. ¿Está alguno enfermo entre vosotros? Llame a los ancianos de la iglesia, y oren por él, ungiéndole con aceite en el nombre del Señor. Y la oración de fe salvará al enfermo, y el Señor lo levantará; y si hubiere cometido pecados, le serán perdonados.

Santiago 5.13-15

Sí, hay ocasiones cuando nuestro Señor soberanamente escoge «restaurar al enfermo». Esta es su prerrogativa. Como veremos, cuando Él interviene milagrosamente, la sanidad es inmediata, completa y permanente. Y cuando eso ocurre, Él y sólo Él merece la alabanza, jamás algún instrumento humano.

He oído que se dice que la educación es pasar del punto en que se reconoce inconscientemente la propia ignorancia al punto que se la reconoce de manera consciente. Esa declaración se aplica a las Escrituras tanto como a la vida en general. La educación en la Palabra de Dios me despierta al vasto campo de mi ignorancia. Y tiendo a retroceder y ser menos dogmático respecto a muchas cosas una vez que me doy cuenta de este magnífico Dios a quien amo y sirvo.

Volar más cerca de la llama no elimina todos los misterios en su voluntad.

10

Un caso bíblico de sanidad

*E*N FEBRERO DE 1975 OCURRIÓ ALGO que nunca olvidaré. Cynthia y yo, junto con otros ex alumnos del Seminario Teológico de Dallas, regresábamos de la celebración del quincuagésimo aniversario de la institución.

En aquellos días se usaban aviones 747 entre Dallas y la costa oeste de los Estados Unidos, en el vuelo en que regresábamos había un buen número de asientos vacíos en la enorme sección económica. Nuestro grupo se divertía de lo lindo, intercambiando recuerdos y risas, relatando historias de nuestros días como estudiantes. Tal vez fue nuestro propio espíritu alegre lo que nos hizo notar a una pareja de mirada triste que se encontraba varias filas más atrás. La mujer ocupaba el asiento junto al pasillo, pero su esposo estaba acostado, tendido a lo largo de cuatro o cinco asientos en la sección central.

Al ir y venir durante el vuelo —buscando algún refresco o yendo al baño— entablamos conversación con varios pasajeros, incluyendo esta pareja. Ambos parecían amigables, pero demasiado serios, a él no se le veía muy bien. Cuando la mujer descubrió que habíamos sido compañeros en un seminario y que nos dedicamos a diferentes clases de ministerios, su interés aumentó. Fue entonces que nos contó su historia.

Venían de Louisiana, dijo, y su esposo estaba enfermo de cáncer. Se habían puesto en contacto con un famoso «sanador de fe» en la costa occidental (a quien identificaría si se lo nombrara), les habían prometido que si venían a la ciudad de Los Ángeles y traían dinero, el renombrado sanador les garantizaba que el esposo se aliviaría de su dolencia. A su regreso a Louisiana no padecería más de cáncer.

No eran «gente de iglesia», según manifestaron, pero por televisión veían a este religioso y sus «maravillas», «sanidades» y «milagros». A ese nivel, casi no había otro camino. Habían decidido que eso era lo que debían hacer.

Los dos habían depositado todas sus esperanzas en aquella única promesa, y para asegurarse de tener suficiente dinero, habían vendido todo lo que tenían, incluso su casa. También habían retirado todos sus fondos de jubilación. De hecho, me mostró la bolsa de dinero en su cartera. (Mencionó que los contactos en el ministerio de sanidad le habían exigido que llevara dinero en efectivo.)

En medio de lágrimas, suspiró:

—Estoy lista para dar todo lo que tenemos con tal de que mi esposo se sane. —Luego me miró a los ojos, obviamente anhelando escuchar algo de aliento, y me preguntó—: ¿Qué piensa usted de estas cosas?

Esté seguro que puedo apreciar el delicado y pesado silencio que hubo entre nosotros. Mi respuesta requería tacto mezclado con sinceridad. En silencio oré pidiendo las palabras precisas. Luego abrí mi Biblia y le expliqué las cosas en las cuales creo. La mujer escuchó con cuidado. Su esposo trató de participar en la conversación, pero estaba tan enfermo que caía y salía a ratos de la inconsciencia.

Mencioné mis reservas y en especial mi preocupación respecto al gasto de sus ahorros. Me contuve para no descargar mis fuertes convicciones en contra de que alguien le pague a otra persona para «hacer un milagro». Sin embargo, sí traté de explicarle mi interpretación de lo que las Escrituras enseñan respecto a la sanidad, en contraposición a los sanadores.

—No me tome a mal, pero espero que esté equivocado, por cuanto hemos tratado todas las opciones. Creemos que Dios nos ha guiado a esto— dijo suspirando.

Al concluir nuestra conversación, le dije:

—Déjeme explicarle algo: En esta tarjeta personal está mi nombre, la dirección de la iglesia que pastoreo en Fullerton y mi número telefónico. —También escribí el número de teléfono de mi residencia en la tarjeta que le entregué—. ¿Me promete que si su esposo se cura, me llamará?

Con una sonrisa me dijo:

—Téngalo por seguro. Le llamaré y lo celebraremos.

—En verdad que lo celebraré junto a usted —le aseguré. Y luego oré con ellos poco antes de que nuestro avión aterrizara. Eso fue hace casi veinte años. Todavía estoy esperando la llamada.

¿Creo que Dios puede sanar? ¡Con todo mi corazón! ¿Creo que Dios en verdad sana! ¡Sin ninguna duda! ¿He visto casos en los cuales Dios ha obrado? Sí, los he visto, y mencionaré un par de ellos en este capítulo.

Ahora, la pregunta crítica: ¿Creo que Dios ha colocado sus poderes de sanidad en unos pocos «individuos ungidos» que afirman efectuar sanidades divinas? En forma contundente e inequívoca digo: No, no creo eso. En realidad, creo que ni siquiera he ministrado a personas más desilusionadas que aquellas a quienes algún llamado «sanador» les prometió sanidad y no la recibieron.

En estos días de resurgencia de los llamados sanadores divinos, mis convicciones tal vez no representen una posición popular. Soy consciente de ello. Sin embargo, de ninguna manera esto quiere decir que no crea que Dios tiene el poder para sanar... y que, en ocasiones únicas, lo haga. Lo creo con todo mi corazón. El problema surge cuando se enfoca la atención en una persona que afirma tener poderes sanadores o en la serie de sucesos emocionalmente aplastantes que rodean los llamados cultos de sanidad. Si aquellos «sanadores divinos» son auténticos y «ungidos» obradores de milagros de Dios, ¿por qué no los veo ir de piso en piso por los hospitales y salas de emergencia? ¿Por qué no demuestran allí la verdad de su ministerio... humildemente... sin obstrucciones... gratis? Entonces tendría razón para creer que son siervos del Dios viviente en cuyas vidas el Espíritu está consistentemente derramando su poder para sanar.

El Dios todopoderoso y viviente ciertamente tiene poder para sanar. Sin embargo, en su inescrutable plan no ha eliminado de este mundo todo sufrimiento, ni toda enfermedad, dolencia o muerte. No pretendo saber por qué, en uso de su soberanía, sana a éste y no al otro... unos pocos pero no todos. Pero eso es su prerrogativa; es su derecho. Debo ministrar a ambos. Y, a fin de cuentas, por supuesto, incluso quienes son sanados en algún momento de su vida tendrán que enfrentar la muerte. Como alguien señaló: «¡Todos estamos desahuciados!»

Algunas veces la voluntad de Dios es que alguien se sane y cuando eso ocurre, Él lo hace de forma milagrosa e inmediata. Asegúrese de recordar esas dos palabras porque van juntas. Cuando Dios interviene en la sanidad, es tanto *inmediata* como *milagrosa*. Aún más, es gratuita... tanto como el don de la vida eterna.

¿Recuerda cuando Pedro y Juan encontraron al hombre cojo de nacimiento que se sentaba en la puerta del templo para mendigar? El hombre esperaba recibir unos pocos centavos, pero Pedro le dijo:

No tengo plata ni oro, pero lo que tengo te doy; en el nombre de Jesucristo de Nazaret, levántate y anda.

Hechos 3.6

Y el hombre se puso de pie y anduvo. ¡Inmediatamente! ¡Milagrosamente! ¡Gratuitamente! Nadie en la comunidad le había visto caminar antes... sin embargo caminó. Y creo que estuvo sano para siempre, porque la obra milagrosa de Dios en la vida de la persona es *permanente*.

Allá a fines de los años cincuenta entablé amistad con un hombre que había sido marino. Nuestra amistad se profundizó con el paso del tiempo, aun cuando nos separaban muchos kilómetros. Yo ministraba en el estado de Massachusetts y él vivía en Texas. Entonces un día recibí una llamada telefónica de su parte.

—Necesito tus oraciones como nunca antes —dijo con una voz más bien lúgubre.

—¿Qué ocurre? —respondí.

—Me han diagnosticado cáncer en la lengua —me dijo. Aun cuando no era dado a llorar fácilmente, su voz se quebró mientras continuaba—. Ya he ido a los mejores especialistas que puedo encontrar aquí en la ciudad de Dallas. Todos concuerdan en que es cáncer.

Ya tenía una segunda opinión. Y una tercera. Le sugirieron que fuera a la clínica Mayo, en Rochester, Minnesota, de modo que él y su esposa emprendieron el viaje, llevando las radiografías consigo. Tenían la esperanza de que, con la ayuda de los médicos de la clínica Mayo, podría salir de la cirugía conservando, por lo menos, una porción de su lengua.

—Estoy pidiéndote a ti y a otros cuatro buenos amigos que oren —dijo—. ¿Orarían tú y Cynthia fervientemente por mí? No estoy anunciando la necesidad. Sé que Dios puede sanarme, si eso es su voluntad, de modo que oremos por eso. *¡Pidamos al Espíritu Santo que me sane!*

Me aseguró que no tenía ningún pecado en su vida que pudiera haber causado la enfermedad.

—Todo lo que sé es que los doctores dicen que es un tumor maligno. Es evidente en los rayos X. Solo quiero que ores para que Dios, si esa es su voluntad, haga un milagro.

Le aseguré que ciertamente oraríamos con él y por él.

Tan pronto como colgué el teléfono, baje por las escaleras a un rinconcito, en el sótano, a donde voy con frecuencia buscando quietud y oración. Cynthia oró conmigo durante un rato y luego fue a atender a nuestros cuatro hijos que todavía eran pequeños. Me quedé allí alrededor de una hora y, mientras oraba, un «estímulo interno no identificado» que venía de Dios me dio un sentimiento inusitado de seguridad. No oí ninguna voz. No vi ninguna visión. Pero sentí una confianza infrecuente y un sentido de paz respecto a la situación de mi amigo. Leí varias porciones de las Escrituras, oré alrededor de cuarenta y cinco minutos, luego dejé el asunto en las manos Dios.

Dos o tres días después mi teléfono sonó de nuevo. Oí la voz de mi amigo al otro extremo de la línea. Para entonces ya estaba en Minnesota y me llamaba desde la misma clínica Mayo.

—Tengo noticias fenomenales —dijo.

—Pues, bien, ¿de qué se trata? —dije y sonreí para mis adentros.

—He visto varios especialistas, y mi esposa y yo acabamos de salir de una consulta con nuestro médico de cabecera. Él está perplejo, Charles. Dice que no hay cáncer.

—¡Vaya! Esto es fabuloso! —respondí—. Cuéntame qué es lo que dijeron.

—Pues bien —respondió él—, en realidad me hicieron nuevamente toda clase de exámenes y me tomaron otra vez toda la serie de radiografías. No creen que haya traído las placas correctas, porque las que ellos tomaron no concuerdan en nada con las que traje. Ahora tengo delante de mí dos juegos de radiografías: una muestra el cáncer en la lengua, según el diagnóstico hecho en Dallas; la otra, tomada aquí, en Minnesota, es clara: no hay cáncer.

Y con un toque de humor, continuó:

—De modo que tuvimos un agradable vuelo de Dallas a Minnesota. En cierto modo, y de alguna manera milagrosa, el tumor maligno no se halla en ninguna parte.

No fue solamente milagroso, también fue instantáneo y permanente. Nunca ha vuelto a tener problema con el dolor o el tumor que había en su lengua. Mi amigo era un hombre de edad mediana, y tuvo muchos años maravillosos por delante, los cuales vivió a plenitud. Su muerte —acaecida muchos años más tarde— fue resultado de una enfermedad totalmente distinta.

No puedo explicar lo que ocurrió. Él tampoco podía. No tengo en mí ningún poder que pudiera producir sanidad en alguna otra persona. El Dios que conozco es el mismo que usted conoce, simplemente confié en Él y oré que se hiciera su voluntad. El Espíritu de Dios sanó a mi amigo soberana y silenciosamente. Y lo mejor de todo, Dios recibió toda la gloria.

Siga los consejos de las Escrituras

Hallo curioso que la mayoría de personas, al tratar de buscar sanidad divina, apunten sus ideas de televangelistas y de otras figuras públicas religiosas antes que de la Biblia. Encuentro esto aún más curioso a la luz de las tácticas dramáticas y espectaculares de estos actores. Recuerdo haber visto —en una de esas raras ocasiones cuando el televisor estaba sintonizado en ese canal— a cierto individuo popular lanzar su chaqueta sobre los enfermos e inválidos y soplar sobre ellos. Mientras la audiencia gritaba y aplaudía, sentí un retortijón y me afligí, pensando: *¿Qué clase de espectáculo es este?* Al mirar a una persona tras otra desplomarse repentinamente, me pregunté: *¿A quién se le ocurrió esta extraña idea de que esto significa «caerse en el Espíritu»?*

Pero lo que en realidad me sorprendió es ¿por qué las personas no siguen los consejos de las Escrituras, en lugar de unirse a la comedia de circo de los medios masivos de comunicación? Sin querer sonar demasiado severo, ¿quién canceló las directrices inspiradas y las sustituyó con el actual libreto y estilo? Lo digo en serio. ¿Por qué tantos cristianos evangélicos adoptan todo el aspaviento carnal e ignoran el simple proceso mencionado en el Nuevo Testamento? ¿Podría acaso ser que simplemente no lo saben? Tal vez.

Me refiero a las instrucciones indicadas en Santiago 5.13-16. Si nunca ha pensado seriamente en esas palabras, y desea buscar con sinceridad la obra sanadora del Espíritu en su vida, por favor, lea el resto de este capítulo lenta y cuidadosamente. Ponga a un lado todo el resto de ideas que haya oído o presenciado en la televisión... y en cambio concentre su atención en las instrucciones inspiradas de Dios.

> ¿Está alguno entre vosotros afligido? Haga oración. ¿Está alguno alegre? Cante alabanzas. ¿Está alguno enfermo entre vosotros? Llame a los ancianos de la iglesia, y oren por él, ungiéndole con aceite en el nombre del Señor. Y la oración de fe salvará al enfermo, y el Señor lo levantará; y si hubiere cometido pecados, le serán perdonados. Confesaos vuestras ofensas unos a otros, y orad unos por otros, para que seáis sanados. La oración eficaz del justo puede mucho.
>
> Santiago 5.13-16

Los que están «afligidos»

Santiago clasifica tres categorías de personas en la iglesia. Primero, están aquellos a quienes identifica como los sufrientes: «Está alguno entre vosotros afligido?» Al «afligido» no se le dice nada más aparte de que «haga oración».

Intrigado por el término *aflicción*, hice una rápida investigación sobre la expresión griega *kakopateia*, y descubrí que se usa en esta forma solamente aquí en el Nuevo Testamento. En realidad, se usa en otra forma solamente tres veces, y éstas se hallan en 2 Timoteo, la última carta de Pablo. Dos de las veces en que Pablo usa *kakopateia* se traduce «sufrir penalidades», y en la otra se traduce «soportar aflicciones». Supe que esta palabra significa «ser el blanco del maltrato, sufrir por la persecución, los malos entendidos, sufrir por tiempos severamente duros y difíciles». La palabra original no se refiere a la enfermedad física.

Nuestros amigos que perdieron sus casas en las terribles lluvias, incendios y terremotos aquí en California atravesaron *kakopateia*... tiempos duros. Los individuos que están padeciendo persecución en su trabajo debido a su fe soportan *kakopateia*. Están atravesando penalidades. A quienes pasan por esos tiempos se les insta a orar. Eso es todo. No se les promete ninguna cosa especial, ni siquiera se les asegura que el dolor pasará o que el sufrimiento cesará. Pero el que ora, recibirá nuevas fuerzas, fortaleza para soportar, capacidad para resistir la penalidad. De modo que cuando ocurran tales dificultades externas, la mejor respuesta es orar... ¡hacer uso de la fuente de poder invencible!

Los que están «alegres»

La segunda categoría es la antítesis del sufrimiento: «¿Está alguno alegre?» Felizmente, siempre hay unos pocos que están alegres. ¿Qué es lo que deben hacer? «Cantar alabanzas». Se nos instruye a no contener nuestra alabanza. He llegado a cansarme de los cristianos sombríos que parecen haber sido bautizados en jugo de limón; como si rayara en lo carnal reírse o divertirse, o cantar con el corazón y disfrutar de las sobreabundantes bendiciones de Dios.

He pasado algún tiempo con cristianos que han sido bendecidos con prosperidad. Cuando nos reunimos se sienten alegres y llenos de alabanza. Pero a menudo dicen que no se sienten en libertad de expresar abiertamente su gozo. «No nos atrevemos a dejar que nadie sepa que ha sido un año maravilloso para nosotros. No dejamos que se sepa que nuestro negocio marcha viento en popa». Tal prosperidad es considerada como tabú en muchos círculos cristianos. ¡Absurdo! Cuando el Señor bendice a alguien abundantemente, debemos regocijarnos junto con esa persona, sin sentir que Él deba bendecirnos en la misma manera antes de que podamos hacerlo. Que el Señor nos dé tal madurez y gracia.

Estar alegre no se limita a los que prosperan. He conocido cristianos alegres en toda situación y circunstancia de la vida. A cada uno de los que están alegres, independientemente de cualquier cosa externa, Santiago les dice: «Cante alabanzas». ¡Disfrute el tiempo gozoso!

Los que están «enfermos»

La tercera categoría es la que enfocaremos en el resto de este capítulo: «¿Está alguno enfermo entre vosotros?» El término que se traduce por «enfermo» es la palabra griega *asteneo*, que significa «estar débil, sin fuerza». Sugiere incluso «estar inhabilitado, incapacitado». Esto habla de una seria enfermedad, no de un simple dolor de cabeza o de un dolor crónico en la espalda o de un resfrío de 24 horas.

El hombre que encontramos en el avión en 1975, estaría en esta categoría. Estaba tan enfermo que hubo que ponerlo en una silla de ruedas para desembarcarlo del avión. Estaba *asteneo*.

Ahora, recorramos, paso a paso, el procedimiento descrito aquí en Santiago 5. Recuerde, esto está basado en las instrucciones que el Espíritu de Dios envió sobre Santiago para que se inspirara y escribiera estas cosas.

Primero, *el enfermo toma la iniciativa.*

> ¿Está alguno enfermo entre vosotros? Llame [el enfermo] a los ancianos de la iglesia[...]
>
> Santiago 5.14

A menudo los ancianos y otros líderes de la iglesia son los últimos en enterarse de que alguien está enfermo. Algunas veces los feligreses que caen enfermos se sienten soslayados, y hasta llegan a pensar que los pastores y los ancianos realmente no se preocupan, cuando, en verdad, ¡ni siquiera se les ha informado!

Déjeme decirlo bien claro: No hay ninguna bola de cristal en la oficina del pastor. No hay ningún computador omnisapiente que lea todos los nombres de la gente en la congregación diariamente y encienda una luz centelleante junto al nombre de aquellos que no se sienten bien. No estoy restando importancia a esto. Mi punto es que la única manera en que los pastores o los ancianos sepan que alguien está seriamente enfermo es cuando se les comunica la necesidad.

Segundo, *cuando los ancianos llegan, desempeñan dos funciones.* Antes de describir las tareas permítame señalar una construcción particular en la frase original griega, que nos ayudará a aclarar esta parte del procedimiento de sanidad. Se halla en el versículo 14, que *literalmente*, dice:

> ¿Está algunos enfermo entre vosotros? Llame a los ancianos de la iglesia, y oren por él, *habiéndolo ungido con aceite* en el nombre del Señor [énfasis mío].

Sí, las instrucciones deben seguirse en el orden correcto: «oren por él, habiéndole ungido con aceite». El ungimiento con aceite, por consiguiente, *precederá* a la oración. Siga conmigo. A medida que ve el pasaje avance, comprenderá la significación del mismo.

Hay dos palabras griegas para «ungir». Una siempre tiene una connotación religiosa y ceremonial; la otra, una práctica. La cabeza de David fue ungida con aceite antes de que llegara al trono de Israel... un ungimiento ceremonial, reconociendo que era el rey elegido. Sin embargo, usted nunca diría que «ungió» su bicicleta con aceite por que rechinaba... o que usted «ungió» con aceite su máquina de coser. Tal procedimiento es práctico. No tiene ninguna connotación religiosa. Ahora, de las dos palabras, es la última la que se usa aquí, la de sentido práctico. «Ungimiento» o «unción», por consiguiente, no es una traducción completamente precisa del término original. «Frotándole» sería la mejor traducción.

Cuando el buen samaritano se detuvo y cuidó del hombre que había sido asaltado en el camino a Jericó, vertió aceite y vino en las heridas del hombre. «Frotó» esos ingredientes en las heridas. El mismo término aparece en los antiguos tratados médicos griegos, en donde se prescribe el aceite con propósitos medicinales. Todo esto que parecen detalles innecesarios y tediosos, son en verdad ayudas para una mejor comprensión de las instrucciones inspiradas por Dios.

«Ungir» aquí se refiere a la aplicación práctica de la medicina adecuada o, en términos actuales, a la ayuda profesional apropiada tanto como a los remedios convenientes. En otras palabras: «Vea a su médico y siga sus instrucciones». Eso es lo primero. *Luego*, después de la atención médica oportuna, viene la oración.

Le diré cuán fuertemente creo en seguir este proceso. Hallo muy difícil orar por alguien que rehúsa consultar a un doctor y seguir sus órdenes... o se niega a tomar la medicina que se le ha recetado... o que rechaza seguir la terapia recomendada. Al contrario de los llamados sanadores divinos, creo que es bíblico que quienes están seriamente enfermos, no sólo busquen atención médica, sino que lo hagan *primero*.

Quienes buscan milagros, primero y por sobre todo, a menudo consideran que consultar con un médico es falta de disposición para confiar en Dios. Tal posición extremista no solo carece de sabiduría, sino que no es bíblica. En la antigüedad, debido a que había tan pocos doctores, caía en manos de los ancianos de la iglesia la aplicación de la medicina apropiada, tal como el aceite aplicado al cuerpo o cualquier otra cosa que pudiera haber sido necesaria. La asistencia médica no es contraria al proceso de sanidad.

Un hombre a quien admiro es el Dr. C. Everett Koop, anterior Ministro de Salud de los Estados Unidos. En un libro intitulado *The Agony of Deceit* [La agonía del engaño], escribe un capítulo, «La sanidad de fe y la soberanía de Dios». Empieza declarando:

> No sé cuántas operaciones he realizado en mi carrera como cirujano. Sé que he hecho 17.000 de un tipo en particular y 7.000 de otro. He practicado la cirugía por treinta y nueve años, de modo que he hecho por lo menos 50.000 operaciones.[1]

Eso le da a usted una idea de su enorme experiencia en las disciplinas de la medicina. Y continúa:

> Un número sorprendente de cristianos están convencidos de que no se creerá en Dios a menos que haga desaparecer tumores, termine con las causas del asma o que haga brotar ojos en cuencas vacías. Pero el evangelio se acepta mediante la fe dada por Dios, no por la garantía de que usted nunca se enfermará o, si lo está, de que se sanará milagrosamente. Dios es el Señor de la sanidad, del crecimiento, del clima, de la transportación y de todo otro proceso. Sin embargo, la gente no espera que las legumbres broten sin cultivo. No esperan levitación en lugar de embarcarse en un automóvil y dar vuelta a la llave, incluso por razones extraordinariamente buenas y excepcionales.
>
> Aun cuando Dios *podría* hacer todo esto, los pilotos cristianos de las aerolíneas no vuelan internándose en una tormenta después de haberle pedido a Dios un vuelo seguro, aun cuando Él podría con seguridad otorgárselo. No tenemos instituciones públicas y le pedimos a Dios que elimine a todos los criminales, las prostitutas y los que comercian con la

---

[1] C. Everett Koop, *Faith-Healing and the Sovereignty of God* [La sanidad de fe y la soberanía de Dios], en *The Agony of Deceit* [La agonía del engaño], ed. Michael Horton, Moody Press, Chicago, 1990, p. 169. Derechos Reservados 1990, Moody Bible Institute of Chicago. Usado con permiso.

pornografía en medio nuestro, aun cuando Él *podría* hacer esto también. Dios puede eliminar el SIDA de nuestro planeta. Mientras oramos por un rápido descubrimiento de un tratamiento exitoso, debo hacer todo lo que puedo para emplear la ciencia médica en esta tarea, como todos los profesionales de la medicina.[2]

En mi opinión, no se dice lo suficiente a los enfermos desde los púlpitos evangélicos respecto a aquellos que sirven en el campo de la medicina: médicos, enfermeras, terapeutas y otros. Qué estupendo y necesario cuerpo de personas que se preocupan. Pero no son milagreros. Ni pretenden serlo. Han recibido preparación cuidadosa y, por consiguiente, tienen la sabiduría y la comprensión que necesitan quienes están enfermos. Y muchos de ellos, que son cristianos, tienen un quieto y sincero aprecio por la presencia de Dios en medio de su profesión. Tal vez haya unos pocos mal calificados y que no se preocupan, pero no representan a la mayoría. Si nuestro Señor se preocupó lo suficiente respecto a la medicina como para mencionarla en un pasaje como este, ciertamente debe ser honrada y aplicada en nuestra era de tecnología avanzada.

En el proceso de hallar alivio para la enfermedad, la asistencia médica y la medicina apropiada juegan un papel importante. Recuerde, sin embargo, que a continuación del aceite, debe haber oración. Siendo hombres de fe, genuinamente comprometidos a que se lleve a cabo la voluntad de Dios, los ancianos orarán con fervor, creyendo, elevando oraciones de intercesión con humildad.

Tercero, *los resultados específicos son dejados en las manos del Señor.* Se buscó la voluntad del Señor, no las promesas vacías de algún individuo terrenal.

[...] y oren por él, ungiéndole con aceite *en el nombre del Señor* [énfasis mío].

No pase por alto estas pocas últimas palabras. Hacer algo «en el nombre del Señor» fue en aquellos días una forma familiar de decir «la voluntad de Dios». Hoy podríamos decir: «Habiéndole aplicado el aceite, entonces oren por la voluntad de Dios». Y ¿el resultado?

---

[2] Ibid., pp. 173-74.

[...] y la oración de fe salvará al enfermo[...]

Tenga cuidado de no arrancar esta declaración de su contexto y citarla sola. Los versículos 14 y 15 están entrelazados en el mismo retazo del tapete bíblico. Los ancianos oran por la persona en el nombre del Señor —esto es, invocando la voluntad de Dios, pidiendo su presencia, su bendición— y ¿el resultado? En realidad, está en las manos de Dios. Cuando es su soberana voluntad dar sanidad, así ocurrirá. Y en ese caso, «la oración de fe restaurará al enfermo». La palabra griega que se traduce «salvará» es *sozo*. Significa «salvar». De modo que la oración que se eleva en fe literalmente salvará la vida de la persona enferma. ¿Por qué? Porque en ese caso es la voluntad de Dios que haya sanidad.

[...] y el Señor lo levantará; y si hubiere cometido pecados, le serán perdonados.

Hay otro término importante aquí: «El Señor *lo levantará*». Esto me parece milagroso... un caso de sanidad instantánea. Y no pase por alto el comentario adicional: «y si hubiere cometido pecados, le serán perdonados».

Tal vez el pasado de la persona está marcado por los pecados: serios, graves. Si esta es la raíz del problema, habrá reconocimiento de eso en el proceso de curación. ¿Recuerda el tercer «hecho fundamental» en el capítulo previo? Con frecuencia hay una relación directa entre los pecados personales y la enfermedad física.

Esto me recuerda una experiencia que tuve hace muchos años cuando ministraba en una iglesia, en otra ciudad. La persona enferma de gravedad era una creyente, esposa de un médico. Sufría de un dolor terrible e insoportable en toda la espalda. Los médicos no podían encontrar la causa. Varios especialistas en ortopedia, muy competentes, trabajaban juntos en el caso, sin ningún resultado. Se preguntaban, ¿podría el dolor ser resultado de algún conflicto sicológico? Consultaron con un psiquiatra; tampoco resultó. Ella buscó también asesoramiento neurológico. Tal vez el problema residía en la espina dorsal, el sistema nervioso. No pudieron encontrar respuesta.

Su increíble dolor habían llevado a los médicos a recetarle fuertes remedios que podían llegar a crear hábito y su esposo naturalmente estaba muy preocupado por eso, tanto como ella. Por último la hospitalizaron.

Debido a que éramos viejos amigos, me llamó y me dijo:

—¿Me pregunto, Charles, si podrías reunir a un grupo de ancianos de la iglesia para que vengan a orar?

—Por supuesto que iremos —le respondí. Y fuimos, seis o siete de nosotros.

Entramos en su habitación del hospital un domingo por la noche, después del culto vespertino. Ella estaba con tanto dolor que casi ni podía hablar.

—No sé lo que voy a hacer —dijo—. Estoy a punto de desesperarme.

Su esposo hacía turno aquella noche, de modo que no estaba allí cuando llegamos; arribó más tarde, cuando estábamos orando. Hablé con ella brevemente en cuanto a las medicinas y la atención que estaba recibiendo. No tenía queja alguna. Sentía que todo el mundo estaba haciendo todo lo posible. Preguntó:

—¿Qué podemos *nosotros* hacer? ¿Qué podemos *hacer*?

—Podemos hacer lo que Dios nos instruye... *orar*. Oraremos que si es su soberana voluntad, ¡te salve, te restaure y te levante! —repliqué.

Cerramos la puerta, redujimos la intensidad de las luces, varios nos arrodillamos y empezamos a orar. Concluí mi oración suplicándole a Dios alivio y, que si era su voluntad, le diera plena recuperación. Cuando otro hermano empezó a orar, la mujer alargó su brazo y me tocó en el hombro. Me hacía señas como si quisiera decir algo. Alargué mi mano hacia el que estaba orando, y le tomé por la rodilla, apretándosela con firmeza, como diciéndole: «¡Espera un minuto!» Él se detuvo. Espontáneamente, la mujer dijo:

—Discúlpenme por interrumpirles, pero ya no siento ningún dolor. —Y empezó a llorar. Varios de nosotros también. Estábamos muy agradecidos a Dios en ese momento.

—Debo decirles algo —dijo la mujer, mientras se sentaba en su cama, cosa que no había podido hacer por varios días.

En realidad, pienso que pudo haberse levantado, salido caminando del hospital, subirse a su vehículo y conducir a su casa esa misma noche. El dolor había desaparecido por completo.

—Tengo que contarles algo respecto a mi vida —dijo ella. Quietamente y sin vacilar, empezó a referir una historia de pecado que había sido parte de su vida. No es necesario entrar en detalles... baste decir que había estado viviendo una vida de engaño ante nosotros tanto como frente a su familia. Pero hubo algo compulsivo en nuestra oración y en la sinceridad de nuestra fe al reunirnos alrededor de ella, que le produjo tal convicción ardiente de su pecado que ni siquiera pudo dejarnos terminar. Dios oyó su oración de confesión y su deseo de arrepentimiento. No nos perdamos el versículo 16:

Confesaos vuestras ofensas unos a otros, y orad unos por otros, para que seáis sanados. La oración eficaz del justo puede mucho.

Esto no se refiere a un reconocimiento público general ante la iglesia de todo pensamiento sucio o lujurioso que haya tenido la semana pasada. Ese no es el contexto. Este versículo se refiere a una persona que está enferma, que sabe que vive un estilo de vida equivocado y, por consiguiente, necesita sacarlo a la luz, confesarlo a quienes están espiritualmente preocupados y orando por él o ella. ¿El resultado? Limpieza interna... salud externa.

Mi amiga fue dada de alta del hospital al día siguiente; nunca tuvo que regresar. En menos de una semana, estaba haciendo ejercicios, disfrutando de salud completa y libre de dolor. Y, hasta donde sé, no le dolió nunca más. Me escribió en un par de ocasiones para agradecerme, aun cuando no merecía que se me diera las gracias. Todo lo que hice —junto con un grupo de hombres que pensaban igual— fue hacer lo que la Palabra de Dios nos instruye, contando en que Él haría su voluntad. Y en ese caso, su voluntad fue levantarla... de manera milagrosa e instantánea.

Cuando un grupito de individuos que no tienen ningún «don de sanidad» oró y le pidió a Dios que interviniera, Él lo hizo. Fue Dios quien efectuó la sanidad. Cuando descubrimos que el «aceite» apropiado ya había sido aplicado, nada quedaba por hacer sino acercarnos a la llama tanto como fuera posible... y *orar*.

Cuatro principios prácticos que reclamar

Conforme nos abrimos cuidadosamente paso por entre estos instructivos versículos, algunos principios eternos emergen, todos los cuales valen la pena reclamarlos hoy.

1. *La confesión de pecados es saludable: utilícela.* Cuando descubra algo que está mal, dígalo. Cuando haga algo que ofende a otra persona, admítalo. Confiéselo a Dios y luego busque a esa persona a quien ha ofendido y dígalo también a esa persona. La confesión completa puede conducir a plena restauración.

2. *Orar unos por otros es esencial: practíquelo.* Cuando alguien dice: «No se olvide de orar por mí», reciba la petición con todo el corazón. No responda en forma mecánica: «No lo olvidaré», y luego se olvida rápidamente. Pregunte otros detalles. Escriba las peticiones específicas. En mi estudio tengo un libretita de anotaciones sobre mi escritorio y cuando alguien me pide que ore, anoto el nombre de la persona y la necesidad. Si no lo hago, no lo recordaré más tarde. Luego, me gusta saber cómo van las cosas, y llamo preguntando si Dios ha contestado la oración.

3. *La atención médica es imperativa: obedézcala.* Independientemente de cuál sea la dolencia, la naturaleza de la enfermedad o las excusas que se vea tentado a presentar para evadirlo, busque atención médica, es tanto sabio como útil. Y cuando el médico le receta algún remedio o acción, obedézcale.

4. *Cuando la sanidad viene de Dios: reclámela.* Alábele por haberla recibido. No le atribuya crédito por su sanidad a ninguna persona en la tierra. Sólo Dios es responsable por su alivio. La sanidad no viene debido a que le pagó a alguien para que orara, ni tampoco porque se puso en línea o apareció frente a algún individuo que admite poder hacerlo. La sanidad se produce por que Dios —soberana y misteriosamente— elige decirle que sí. Cae bajo la categoría de un favor inmerecido: GRACIA.

Concluyo citando otra vez al Dr. C. Everett Koop:

El sanador divino quizás diga que la fe hace actuar a Dios. Si usted sigue tal línea de razonamiento, Dios está en su cielo, pero ¡Bosworth gobierna el mundo! En Mateo 8.2-3, en donde Jesús sana a un leproso, leemos:

Y he aquí vino un leproso y se postró ante él, diciendo: Señor, si quieres, puedes limpiarme. Jesús extendió la mano y le tocó, diciendo: Quiero; sé limpio. Y el leproso se fue. *Y lentamente, en el transcurso de las próximas semanas, sus síntomas empezaron a desaparecer.*

Estoy seguro que usted sabe que eso no es lo que la Biblia dice. Lo he puesto en esos términos porque concuerda con muchos de los «sanadores milagreros» de hoy. La sanidad ocurrirá el próximo mes, pero lo que la Palabra de Dios dice es esto: «Quiero, sé limpio. *Y al instante* su lepra desapareció» (cursivas añadidas).

Ahora bien, sé que toda sanidad procede de Dios, pero si vamos a continuar tratando esta cuestión de la sanidad de fe hasta que no tenga más preguntas, esto es lo que deseo: Quiero ver a una persona que tiene una sola pierna que de pronto «y al instante» tenga las dos completas. Es más, quiero ver a una persona yerta, bien muerta, que se levante y salga caminando. Ahora, no es que quiera ver estos milagros sólo para satisfacer mi propia curiosidad. Quiero verlos sucederse de tal manera que no se alabe al curandero de fe. Quiero verlo hecho en una situación que no sea un carnaval. Ahora, si todas estas condiciones están en su lugar, sospecho que en un culto de sanidad en privado sucedería mucho más...

Dando el crédito debido al gran teólogo reformado de Princeton, B. B. Warfield, por su contribución a mi pensamiento sobre este tema, permítame resumirlo de la siguiente manera. En ninguna parte de las Escrituras se promete sanidad milagrosa para los que la piden. En ninguna parte. No hay hechos que nos obliguen a creer que deba esperarse tal tipo de sanidad *milagrosa.* Esa clase de sanidad es innecesaria porque Dios es perfectamente capaz de sanar a las personas por medios naturales. El empleo de tal método es contrario a la manera en que Dios obra al tratar con nosotros. Las sanidades milagrosas del tipo que he descrito serían contrarias al mismo propósito del «milagro». Si los milagros fueran comunes, perderían su significación.[3]

Sí, Dios sana. Y cuando lo hace, lo hace milagrosamente... de inmediato... de manera permanente... y en forma gratuita. Todo está en sus manos. Pero no busque sanidades en cada rincón. Dios no se dedica a dar espectáculos baratos. Después de todo, «si los milagros fueran comunes, perderían su significación».

---

[3] Ibid., pp. 176-77.

11

Cuando el Espíritu produce una lenta recuperación

$\mathcal{H}$IPÓCRATES FUE UN MÉDICO GRIEGO a quien muchos consideran «el padre de la medicina». Escribió el Juramento de Hipócrates que se le toma a todos los graduados antes de ejercer la medicina. Vivió alrededor del 450 al 375 a.c., fue contemporáneo de filósofos tales como Sócrates, Dionisio, Platón y Aristóteles. Hipócrates escribió mucho más que el famoso juramento que lleva su nombre; y la mayoría de sus escritos, como es de esperarse, tienen que ver con la anatomía humana, la medicina y la salud.

En un escrito llamado *Aforismos*, por ejemplo, escribió: «Remedios extremos son muy apropiados para enfermedades graves». En *Preceptos*, las siguientes palabras aparecen en el primer capítulo: «Curarse es asunto de tiempo». Mientras leía recientemente estos fragmentos de sabiduría humana, se me ocurrió que podría unirlos en una paráfrasis que tendría un tono significativo y relevante: «Recuperarse de dificultades extremas usualmente requiere una cantidad considerable de tiempo».

En nuestro mundo de cosas «instantáneas», eso tal vez no parezca muy alentador. Sin embargo es verdad, con más frecuencia de lo que pensamos. Mientras más profunda sea la herida, más extenso el daño y mayor cantidad de tiempo se necesitará para su recuperación. ¡Sabio consejo, Hipócrates! Tenemos la tendencia a olvidarnos de tu importante consejo.

¿De dónde sacaron los griegos de la antigüedad tal sabiduría? Sus *Aforismos* y *Preceptos* suenan casi parecidos a los Proverbios de Salomón. De manera natural, sus escritos son similares a los de Salomón.

El otro día, estando ensimismado en esos pensamientos, meditaba en una idea que nunca antes había considerado. Hipócrates vivió después del rey Salomón y antes del apóstol Pablo (en la historia bíblica, a esta era se la conoce con el nombre de intertestamentaria). Pertenece al período de cuatrocientos años durante los cuales no se registró ninguna Escritura, aun cuando se compilaron los libros del Antiguo Testamento. De modo que, ¿podría ser que el filósofo y médico griego, en su investigación, se cruzó con algunos de los escritos de Salomón, y parafraseó una línea o dos? Por ejemplo, ¿no es posible que algún fragmento del diario de Salomón (conocido como Eclesiastés), pudiera haber encontrado camino hasta los escritos de Hipócrates? Considere las primeras pocas líneas de Eclesiastés 3:

> Todo tiene su tiempo, y todo lo que se quiere debajo del cielo tiene su hora.
> Tiempo de nacer, y tiempo de morir;
> tiempo de plantar, y tiempo de arrancar lo
>   plantado;
> tiempo de matar, y tiempo de curar;
> tiempo de destruir, y tiempo de edificar.
>
> Eclesiastés 3.1-3

Dentro de este tercer versículo se halla la frase que me intriga: «tiempo de curar». Tal vez sea sólo mi imaginación, pero no puedo evitar preguntarme si las palabras de Hipócrates: «Curarse es asunto de tiempo», pudieran haber hallado su origen en la declaración de Salomón. En todo caso, la afirmación sigue válida, tanto médica como bíblicamente. Excepto en los casos de la intervención milagrosa de Dios, curarse lleva tiempo. Y, repito, mientras más grave sea la enfermedad o el daño, más tiempo exigirá su curación.

Este asunto me ha preocupado por mucho tiempo. A través de los años de mi ministerio he tenido contacto con numerosas personas que sufren. En cada iglesia que he pastoreado, en cada comunidad en donde he vivido, ha abundado la angustia y la aflicción. Y el dolor ha aparecido por innumerables medios.

Aquellos que parecieron quedar más desilusionados, sin embargo, han sido los que oraron pero no experimentaron una recuperación rápida. A muchos de ellos se les prometió sanidad por parte de personas que tenían la esperanza de un milagro. Cuando la esperada intervención divina no tuvo lugar, su angustia colmó la medida. He visto sus rostros y oído sus lamentos. He presenciado todo tipo de respuestas: desde la calmada desilusión hasta el escepticismo amargo y maldiciente... desde tristeza llena de lágrimas hasta violentos actos de suicidio. Y la mayoría ha sido gente sincera, inteligente, cristiana.

Aun cuando me encantaría poder realizar milagros para los que necesitan sanidad (o por lo menos poder prometerles recuperación «en una o dos semanas»), no puedo hacerlo. Tal vez esta sea la razón por la cual me dejan tan intrigado los pensamientos combinados de Hipócrates y Salomón. Puesto que me toca tratar constantemente con personas adoloridas, se me deja en búsqueda de respuestas que tengan sentido, aun cuando nunca lleguen a ser titulares.

Este capítulo es respecto a las respuestas que he encontrado. No tengo ninguna solución curalotodo que ofrecer, ni tampoco ninguna fórmula secreta que hará que usted se levante, sonriendo, en 24 horas. Ojalá la tuviera, pero no es así. Lo que sí tengo es algo que decir, que le puede dar nueva esperanza y una perspectiva diferente del proceso de recuperación.

Todo lo que tengo que decir tiene su origen en las Escrituras, el libro divino de verdad infalible, siempre confiable. Si está hastiado del sensacionalismo, si las respuestas de cúrese rápido no le han servido, si le parece que los milagros de alivio de la noche a la mañana son para otros, tal vez este capítulo es especialmente para usted. Si su sanidad está llevando algún tiempo, espero que halle fortaleza en estas páginas. Y el hecho directo es este: Para la mayoría de las personas, la curación es un proceso lento, arduo, que lleva tiempo.

Tiempo para sanar

He visto muchos letreros en los parachoques de los automóviles, que dicen: PREFERIRÍA ESTAR EN MI BOTE DE VELAS. Pero nunca he visto alguno que diga: PREFERIRÍA HABER NAUFRAGADO.

Dudo que alguna vez lo vea. Navegar sobre las aguas es una experiencia emocionante, pero hundirse bajo el agua es nada menos que aterrorizador, especialmente si el mar se encuentra picado y con vientos de tempestad.

Habiendo pasado más de un mes en el océano, durante mis días en la Marina, he tenido mi porción de altas olas y vientos tormentosos enloquecidos. En una ocasión las olas tenían entre diez y quince metros, y nadie —ni siquiera el capitán, según lo supimos más tarde— pensó que veríamos tierra de nuevo. ¡Dígame de alguien que se siente impotente! Atravesar tales situaciones que amenazan la vida le da a uno una perspectiva absolutamente realista del mar y de respeto por él. Nunca puedo ver un buque sin que me vengan a la memoria mis días en el Pacífico. ¡Cuán diferente a lo que esperaba! En lugar de una calma sin interrupción, de un viaje sereno en las tranquilas aguas profundas, mi mundo entero estaba trastornado. Cada vez que oigo a algún novato hablar ingenuamente de lo divertido que sería navegar en un botecito cruzando los mares, tiemblo por dentro. Lo que esperamos muy rara vez es lo que experimentamos.

Esto me llamó de nuevo la atención hace poco, cuando leí respecto a la reunión del vigésimo aniversario de los que participaron en la formación de la antigua Liga Americana de Fútbol. Los veteranos deportistas y dueños de los equipos intercambiaron historias y disfrutaron de una noche de risas y reflexiones. Entre los presentes estaba Al Davis, el actual propietario del equipo de los Raiders, de Los Ángeles, quien recordó que todos los que habían estado sentados con él a su mesa habían contemplado con envidia a Nicky Hilton, que debía hablar en aquella noche inolvidable, en 1959, cuando se reunieron por primera vez para formar la liga. La expectación de todos aumentó cuando presentaron al hombre que había ganado $100.000 en el negocio de béisbol, en la ciudad de Los Ángeles.

El Sr. Hilton se puso de pie mientras la concurrencia estallaba en estruendoso aplauso. Luego fue al micrófono y dijo que necesitaba corregir lo que se acababa de decir. No había sido él quien había tenido tal experiencia, sino su hermano Baron. Tampoco era en Los Ángeles, sino en San Diego. No era en béisbol, sino fútbol. No era $100.000, sino un millón... y no es que los había ganado, ¡*los había perdido*!

¡La realidad siempre nos desinfla las velas de nuestro idealismo!

Interrupción histórica

Eso fue exactamente lo que le ocurrió a Pablo, quien vivió en el primer siglo. Por años había tenido un gran sueño: ir a Roma, la capital del imperio. La fuerza impulsora de su vida era tener una audiencia con el César (Nerón) y, frente a frente, presentarle las exigencias de Jesucristo.

Un sueño convertido en pesadilla

¡No era mala idea! Parecía un objetivo digno... y cuando considera que llegar hasta allí requería un largo viaje a bordo de una embarcación desde Palestina a Italia, casi puede imaginarse un crucero por el Mediterráneo. Pero no se trataba de algo siquiera parecido (según lo vimos ya en el capítulo 7); fue un desastre. La embarcación no navegó; se hundió. Por lo que no llegó inmediatamente a Italia; sino como a ochenta kilómetros de Sicilia. Y no fue la espléndida metrópolis de Roma; fue una isla rocosa llamada Malta.

¡Estas son las malas noticias! Las buenas son que «todos se salvaron saliendo a tierra» (Hechos 27.44).

Los doscientos setenta y seis nadaron, tragaron agua, batallaron y finalmente alcanzaron la costa, empapados, exhaustos... pero seguros. Fue un desvío inesperado, tumultuoso, distante.

Es como si se hallara abandonado en una isla llamada Malta, su vista siempre fija en Italia y el sueño de Roma en su corazón.

El principio de la recuperación

Permítame, sin embargo, añadir a esta historia una dimensión práctica que es fácilmente pasada por alto. Algunas veces los navegantes de la vida necesitamos lo que lugares como Malta pueden proveer. Puede parecer un lugar desolado, solitario, desesperado, pero su soledad es terapéutica, y en su quietud las brisas gentiles son renovación, refrigerio y sanidad. En una palabra, me estoy refiriendo a una recuperación completa de algún conflicto prolongado, lo cual, recuerde, lleva tiempo.

¿Podemos ahondar más? Dios planea nuestras «Maltas». Estas islas de transición pueden parecer desoladas e intimidantes, especialmente si llega a ellas en la embarcación de la desesperanza, sufriendo por causa de un impulso neurótico a lograr más, más, más. Aquellos que optan por arder en camino a Roma temen más herrumbrarse en Malta, pero eso no ocurre. Por el contrario, se necesita de Malta para mostrarnos cómo dejar de simplemente existir y empezar de nuevo a vivir. Lo que parece ser nada más que la muerte de un sueño es, en realidad, el primer paso en el proceso de curación y sanidad.

Cualquiera que estudia el Nuevo Testamento le podría decir que, la vida de Pablo durante los doce o quince meses previos fue de todo menos serena. Había comparecido ante varios jueces ceñudos, corte tras corte. Había sufrido la violencia de la chusma, maltrato físico, opresión satánica y demoníaca, prisión, el dolor de ser mal entendido por amigos y enemigos por igual, y más de un atentado contra su vida. La mayoría de estas cosas las soportó solo... de modo que considere el factor soledad. La tormenta en el mar fue una analogía apropiada y como clímax de aquellos largos meses anteriores al viaje a Roma. Discúlpeme si le hago pensar que no me importa, pero se requirió un naufragio para lanzar de regreso la perspectiva de Pablo a su punto inicial. El desastre en el mar, seguido por el forzado cambio de ritmo en Malta, fue precisamente lo que necesitaba para que empezara el proceso de recuperación y reparación.

Sir Winston Churchill, primer ministro de Inglaterra durante la década de 1940 a 1950, fue un líder al cual admiré por mucho tiempo. En medio de intensos años de presión política, elevada por la devastadora guerra de su patria contra la Alemania nazi, Churchill mantuvo un notable sentido de equilibrio. Su sabiduría e ingenio permanecieron intactos y el pánico nunca parece haber drenado su capacidad interna de esperanza. Una vez escribió un breve ensayo titulado «La pintura como pasatiempo» en el cual revela su secreto para mantener tal recuadro mental pacífico:

> Se han sugerido muchos remedios para que puedan evadir la preocupación y la tensión excesiva de las personas que, por períodos prolongados, tienen que llevar sobre sí responsabilidades excepcionales y desempeñar obligaciones en una escala muy grande. Unos aconsejan ejercicio y otros, reposo. Unos aconsejan viajar y otros, un retiro. Algunos alaban la soledad y otros, el placer. No hay duda que todas estas cosas pueden hacer su parte de acuerdo al temperamento individual. Pero el elemento que es constante y común en todas ellas es el cambio.

El cambio es la llave maestra. Un hombre puede agotar una parte de su mente al usarla continuamente y cansarla, de la misma manera en que puede desgastar los codos de su chaqueta. Existe, sin embargo, esta diferencia entre las células vivas del cerebro y los artículos inanimados: uno no puede remendar los codos gastados de una chaqueta frotando las mangas o los hombros; pero las partes cansadas de la mente pueden descansar y ser fortalecidas, no sólo por el descanso, sino mediante el uso de otras partes. No es suficiente apagar las luces que alumbran el campo principal y ordinario de interés; debe iluminarse uno nuevo. De nada sirve decirle a los agotados músculos mentales, si se pudiera usar tal expresión, «Voy a darles un buen descanso». «Voy a dar una larga caminata» o «Me acostaré y no pensaré en nada». La mente sigue atareada de igual manera. Si ha estado pesando y midiendo, seguirá preocupándose. Es solamente cuando nuevas células son llamadas a la actividad, cuando nuevas estrellas llegan a ser las que dominan el ascenso, que resulta el alivio, el reposo, el refrescarse.

Un dotado sicólogo americano ha dicho: «La preocupación es un espasmo de la emoción; la mente se aferra a algo y no lo deja escapar». Es inútil argüir con la mente en esta condición. Mientras más fuerte es la voluntad, más futil es la tarea. Uno puede insinuar que su convulsivo apretón se abra a alguna otra cosa. Y si se escoge apropiadamente esa alguna otra cosa, si está en realidad atendida por la iluminación de otro campo de interés, poco a poco, y con frecuencia muy rápido, el apretón indebido se afloja y el proceso de recuperación empieza.[1]

El consejo de Churchil se menciona aquí para que no piense que la parada en Malta significó «hacer nada». Pablo no se dedicó a caminar por la playa y recoger unos pocos caracoles... ni tampoco se pasó las semanas contemplando la puesta del sol, mientras que revolvía la arena con los dedos de los pies. Para que él sanara, se necesitaba un cambio, no simplemente el silencio estoico.

---

[1] Winston S. Churchill, *Painting as a Pastime* [La pintura como pasatiempo], reimpreso en inglés con permiso de Charles Scribner's Sons, sello de la Macmillan Publishing Company de AMID THESE STORMS [En medio de estas tormentas] por Winston Churchill, Derechos Reservados Charles Scribner's Sons; derechos renovados 1960 Winston S. Churchill.

Tratamiento personal

El Dr. Lucas, escritor de la narración de Hechos, menciona un par de incidentes que tuvieron lugar entre Pablo y los nativos de la isla. La versión Reina Valera se refiere a estas personas como «naturales», y hasta cierto punto el término significa que tenían limitada educación y que sostenían creencias supersticiosas, tal como se ve en el relato que vamos a examinar.

Amabilidad extraordinaria

Inicialmente, las víctimas del naufragio fueron recibidas con extraordinaria amabilidad. Una tormenta temprana de invierno había empapado la isla y dejado a todo el mundo tiritando de frío. Hospitalarios en forma desacostumbrada, los isleños hicieron una gran fogata, y trataron a los visitantes con notable grado de amabilidad.

De pronto, sin embargo, la escena cambia.

Y los naturales nos trataron con no poca humanidad; porque encendiendo un fuego, nos recibieron a todos, a causa de la lluvia que caía, y del frío. Entonces habiendo recogido Pablo algunas ramas secas, las echó al fuego; y una víbora, huyendo del calor, se le prendió en la mano. Cuando los naturales vieron la víbora colgando de su mano, se decían unos a otros: Ciertamente este hombre es homicida, a quien, escapado del mar, la justicia no deja vivir.

Hechos 28.2-4

Crítica injusta

Despertada y enfurecida por el fuego, la víbora salió despavorida de su montón de ramas y se le prendió en la mano a Pablo. La mordedura de la serpiente fue tan profunda y penetrante que éste no pudo sacudírsela de la mano.

Cuando los nativos presenciaron esto, saltaron a una conclusión que fue tan cruel como inadecuada: repentinamente se convencieron de que la calamidad de Pablo era prueba de su culpabilidad por algún crimen.

Es interesante observar que, incluso cuando a estos bárbaros (el término griego que se traduce «naturales») les faltaba educación y cultura, tenían una norma interna de justicia. Su opinión, aunque incorrecta, fue instantánea: «Ciertamente este hombre es homicida». Para ellos la mordedura de la víbora representaba a la justicia ejerciendo su derecho.

Hay algo sorprendentemente relevante en todo este episodio. Un recuadro mental de «castigo» no está limitado a isleños incultos en el Mediterráneo. Los paganos indígenas no son los únicos que llegan a la conclusión errónea de que quienes sufren sólo están «recibiendo lo que se merecen». Castigo justificado: «la calamidad es prueba de culpa». ¡Abominable teología!

Quisiera que hubiera alguna forma en que los que sufren fueran librados de esa crítica tan injusta y malsana. Ya es suficientemente doloroso soportar los severos golpes de la vida... pero cuando las palabras de condenación procedentes de la superstición y el prejuicio nos muerden, haciendo que la ponzoña de la culpa se extienda y envenene nuestras mentes, es casi más de lo que podemos soportar.

Exaltación inapropiada

Rápidamente, sin embargo, Pablo sacudió la víbora. Al caer esta en el fuego, y sin él sufrir daño, los ojos de los nativos se abrieron de par en par por el asombro. Esperaron ver a Pablo caer muerto. Como no ocurrió así, cuando hubieron presenciado su resistencia, «cambiaron de parecer y dijeron que era un dios».

No puedo menos que sonreír cuando leo sobre este abrupto cambio de parecer. Primero, el hombre es un asesino; ahora es un dios. Cuando la calamidad golpea, está recibiendo lo que se merece: castigo por muerte. Pero una vez que se recupera, de pronto es disparado al campo sobrehumano, y están listos para adorarlo.

A. T. Robertson, un erudito del Nuevo Testamento de ayer, señala la experiencia similar de Pablo, pero a la inversa, muchos años antes de este encuentro en Malta. Ocurrió en Listra, en donde Pablo fue elevado al lugar de un dios, Mercurio, solamente para ser apedreado poco después por la misma gente que momentos antes lo había deificado. Con sabiduría experimentada, el Dr. Robertson añade este incisivo comentario: «Tan voluble es el favor popular».[2] Es muy posible que su situación hoy haya sido intensificada por un cambio similar de pareceres. Una vez conoció el éxito. Gozaba del respeto de otros. Se le buscaba: un individuo competente, admirado, altamente honrado, que bebía a diario del pozo de la alabanza fresca... ¿verdad? ¡Cómo han cambiado las cosas! Ahora se ve como que lo han «archivado» y virtualmente pasado por alto, tal vez hasta odiado por algunos. Su mundo ha sufrido un choque de frente y sangra después de haber atravesado por el parabrisas de la reputación invertida. Aquellos que una vez repetían lo que usted decía, ahora lo critican. «Tan voluble es el favor popular».

Si ese es el caso, permítame recordarle... la recuperación completa exige *una sanidad que llevará tiempo*. Y no puede ocurrir, por desgracia, sin que queden algunas cicatrices. Las dos más comunes con las cuales tendrá que bregar son la desilusión, que resulta de haberse desinflado súbitamente, y la amargura, que resulta de echarse la culpa en forma prolongada. Al volar más cerca de la llama, el Espíritu le ayudará a ponerse en buenos términos en ambos aspectos.

Preocupación relacional

Ahora retornemos a nuestra historia en Malta. El escritor incluye un par de sucesos que tuvieron lugar en la isla y que nos hablan con relevancia hoy en día.

> En aquellos lugares había propiedades del hombre principal de la isla, llamado Publio, quien nos recibió y hospedó solícitamente tres días. Y aconteció que el padre de Publio estaba en cama, enfermo de fiebre y de disentería; y entró Pablo a verle, y después de haber orado, le impuso las manos, y le sanó. Hecho esto, también los otros que en la isla tenían enfermedades, venían, y eran sanados; los cuales también

---

[2] Archibald Thomas Robertson, *The Acts of the Apostles* [Hechos de los apóstoles], vol. 3 de *Word Pictures in the New Testament* [Imágenes verbales del Nuevo Testamento], Broadman Press, Nashville, TN, 1930, p. 480.

nos honraron con muchas atenciones; y cuando zarpamos, nos cargaron de las cosas necesarias.

Hechos 28.7-10

Tómese un momento para notar la repetición de los verbos y expresiones en primera persona del plural, «nos». El escritor del relato está obviamente incluyéndose a sí mismo. ¿Quién es este? Lucas. ¿Y cuál es su profesión? Médico. Mi punto es este: Aquí tenemos a un médico, un doctor en medicina bien educado y preparado, cuya experiencia se ve en el diagnóstico de la enfermedad, en este caso «fiebre y disentería», lo cual hacía que el padre de Publio estuviera en cama. El Dr. Lucas pudo diagnosticar la enfermedad, pero no podía producir una cura. Pablo, sin embargo, como apóstol, poseía la capacidad sobrenatural, dada por Dios, para hacer lo que Lucas no podía.

Sanidad instantánea

Inicialmente, el Dr. Lucas se quedó atrás mientras Dios obraba a través de su siervo Pablo, quien, después de orar por el hombre enfermo, «le impuso las manos y le sanó». La palabra original que usó el médico aquí es *iaomai*, término griego que se refiere, con la mayor frecuencia, a una sanidad instantánea. Pablo, por favor comprenda, no fue la fuente de tal poder, solamente el vehículo... el instrumento humano a través del cual obró el poder sobrenatural de Dios.

Me impresiona la falta de envidia del Dr. Lucas, de la misma manera como el don espiritual del apóstol Pablo. El médico se hizo a un lado. Aun cuando podemos tener la certeza de que su preparación en medicina no dejaba lugar para milagros divinos, ¡su teología sí lo dejaba! Sin un momento de vacilación el profesional estuvo dispuesto a dejar el paso libre y observar a Dios haciendo lo inusitado.

Y vale la pena repetir la última palabra para recalcarla: un milagro al momento es *lo inusitado*, la excepción a la regla general. Como ya hemos indicado en los dos capítulos previos, hay ocasiones cuando Dios en verdad sana... instantánea, milagrosa, inexplicablemente. Pero, repito, tales milagros son raros: excepciones inusuales de la regla.

Por demasiado tiempo se ha empujado a la gente a que crea que pueden «esperar un milagro» casi siempre. Y para empeorar las cosas, cuando el milagro no ocurre, se les dice que algo anda mal en ellos: están albergando pecado... no tienen una fe suficientemente consistente... y cosas por el estilo. Debo contenerme para no blandir un hacha en este punto, pero debo indicar que hay pocas áreas en las cuales hay mayor confusión que en este concepto de la sanidad instantánea. Muchos que alegan ser autoridades (algunos son sinceros, otros ingenuos, otros actores y engañadores profesionales) les prometen milagros a los enfermos, y cuando no ocurren, el daño que se les hace es siempre trágico y casi siempre irreparable.

Recuperación prolongada

Mire de nuevo a la última parte del relato:

> Hecho esto, también los otros que en la isla tenían enfermedades, venían, y eran sanados; los cuales también nos honraron con muchas atenciones; y cuando zarpamos, nos cargaron de las cosas necesarias.
>
> Hechos 28.9-10

Conforme la palabra del milagro recorrió la isla, otros enfermos vinieron buscando sanidad. Una rápida lectura de lo que ocurrió nos deja con la impresión de que todos los que vinieron recibieron un milagro instantáneo similar. Pero no es así. El término original que usó el Dr. Lucas para describir que la gente era «sanada» es totalmente diferente del que usó para describir lo que le pasó al padre de Publio. Aquí la palabra es *terapeuo*, de la cual procede nuestra palabra «terapia». Un reconocido comentarista escribe que:

> *Sanados*[...] aquí puede traducirse mejor como[...] *se les dio tratamiento*. Sugiere, no sanidad milagrosa, sino tratamiento médico, quizás a manos de Lucas el médico. Los versículos 10 y 11 sugieren que este ministerio médico duró los tres meses que estuvieron en Malta.[3]

[3] Charles F. Pfeiffer y Everett F. Harrison, eds., *The Wycliffe Bible Commentary* [Comentario Bíblico Wycliffe], Moody Press, Chicago, 1962, p. 1176.

En otras palabras, estas personas atravesaron un proceso, un prolongado período de recuperación, que duró tal vez más de tres meses. Algunas veces la sanidad es instantánea: recuperación *iaomai*. Más a menudo, no obstante, la curación lleva tiempo: recuperación *terapeuo*, bajo el cuidado y vigilancia de un médico competente. Es importante recordar que el Espíritu Santo interviene en ambas clases de sanidad, no sólo en las milagrosas. ¡Recuérdelo! Es fácil pasarlo por alto durante los prolongados, y a menudo angustiosos, meses (algunas veces años) de recuperación.

Lecciones prácticas

Muy rara vez pensamos en términos de las lecciones que deben aprenderse de la recuperación prolongada o sus beneficios. Como mencioné antes, nos gusta resultados rápidos, cambios instantáneos de enfermedad a salud. Preferimos oír relatos de milagros, en lugar de historias nada sensacionales de recuperaciones lentas. De hecho, tendemos a ser impacientes con quienes parece que no pueden seguir nuestro consejo y «salirse de eso» o «mejorarse pronto», como las tarjetas de buenos deseos les urgen a hacerlo. Pero, nos guste o no, las palabras sabias de Hipócrates son verdad: «Sanarse es un asunto de tiempo».

Respeto... antes que resentimiento

El que necesita tiempo para sanar, el individuo que tiene que pasar varios meses —quizás hasta años— para recuperarse, a menudo se deja llevar por el resentimiento. Esto obra en contra del proceso de curación. En lugar de recibir afirmación y ánimo para continuar avanzando al atravesar el dolor, el sufriente se encuentra con el resentimiento, la impaciencia y el consejo no pedido que carece de comprensión y revela falta de respeto. El resultado es predecible.

Esto es especialmente cierto en aquellos que deben trepar para salir de un trasfondo de trauma emocional. Llevan años de recibir el daño hecho, y sin embargo, esperan recuperarse de la noche a la mañana. Para algunos está encima de eso el estigma de un intento de suicidio, o el tiempo que se estuvo en una sala de siquiatría o en un hospital mental. Para otros su pasado ha estado sembrado con los desperdicios de una experiencia en prisión, un divorcio, una violación, maltrato infantil, deshonra, o algún otro golpe que destrozó su autoestima. Nadie sobre la faz de la tierra desearía sanarse más rápidamente, y retornar al flujo principal de la vida que los que atraviesan estos conflictos, pero para ellos la terapia, la sanidad, es un proceso prolongado y doloroso, no un milagro instantáneo.

Algunos, me doy cuenta, tal vez van a los extremos, jugando con nuestra simpatía, y se aprovechan de nuestra compasión. Pero es más frecuente que quienes están recuperándose no quieren nada con más fuerza que sanarse, estar bien, ser responsables, adultos que funcionan y que llevan su parte de la carga. Así como es posible apurar al niño pequeño al atravesar la niñez, sin darle el beneficio de crecer lentamente y con seguridad, de igual modo es posible apurar al muy enfermo para que atraviese el restablecimiento, privándole de los beneficios de sanar lenta y permanentemente.

¿Puedo pedirle un favor? Lea la última frase de nuevo, esta vez con sentimiento.

Sabiduría... no simplemente conocimiento

Ahora, déjeme por un momento hablarle al que sufre directamente. Un beneficio principal de tomar tiempo para sanar ocurre en su interior, donde el Espíritu realiza una parte de su mejor obra. Casi imperceptiblemente, usted está llegando a ser una persona con sensibilidad más aguda, una base más amplia de comprensión, y ¡un fusible más resistente! La paciencia es un producto secundario del dolor. Lo mismo es la tolerancia con otros y la obediencia a Dios. Es difícil saber cómo clasificar estas tres características, pero por falta de un mejor título, llamemos al paquete total *sabiduría dada por el Espíritu*.

Tal vez, por muchos años en su vida ha operado estrictamente sobre la base del conocimiento... la absorción humana de hechos y la reacción natural a otros. Pero la aflicción ha entrado ahora en su vida, y aun cuando preferiría que fuera ya cosa del pasado, todavía no se ha acabado. El dolor que está obligado a soportar está volviendo a darle forma a usted y rehaciéndolo desde muy adentro.

Es como David, el salmista, escribió una vez:

> Antes que fuera yo humillado,
> descarriado andaba;
> Bueno me es haber sido humillado,
> Para que aprenda tus estatutos.
> Conozco, oh Jehová, que tus juicios son justos,
> Y que conforme a tu fidelidad me afligiste.
>
> Salmo 119.67,71,75

David admite que un deseo mucho más grande para obedecer (v. 67), un espíritu mucho más apto para aprender (v. 71), y una actitud mucho menos arrogante (v. 75), eran ahora suyas, gracias a la aflicción prolongada.

El conocimiento humano viene naturalmente. Se mejora mediante la escuela y se amplía mediante los viajes. Pero con él a menudo viene el orgullo carnal, un sentimiento de autosuficiencia y de independencia obstinada. Esta clase de conocimiento puede hacer que nos volvamos cada vez menos y menos interesados en la dimensión espiritual de la vida. A medida que crece nuestra capacidad de conocimiento horizontal, nuestra piel se vuelve más gruesa y a menudo nuestro ser interior (llamado «el corazón» en las Escrituras) se endurece.

Entonces viene el dolor. Alguna enfermedad física nos pone a nivel con nuestra mortalidad. O un colapso emocional. Explota un conflicto doméstico, y se nos reduce poco menos que a cero. La aflicción (cualquier cosa que sea) paraliza nuestra productividad, y somos arrojados a un mar de conflictos privados y posible vergüenza pública. Y para empeorar las cosas, nos convencemos de que nunca jamás nos recuperaremos.

Justo en ese callejón sin salida, la sabiduría divina espera ser abrazada, trayendo con ella una maravillosa mezcla de perspectiva, la clase que nunca tuvimos con nuestro conocimiento, genuina humildad, una percepción de los demás y una increíble sensibilidad hacia Dios. Durante el tiempo que nos lleva sanar, la sabiduría está reemplazando al conocimiento. La dimensión vertical llega a aclararse más.

Equilibrio... *libertad de extremos*

Por último no podemos ignorar el valor del equilibrio. Ya he mencionado este concepto varias veces respecto a otras cuestiones del Espíritu, pero juega un papel igualmente importante en cuanto a la sanidad. Ha sido mi propia experiencia, tanto como mi observación en otros, que un tiempo largo de recuperación martilla en su cabeza la importancia de hacer retornar nuestras vidas de las orillas del extremismo. Y tengo de modo especial en mente el extremo del trabajo excesivo (en donde nuestro mundo es demasiado estructurado, demasiado orientado al producto, demasiado intenso y demasiado responsable: al punto de la neurosis), o demasiado poco trabajo (en donde la irresponsabilidad, la inactividad y la indiferencia marcan nuestro sendero). Durante la etapa de recuperación, es asombroso cómo Dios nos capacita para que veamos la necedad de los extremos en nuestras experiencias.

Eugenio Peterson, en su obra intitulada *A Long Obediencie in the Same Direction* [Una larga obediencia en la misma dirección], expresa bien lo que trato de describir, al comparar las culturas occidental y oriental:

> El cristiano tiene que encontrar una manera de evitar el pecado de Babel mejor que imitando los lirios del campo que «ni siembran ni siegan». El trabajo pretencioso que se convirtió en Babel, y su opuesto piadoso que se desarrolló en Tesalónica, se muestran hoy en los amplios tapices de las culturas occidental y oriental respectivamente.
>
> La cultura occidental toma las cosas donde Babel las dejó y deifica el esfuerzo humano como tal. La máquina es el símbolo de la vida que intenta controlar y manejar. La tecnología promete darnos el control sobre la tierra y sobre la gente. Pero la promesa no se cumple: automóviles letales, edificios horribles y fenomenales burocracias arruinan la tierra y dejan a la vida vacía de significado. Las estructuras llegan a ser más importantes que las personas que las usan. Nos preocupamos más por nuestras posesiones, con las cuales esperamos abrirnos paso en el mundo, que por nuestros pensamientos y sueños que nos dicen quiénes somos en el mundo.
>
> La cultura oriental, por otro lado, es una variación del punto de vista tesalonicense. Hay un pesimismo profundamente arraigado respecto al esfuerzo humano. Puesto que todo trabajo está manchado con egoísmo y orgullo, la solución

es alejarse de toda actividad para ser puro. El símbolo de tal actitud es el Buda: un gordo enorme sentado con las piernas cruzadas, mirando su propio ombligo. Inmóvil, inerte, quieto. Todo problema es consecuencia de hacer demasiado; por consiguiente, no haga nada. Sálgase de la carrera de ratas. El mundo del movimiento es malo, por lo tanto deje del todo de hacer cualquier cosa. Diga tan poco como sea posible; haga tan poco como pueda, por último, en el punto de perfección, usted no dirá nada ni hará nada. La meta es retirarse absoluta y finalmente de la acción, del pensamiento, de la pasión. Las dos culturas están en contraposición hoy, y muchos piensan que tenemos que escoger entre ellas.[4]

Como resultado de esta tendencia hacia los extremos, muchas personas llegan al punto de quebrarse, y la destrucción interna las deja en escombros. Lleva tiempo reordenar y equilibrar nuestras vidas personales. No asombra, entonces, que el Espíritu no siempre decide obrar de prisa.

Hay muchos que enseñan que hay «sanidad en la redención». Por esto quieren decir que el que cree en la muerte expiatoria de Jesucristo por el pecado, no solamente recibe liberación del pecado, sino también de los resultados colaterales del pecado: enfermedad y dolencias. Basan su enseñanza en Isaías 53.5, versículo de las Escrituras que aparece en un pasaje que predice la muerte del Mesías. Permítame mencionar el versículo en el propio contexto en que se encuentra:

> Ciertamente llevó él nuestras enfermedades, y
> sufrió nuestros dolores; y nosotros le tuvimos
> por azotado, por herido de Dios y abatido. Mas él
> herido fue por nuestras rebeliones, molido por
> nuestros pecados; el castigo de nuestra paz fue
> sobre él, y por su llaga fuimos nosotros curados.
> Todos nosotros nos descarriamos como ovejas,
> cada cual se apartó por su camino; mas Jehová
> cargó en él el pecado de todos nosotros.
>
> Angustiado él, y afligido, no abrió su boca; como
> cordero fue llevado al matadero; y como oveja

---

[4] Tomado de Eugenio H. Peterson, *A Long Obedience in the Same Direction* [Una larga obediencia en la misma dirección], InterVarsity Press, Downers Grove, IL, 1988, pp. 102-103. Usado con permiso de InterVarsity Press, P.O. Box 1400, Downers Grove, IL, 60515.

delante de sus trasquiladores, enmudeció, y no
abrió su boca.

Isaías 53.4-7

Una observación cuidadosa de las palabras del profeta revela que el contexto señala el gran dolor físico que el Mesías soportaría en la cruz. Pero el punto es este: su sufrimiento es para nuestro beneficio espiritual. El tema con el cual se trata es las «rebeliones» del pecador, nuestros «pecados». La muerte del Mesías provee la solución para nuestra muerte espiritual. Nuestros pecados son perdonados porque Él nos limpió de una vez por todas cuando fue crucificado. De aquí que, por su muerte física, se nos otorga sanidad espiritual.

Convengo en que hay sanidad en la redención... sanidad espiritual del pecado que nos alejaba de Dios, sanidad del aplastante poder e influencia de nuestro adversario, sanidad de la tumba que una vez nos aterrorizaba, y sanidad de la muerte que de otra manera nos hubiera conquistado.

Y, por supuesto, Dios promete sanarnos de toda enfermedad y aflicción una vez que pasemos de esta vida a la gloria. Tal sanidad instantánea es parte del paquete eterno que recibimos cuando estos cuerpos se visten «de inmortalidad» (1 Corintios 15.53).

Nuestra respuesta

Hay varias posibles respuestas que tal vez usted tenga de lo que he escrito respecto al tema de los milagros, las sanidades y la recuperación.

Primero, es posible que esté en desacuerdo con lo que he presentado. Está convencido que Dios obra en una manera diferente de la que he descrito y que los milagros son la regla, no la excepción. Aprecio su atención y su mente abierta, además respeto su derecho a estar en desacuerdo. Mi oración es que Dios le confortará y le animará de acuerdo a cómo confía en que Él intervendrá. Si Él lo hace, me regocijaré junto con usted. Si no, espero que no se desilusione, ni quede confundido o amargado, como ha ocurrido a muchos a quienes he tratado y que han enfocado la situación desde tal perspectiva.

Segundo, tal vez se encuentre estimulado y aliviado debido a que estas cosas tienen sentido. Concuerda que los milagros pueden ocurrir, que las sanidades en efecto tienen lugar, pero, más a menudo, la recuperación lleva tiempo. Y recibe confirmación en el proceso de recuperación. Tal vez estaba dejándose llevar por la ansiedad y llegando a algunas conclusiones falsas, leyendo erradamente el silencio de Dios. Usted ha decidido descansar antes que esforzarse. Estoy sinceramente agradecido que haya decidido «aferrarse fuertemente». Su determinación renovada a aprender y crecer mediante estos largos días será recompensada *abundantemente*. Las raíces se entierran más cuando los vientos son fuertes. Atravesar la situación es siempre, siempre, mucho más dolorosa que evadirla. Pero, al final, ah, qué sincera confianza, qué tranquila seguridad, ¡qué profundidad de carácter!

Tercero, tal vez todavía está tratando de decidirse. Algunas de estas cosas parecen razonables. Identifica y concuerda con varias de las cuestiones que he presentado, pero en el análisis final todavía no está listo para poner ambos pies sobre el suelo y decir: «Sí, aquí es donde me planto». Tal vez se alegre (y se sorprenderá) al saber que considero esta una respuesta inteligente. El tema del dolor es muy profundo. El proceso involucrado en bregar atravesando algunos de estos asuntos es difícil, algunas veces terriblemente complejo. Quizás pueda tratar algunas de estas cuestiones en estas pocas páginas, pero, créame, de ninguna manera he dominado el mensaje que proclamo. En forma alguna estoy preparado para decir cómo encajan todas estas cosas en el plan perfecto de Dios. Por qué a la maldad humana y sus consecuencias Dios les permite tanta libertad para actuar es otra paradoja que me deja perplejo.

De modo que mi consejo a todos, independientemente de cómo responda usted a estos últimos tres capítulos, es que se una a mí para continuar buscando las respuestas. Escuchemos a la sabiduría de las Escrituras. Pongamos cuidadosa atención al «silbo apacible y delicado» de Dios que nos susurra en nuestros placeres y nos grita en nuestro dolor. Y, por sobre todo, no permitamos que unas pocas definiciones técnicas o diferencias teológicas nos separen. Todavía nos necesitamos el uno al otro.

Es suficientemente difícil manejar la vida estando juntos. Pero luchar el uno contra el otro, encima de batallar con nuestros naufragios, nuestras «Maltas», nuestras tormentas y nuestros aguijones, puede ser casi insoportable. Necesitamos todo el respaldo y apoyo que podamos conseguir durante la recuperación. Así como nos damos tiempo para sanar, démonos también tiempo para escucharnos... para interesarnos... para aceptarnos... para corroborarnos el uno al otro.

12

Poder, poder...
¡tenemos el poder!

CUALQUIER LIBRO SOBRE EL ESPÍRITU SANTO debe asignar algún espacio al tema del poder, puesto que nuestro Señor se lo prometió a sus discípulos cuando Aquel viniera sobre ellos. ¿Recuerda sus palabras?

Pero recibiréis poder, cuando haya venido sobre vosotros el Espíritu Santo, y me seréis testigos en Jerusalén, en toda Judea, en Samaria, y hasta lo último de la tierra.
Hechos 1.8

Para aquellos hombres, en aquella época, el innegable poder enviado del cielo, de Aquel a quien Jesús envió después de su ascensión, se manifestó en docenas de maneras diferentes, muchas de las cuales fueron visibles y sobrenaturales. Recibieron poder para ponerse de pie ante el público y predicar, sin vergüenza y sin temor. Experimentaron tales cambios dinámicos internos que tuvieron la capacidad de hablar en lenguajes y dialectos desconocidos para ellos. Algunos hicieron milagros, otros curaron enfermedades en forma instantánea y permanente, discernieron el error, confrontaron la maldad, resucitaron a los muertos y soportaron la muerte más cruel sin amilanarse.

Algo transformó a aquellos tímidos, toscos y temerosos discípulos, en intrépidos, devotos, inspiradores hombres de Dios ... y ese algo fue el *poder*.

De seguro, el intervalo desde que la infante iglesia nació y empezó a crecer fue un tiempo único. Un tiempo cuando los milagros autenticaron la presencia de Dios en las vidas y su mensaje a través de labios humanos. Sin las Escrituras completas, ¿cómo podía la gente saber quién era el ungido de Dios? Aun más, al expandirse el evangelio rápidamente por vastas regiones no evangelizadas, la capacidad para hablar diferentes idiomas fue invaluable. Claramente, la botadura de la buena embarcación *ecclesia* requirió enorme poder.

Pero, ¿qué respecto al poder del Espíritu hoy en día? ¿Podemos nosotros —deberíamos— esperar «un milagro por día»? ¿Debería la expresión «poder sobrenatural» ser el estribillo de cada creyente, por el cual podríamos esperar «maravillas y señales» en forma regular? ¿Anda algo mal en nosotros si no presenciamos o experimentamos consistentemente la extraordinaria presencia del Espíritu de Dios y sus obras poderosas? ¿Cuáles son hoy día las evidencias de estar lleno del poder del Espíritu?

Permítame dejar bien en claro las cosas desde el principio. A pesar de lo que se dice estos días, la Palabra de Dios no tira la palabra *poder* por aquí y por allá al descuido; ni tampoco se nos ha prometido personalmente manifestaciones sobrenaturales a diario. (Como dijo cierta vez un amigo mío: «Si los milagros ocurrieran todos los días, no se les llamaría "milagros"... se les llamaría "normales"».) He examinado las Escrituras cuidadosa y ampliamente por años, y en ninguna parte hallo demostraciones espectaculares ocurriendo todos los días en las vidas de los creyentes en los tiempos bíblicos. Ni entonces ni ahora debería la gente esperar «decirlo y reclamarlo». No sólo que frustra a las personas, sino que es erróneo sostener expectaciones tan irreales de «poder» increíble.

Hoy, sin embargo, se habla de poder. Se habla de «evangelización de poder»... «oración de poder»... «predicación de poder»... «sanidad de poder»... «encuentros de poder» y «ministerio de poder» de toda forma y tamaño... e incluso «corbatas de poder», disponibles en varios colores, que los «ministros de poder» pueden ponerse en los «domingos de poder». ¡Qué palabra más mal usada y maltratada! Y el mensaje nada sutil que deja es obvio: «Si no estoy operando dentro del campo de "poder", algo me falta en la vida. Necesito enchufarme en la fuente de este "poder" increíble, para que también pueda contar historias asombrosas de milagros que aturden la mente».

Mientras continúo interesado en ser un ministro lleno del Espíritu como cualquiera en la familia de Dios, quisiera prevenir a todo su pueblo en contra de tales esperanzas nada realistas ni bíblicas. Se nos promete el poder, sí, y en la persona del Espíritu

Santo en verdad tenemos la fuente de poder dentro de nosotros: ¡todos lo tenemos! Pero de ninguna manera esto quiere decir que simplemente chasqueando los dedos podemos esperar invocar alguna manifestación sobrenatural. No opera de esa manera... ¡jamás trabajó así!

Comprender lo primero, primero

Regresemos a lo básico... dos asuntos fundamentales que tocamos anteriormente. Uno tiene que ver con la salvación y el otro con ser lleno del Espíritu.

¿Cómo completaría usted estas dos frases?:

* Soy cristiano porque _____.

* Soy lleno del Espíritu cuando _____.

¿Qué quiere decir ser cristiano? ¿Cómo puede una persona decir con seguridad que es un miembro de la familia de Dios para siempre? Dejemos que su Palabra nos dé la respuesta.

> Mas a todos los que le recibieron, a los que creen en su nombre, les dio potestad de ser hechos hijos de Dios.
>
> Juan 1.12

Un poco más adelante, el Evangelio de Juan registra la conversación de Jesús con un hombre que preguntaba cómo tener la vida eterna con Dios.

> Respondió Jesús y le dijo: De cierto, de cierto te digo, que el que no naciere de nuevo, no puede ver el reino de Dios[...] Lo que es nacido de la carne, carne es; y lo que es nacido del Espíritu, espíritu es. No te maravilles de que te dije: Os es necesario nacer de nuevo. El viento sopla de donde quiere, y oyes su sonido; mas ni sabes de dónde viene, ni a dónde va; así es todo aquel que es nacido del Espíritu.
>
> Juan 3.3,6-8

> El que cree en el Hijo tiene vida eterna; pero el que rehúsa creer en el Hijo no verá la vida, sino que la ira de Dios está sobre él.
>
> Juan 3.36

¿Es esto estrecho? ¿Se puede llegar a ser cristiano solamente al conocer a Cristo? De nuevo, dejemos que Jesús nos responda.

> Jesús le dijo: Yo soy el camino, y la verdad, y la vida; nadie viene al Padre, sino por mí.
>
> Juan 14.6

Esta es una declaración exclusiva; sin cuestión alguna. Pero la verdad es tan estrecha como Cristo la ha declarado, y es verdad porque Él la dijo. La primera frase que le pedí que completara podría leerse como sigue: Soy cristiano porque *estoy relacionado correctamente con el Hijo de Dios*. Más adelante, en el Nuevo Testamento, leemos palabras similares como las que acabamos de ver en el Evangelio de Juan.

> Porque hay un solo Dios, y un solo mediador entre Dios y los hombres, Jesucristo hombre.
>
> 1 Timoteo 2.5

> Y este es el testimonio: que Dios nos ha dado vida eterna; y esta vida está en su Hijo. El que tiene al Hijo, tiene la vida; el que no tiene al Hijo de Dios no tiene la vida.
>
> 1 Juan 5.11-12

Muy simple. Muy claro. Las personas no nacen en buena relación con Dios. Por eso es que quien espera pasar la eternidad con Él debe nacer de nuevo, nacer otra vez espiritualmente. Aún más, las personas no llegan a ser cristianos debido a que van a la iglesia o porque hayan sido bautizados cuando bebés, o porque hayan sido dedicados cuando eran niños, o porque se hayan bautizado en alguna iglesia, o porque sean sinceros y tengan buenas intenciones y paguen todas sus cuentas. Llegar a ser cristiano no tiene nada que ver con lo que hacemos o cuán duro trabajemos. No; es un asunto de gracia, no de obras.

> Porque por gracia sois salvos por medio de la fe; y esto no de vosotros, pues es don de Dios; no por obras, para que nadie se glorie.
>
> Efesios 2.8-9

Permítame ilustrarlo. Tengo un libro en mi mano. Si se lo extiendo y le digo: «Es suyo; me gustaría que lo recibiera», y si usted lo tomara, le estaría dando un regalo. Cuando usted acepta el regalo, se convierte en el propietario de lo que una vez fue mío. Debido a que lo tomó, es suyo. De la misma manera, la salvación es un regalo. Dios se acercó a usted y a mí en la cruz, en donde su Hijo ofreció la paga del pecado al morir en nuestro lugar, y nos dio vida eterna en Él. Todo lo que nos pide es que nos acerquemos a Él en fe y tomemos su regalo.

Y así... ¿cómo llega uno a ser cristiano? Relacionándose correctamente con Jesucristo, el Hijo de Dios. Esto es salvación en su forma más elemental. Es lo más elemental que se puede encontrar.

¿Qué debo hacer, entonces, para lograr la fuente del poder de Dios en mi vida? Esto tal vez le sorprenda, pero la respuesta es: *nada*. Cuando cree en Cristo, Él viene a vivir en usted. Usted no hace ni una sola contribución a su posición ante Dios al hacer esto, o prometer aquello, o dejar de hacer ciertas cosas. La transacción se basa en la gracia: la sin igual gracia de Dios, su favor inmerecido. Cuando usted y yo recibimos el regalo de la vida eterna, se halla incluido el Espíritu Santo. Él viene como parte del «paquete inicial de la salvación». Nunca se nos ordena orar por el Espíritu Santo, o ser bautizados por el Espíritu Santo, o ser regenerados por el Espíritu Santo o ser sellados por el Espíritu Santo. ¿Por qué? Porque todas estas cosas ocurren en el momento en que nacemos de nuevo.

De modo que tiene en sus manos el libro que le di como regalo. Ahora, ¿qué tal si me dijera: «En verdad me encantaría tener todos los capítulos de este libro». Yo le contestaría: «Usted tiene todos los capítulos. Están allí, y son todos suyos para que los lea y los disfrute. Tiene el libro; por consiguiente, tiene todo lo que se halla en él». De la misma manera con Cristo. Al recibirle, tenemos todo lo que viene con el regalo o don de la salvación... y eso ciertamente incluye la persona del Espíritu Santo.

> Porque así como el cuerpo es uno, y tiene muchos miembros, pero todos los miembros del cuerpo, siendo muchos, son un solo cuerpo, así también Cristo. Porque por un solo Espíritu fuimos todos bautizados en un cuerpo, sean judíos o griegos, sean esclavos o libres; y a todos se nos dio a beber de un mismo Espíritu.
>
> 1 Corintios 12.12-13

Y debido a que tenemos al Espíritu, la fuente de poder se halla dentro de nosotros.

Esto me trae a la segunda frase que le pedí que complete, la cual se pudiera leer: Soy lleno del Espíritu cuando *estoy correctamente relacionado con el Espíritu de Dios*. Cuando lo estamos, el «poder» dentro de nosotros es dejado en libertad y nos convertimos en sus instrumentos de honor, listos y disponibles para cualquier servicio que Él quiera que desempeñemos. Cuando estamos llenos, el «poder» que levantó a Cristo de entre los muertos se convierte en la fuerza motivadora detrás de nuestras vidas. ¡Piense en esto! Fue el mismo poder al cual Pablo se refería cuando escribió respecto a su profundo deseo de volar más cerca de la llama:

> [Porque mi propósito determinado es] poder conocerle, que progresivamente pueda yo llegar a conocerle más profunda e íntimamente, percibiendo, reconociendo y comprendiendo [las maravillas de su persona] más fuerte y más claramente. Y que pueda, de la misma manera, llegar a conocer el poder desbordante de su resurrección [que se ejerce sobre los creyentes]; y que pueda participar en sus sufrimientos para ser continuamente transformado [incluso, en espíritu a su semejanza] a su muerte.
>
> Filipenses 3.10
> *(Versión Ampliada, en inglés).*

La llenura del Espíritu no sólo significa que nuestras vidas están totalmente disponibles para Dios, sino que también incluyen tales cosas como mantener cuentas cortas, ser sensible a lo que quiera que pudiera venir entre nosotros y Él... y andar en completa dependencia de Él.

Cuando lo hacemos, Él puede obrar a través de nosotros, hablar a través de nosotros, dirigirnos sin restricciones, y dar poder a nuestros talentos y a nuestros esfuerzos de manera que jamás lograríamos por nosotros mismos. No es que necesitamos más del Espíritu (una imposibilidad); es que necesitamos su poder, su obra, su limpieza, su libertad. Y conforme Él nos llena, todo eso y mucho más tiene lugar.

Para regresar a la palabra cuya inicial es P: La vida cristiana no es alguna clase de «vida de poder» en éxtasis, de experiencias espectaculares hora tras hora y día tras día. El bendito Espíritu de Dios no provee «elevaciones súbitas de poder» de increíbles proporciones. ¿Estoy diciendo que nunca hace que ocurran cosas espectaculares, incluso milagrosas? No. Pero lo que sí digo es que cuando lo hace, es la excepción antes que la regla. Nuestro Señor no está en competencia con «Fantasilandia».

Mi preocupación es que tengamos un punto de vista realista y relevante de todo esto, según nos permiten las Escrituras, y nada más. Pero, no se equivoque, cuando se trata de poder, poder... ¡tenemos el poder!

Entender las evidencias continuas y normales del poder que da el Espíritu

Así, entonces, usted tal vez pregunte: «¿Qué es este punto de vista realista y relevante de la vida cristiana? ¿Qué puedo esperar ver como evidencias continuas y normales de Cristo en mi vida?» Numerosas cosas vienen a la mente.

Debido a que soy cristiano y por consiguiente, estoy relacionado correctamente con el Hijo de Dios:

- Estoy en Cristo.

- Vivo en Él y Él en mí.

- Conozco el alivio de ser limpiado de mis pecados personales.

- Puedo vivir por sobre el dominio del pecado.

- Tengo acceso inmediato al Padre mediante la oración.

- Puedo comprender las Escrituras.

- Puedo y debo perdonar a quienquiera que me hace daño.

- Tengo la capacidad de llevar fruto, a diario, de continuo y rutinariamente.

- Poseo por lo menos un don espiritual (o más).

- Adoro con alegría y con propósito.

- Encuentro que la iglesia es vital, no rutinaria o aburrida.

- Tengo fe para expresar a otros.

- Amo y necesito de otras personas.
- Busco con expectativa una comunión estrecha con otros cristianos.
- Puedo obedecer las enseñanzas de la Palabra de Dios.
- Continúo aprendiendo y creciendo hacia la madurez.
- Puedo soportar el sufrimiento y las dificultades sin desalentarme.
- Dependo y confío en mi Señor para la fortaleza y provisiones diarias.
- Puedo conocer la voluntad de Dios.
- Vivo esperando el retorno de Cristo.
- Tengo la seguridad de ir al cielo cuando muera.

La lista pudiera continuar por páginas, pero tal vez esta muestra le alertará respecto al hecho de que éstas son la clase de posesiones, experiencias y bendiciones únicas que son nuestras por la gracia de Dios, para que las disfrutemos simplemente porque hemos sido aceptados en su familia. Son nuestras para que las reclamemos día tras día. Y cuando las sumamos todas, representan una lista impresionante de increíbles realidades.

Aun cuando ninguna de las cosas indicadas en la lista anterior se considere milagrosa, por lo menos en el sentido usual del término, ciertamente son notables. Y cuando recordamos que son normales y siempre nuestras para que las disfrutemos, la vida cristiana llega a ser la forma de vivir más envidiable que uno pueda imaginar.

Esto quizás no sea lo que en algunos círculos hoy se designa como «cristianismo de poder», pero ciertamente es la «vida en abundancia» que Cristo prometió. Cáptelo bien... o de lo contrario vivirá una vida de desilusión y frustración, siempre en busca de algo de naturaleza más extática o sobrenatural.

Hace algunos años un piloto me dijo que volar un aeroplano consiste en horas y horas de puro aburrimiento, interrumpido periódicamente por fracciones de segundo de puro pánico.

No usaría la palabra *aburrimiento* para describir la vida cristiana, pero usted capta el punto. Dios puede (y algunas veces lo hace) intervenir en nuestro mundo en maneras sobrenaturales y manifestar su poder. Es notable cómo en ocasiones interrumpe la rutina (si podríamos llamar rutina a las cosas que coloqué en la lista) con algo espectacular que solo Él puede hacer. Reconocemos eso, y le alabamos por ello... pero, repito, no debemos esperar eso todos los días.

En muchas maneras la vida cristiana normal no es diferente de la vida normal del matrimonio. Ésta no es música suave, prendas íntimas transparentes y, noche tras noche, una tina de agua caliente, burbujeante. No consiste en meseros que caminan casi en silencio sirviéndole té por la tarde en el hotel más caro mientras contempla el oleaje que rompe contra la playa de la isla de Maui. No consiste en cartas en el correo varias veces al mes anunciándole que usted y su cónyuge se han ganado 50 millones de dólares en el premio gordo de la lotería. Tampoco es certificados de 500 dólares para el almacén de más categoría cada sábado por la mañana. No es adolescentes alegres, despreocupados, ansiosos de ayudar a lavar los platos y entusiasmados con frenesí para arreglar y limpiar sus habitaciones. No es una suegra con apariencia de una actriz de cine y un corazón como la madre Teresa.

Si es una novia o un novio que sueña con algo semejante, tengo cuatro palabras para usted: *¡Despiértese a la vida!* Visite a cualquier pareja casada por un día o dos (especialmente a alguno que tenga niños pequeños), y regresará a la realidad muy rápido.

De la misma manera, el concepto de cristianismo de «Fantasilandia» frustra mucho más de lo que entusiasma. El televangelista de ojos embelesados y sonriente no le dirá esto, pero yo le estoy dando el bocado entero.

Suficiente para un rápido resumen de la vida cristiana. ¿Qué tal respecto a la vida llena del Espíritu? Permítame sugerir otra lista para que la considere. Estas son cosas que usted y yo podemos reclamar cuando el Espíritu está en pleno control.

Cuando somos llenos del Espíritu y por lo tanto estamos relacionados correctamente con Él:

- Nos rodea, continua y permanentemente, el escudo omnipotente de protección del Espíritu.

- Tenemos una dinámica interior para controlar las presiones de la vida.

- Podemos estar gozosos... como sea.
- Tenemos la capacidad de captar lo profundo de Dios, que está revelado en su libro.
- Tenemos poca dificultad en mantener una actitud positiva de altruismo, de siervos y de humildad.
- Tenemos un agudo sentido de intuición y discernimiento; podemos percibir el mal.
- Somos capaces de amar y ser amados.
- Podemos ser vulnerables y receptivos.
- Podemos confiar en que el Espíritu intercede por nosotros cuando ni siquiera sabemos cómo orar adecuadamente.
- Nunca debemos temer al mal o al asalto demoníaco o satánico.
- Somos capacitados para levantarnos solos con confianza.
- Experimentamos una seguridad interna respecto a las decisiones, tanto lo que está bien como lo que está mal.
- Tenemos un «sistema de filtro interno».
- Podemos vivir en realidad sin ansiedad.
- Somos capaces de ministrar a otros a través de nuestro(s) don(es) espiritual(es).
- Tenemos una relación íntima, permanente, de «Abba» con el Dios viviente.

Cuando sepulté a mi papá, que vivió nueve años más que mi mamá, por primera vez me sentí solo, aunque ya era adulto y padre de cuatro hijos. Aunque de pronto y en forma extraña me sentí «huérfano», pensé que tenía al Espíritu Santo como mi compañero y consejero constante por el resto de mi vida. ¡Qué maravilloso! Él vive como residente permanente. ¡Su dirección domiciliaria terrestre es mi cuerpo!

De nuevo, ninguna de las cosas de la lista que antecede pudiera ser llamada espectacular... ni tampoco son milagrosas en naturaleza o manifestaciones sobrenaturales... pero son nuestras para que las reclamemos simplemente porque el Espíritu de Dios nos llena. Esto no es «llenura de poder» sino la vida normal, aunque maravillosa, llena del Espíritu.

Y francamente, podemos contar con estas evidencias mucho más que en los momentos excepcionales de puro éxtasis pues estamos en relación correcta con el Hijo de Dios y con el Espíritu de Dios. No necesitamos tanto «visiones de poder» continuas y de alta carga emocional o «encuentros de poder», como ser llenos con el Espíritu de Dios sustentador y todopoderoso.

Lo digo de nuevo, poder, poder... ¡tenemos el poder! ¿Quién lo tiene? Todo hijo de Dios que anda en el poder del Espíritu Santo. Cuando lo hacemos, somos «libertados» para disfrutar de una liberación increíble de las cosas que de otra manera nos mantendrían en esclavitud. ¡Qué gran libertad!

> Porque el Señor es el Espíritu; y donde está el Espíritu del Señor, allí hay libertad.
>
> 2 Corintios 3.17

Mire qué promesa.

Libertad quiere decir precisamente eso. Libertad, ¿de qué? De la esclavitud y del temor. Libertad del perfeccionismo tedioso. Libertad de una vida restringida, aburrida, predecible. Libertad de la esclavitud. Libertad de las adicciones. Libertad para ser, para hacer, para llegar a ser. Y tal libertad viene simplemente al tener al Espíritu y permitirle que nos llene. De nuevo, esto no es lo que algunos llaman «libertad de poder». Es una liberación tranquila, dulce, de todo lo que nos ata, para que seamos completos, totalmente auténticos. Cuando sufrimos, somos libres para llorar. Cuando experimentamos gozo, somos libres para reír.

Admita las experiencias excepcionales

¿Estoy diciendo que nunca experimentamos lo milagroso? No digo eso. ¿O que deberíamos considerar todas las manifestaciones sobrenaturales de hoy como procedentes del diablo? No. Lo que estoy sugiriendo, sin embargo, es que debemos usar el discernimiento. Dios es Dios. Él puede hacer cualquier cosa, en cualquier tiempo, en cualquier parte. Esa es su prerrogativa.

Muchas veces se me acercan personas y me dicen: «Por favor ore por fulano de tal», y mencionan a una esposa, un esposo, madre, padre, hijo o amigo que está muriéndose. Los doctores ya han perdido toda esperanza, y les han indicado que no deben esperar ninguna otra cosa que la muerte. De modo que me piden «el favor de orar por esa persona». Mi respuesta invariablemente es: «Por supuesto que lo haré». Y lo hago. Pero, más allá de eso en realidad no tengo ningún derecho de prometerles que sus seres queridos se sanarán y vivirán. No siendo Dios, y no sabiendo su voluntad específica, lo que hago es orar pidiendo que la gloria de Dios se manifieste. Oro que si es su voluntad produzca una sanidad maravillosa. Y oro pidiendo que Él conceda fortaleza a los que cuidan y ministran al moribundo. Pero no me asiste ningún derecho de hacer una «promesa de poder». *¡Ninguna persona lo tiene!*

Permítame recordarle que cuando hablamos del Espíritu de Dios, no estamos hablando de una parte del todo. El Espíritu de Dios es, en efecto, Dios. Y como miembro de la Deidad, es incomprensible e infinito en su naturaleza. Su obra puede parecer misteriosa y a veces su presencia parece terriblemente nebulosa. Hablando desde el punto de vista humano en otras ocasiones se siente que su plan es algo confuso e ilógico. (Pero eso es problema mío, no de Él.) Debido a que no puedo desenrollar todo su divino tapete o explicar en detalle la obra de sus manos, eso no quiere decir que haya algo incorrecto con su plan.

Zofar naamatita le dijo a Job en completa desesperanza: «¿Podemos buscando hallar a Dios?» La implicación es que no. Y siendo que esto es verdad, dejemos que Dios sea Dios. No pensemos que tenemos que explicar cada parte de Él o defender su plan o describir su voluntad a la enésima potencia. Haríamos bien en emplear tres palabras en forma regular: «No lo sé».

Considerando esto, concluyo el capítulo con tres pensamientos finales:

Primero, *Dios es el Dios de lo milagroso*. Por favor, no me cite equivocadamente o diga que Swindoll no cree en lo milagroso. Dios es Dios; por consiguiente, los milagros proceden de sus manos. Los milagros ocurren. Pero seamos fieles a las Escrituras e indiquemos correctamente que esos milagros son la excepción, no la norma. No son cosas «regulares». Tampoco se producen a nuestra orden. Ocurren cuando Dios, en su maravilloso, misterioso, inescrutable plan, hace que ocurran.

Segundo, *Dios es el Dios de lo sobrenatural.* De nuevo, las Escrituras indican que los fenómenos sobrenaturales son ocasionales, no la rutina. Pero tenga cuidado en cuanto a qué cosas llama usted «milagroso» o «espectacular». No endilgue estas palabras a cualquier cosa a la ligera. Es como la palabra «asombroso». Todo hoy en día es asombroso. ¡Los deportistas son asombrosos! ¡Los automóviles son asombrosos! Ridículo. Sólo Dios es asombroso. Y si a Él le place realizar alguna manifestación espectacular, me hago a un lado y lo aplaudo, y ni siquiera intentaré explicarlo... y ciertamente no actuaré como si yo lo hubiera hecho.

Tercero, *Dios es el Dios de lo misterioso.* Debido a que Él es Dios, puede, y así es, hacer que ocurran cosas que no podemos explicar. Sin embargo, le recuerdo de nuevo, tales misterios son ocasionales y excepcionales. Para citar a A. W. Tozer.

Dejados a nosotros mismos tendemos inmediatamente a reducir a Dios a términos controlables. Queremos encajonarlo en donde podamos usarlo, o por lo menos saber en dónde está cuando lo necesitamos. Queremos un Dios al cual podamos controlar en cierta medida. Necesitamos el sentimiento de seguridad que viene al saber cómo es Dios, y lo que Él es, por supuesto, una composición de todos los cuadros religiosos que hemos visto, de todas las mejores personas que hemos conocido o de quienes hemos oído, y de todas las ideas sublimes que hemos albergado.

Si todo esto suena extraño a los oídos modernos, es sólo debido a que por medio siglo hemos dado a Dios por sentado. La gloria de Dios no se ha revelado a esta generación de hombres. El Dios del cristianismo contemporáneo es apenas un ápice superior a los dioses de Grecia o de Roma, si acaso no es en realidad inferior a ellos, en el sentido de que es débil e impotente, en tanto que aquellos por lo menos tenían poder.

Si Dios no es lo que concebimos que es, ¿cómo entonces debemos pensar de Él? Si es en verdad incomprensible, como el credo declara que es, o inalcanzable, como Pablo dice que es, ¿cómo podemos nosotros, los cristianos, satisfacer nuestro anhelo por Él? Las palabras de esperanza «Conócelo y ten paz», todavía siguen firmes después de pasar los siglos; pero ¿cómo podemos conocer a aquel que elude todos los extenuantes esfuerzos de la mente y del corazón? Y ¿cómo seremos considerados responsables por lo que no podemos conocer?... La respuesta de la Biblia es simple: «mediante Jesucristo nuestro Señor». En Cristo y por Cristo. Dios efectúa un completo autodescubrimiento, aun cuando Él se muestra a sí mismo no a la razón sino a la fe y al amor. La fe es un órgano de conocimiento y el amor lo es de la experiencia. Dios vino a nosotros en la encarnación; en la redención nos reconcilió consigo mismo, y por fe y amor entramos a Él y nos aferramos a Él.

En verdad Dios es de infinita grandeza —dice el trovador cristiano extasiado, Richard Rolle— más de lo que podemos pensar[...] irreconocible por las cosas creadas; y nunca podemos comprenderlo como es en sí mismo. Pero incluso aquí y ahora, cuando quiera que el corazón empieza a arder con un deseo por Dios, la criatura es capacitada para recibir la luz no creada e inspirada y llena por los dones del Espíritu Santo, disfruta de los goces del cielo.[1]

Tengo un muy buen amigo cuyo hijo ha atravesado un increíblemente difícil período de enfermedad. Me he dolido por él y su esposa; Cynthia y yo hemos orado por ellos con frecuencia en los últimos meses. Por un tiempo nada salía bien. Las cosas que andaban mal se empeoraban. Enfrentaron una muralla de imposibilidades que no podían escalar. Y entonces, ocurrió una apertura. Alguien los puso en contacto con un especialista, un médico talentoso y perspicaz quien, mediante una técnica en particular, los llevó a la fuente del problema. Y este pequeño que por meses había estado recluido en cama ahora se encuentra en pleno camino de recuperación, por lo cual alabamos a nuestro soberano Dios y a su Espíritu que da poder.

Algunos tendrán la tendencia a exclamar: «¡Milagroso!» No, no fue un milagro. Fue, en efecto, un procedimiento delicado, científico, cuidadosamente afinado, de diagnóstico y tratamiento que le sirvió al muchacho. ¿Estuvo Dios allí? En forma absoluta. Los doctores diagnostican y tratan; solo Dios puede curar. Dios, en su gracia poderosa, dirigió al médico para que encontrara el problema. Dios movió a otra persona para que proveyera todos los fondos, puesto que la pareja no tenía sino escasos recursos. Y Dios usó el procedimiento para sanar la vida del muchacho.

[1] A. W. Tozer, *The Knowledge of the Holy* [El conocimiento de lo santo], Harper & Brothers, New York, NY, 1961, pp. 16-17.

El poder de Dios fue evidente de principio a fin... pero no fue lo que algunos llaman actualmente «sanidad de poder». ¿Qué ocurrió? Algunos de nosotros unimos nuestros corazones con los de otros amigos, y decidimos volar un poco más cerca de la llama, al entregar al muchacho en las manos de Aquel que tiene todo el poder para hacer lo que crea mejor. Ocurrió quietamente, lentamente, completamente... y poderosamente.

13

¿Es eso todo sobre el ministerio del Espíritu?

*E*N MIS CASI SESENTA AÑOS en esta tierra, he descubierto que una de las mejores maneras para llegar a las respuestas correctas es comenzando con las preguntas correctas. Y así he llegado a este vasto tema del Espíritu Santo con más preguntas inquisitivas que respuestas rígidas y rápidas. Tal vez eso fue lo que primero me atrajo a un librito que desarma, y que se titula: *Dear God: Children's Letters to God* [Querido Dios: Cartas infantiles a Dios].

Una niñita que se llama Lucy le pregunta a Dios: «Querido Dios: ¿Eres realmente invisible o simplemente un truco?»

Norma le pregunta: «Querido Dios: ¿Quisiste que la jirafa sea como es o fue un accidente?»

Una de mis favoritas fue hecha por Nancy: «Querido Dios: ¿Quién dibujó las líneas alrededor de los países?»

Y Nelly escribe: «Querido Dios: Fui a una boda, y ellos se besaron en la misma iglesia, ¿está bien eso?»

Luis pregunta: «Querido Dios: Lo que más me gusta es el Padre Nuestro. ¿Tuviste que escribirlo muchas veces o te salió bien la primera vez?»

De Juanita: «Me gustaría saber por qué todas las cosas que dices están en letra roja».

Carla pregunta: «¿Realmente dijiste *Hazles a otros así como ellos te lo hacen a ti*? Porque si lo dijiste, tengo que cobrárselas a mi hermano».

Pedro pide: «¿Me harías el favor de mandar a Dennis Clark a un campamento diferente este año?»

Y Anita pregunta: «¿Es cierto que mi padre no irá al cielo si usa en casa las palabras que usa en el boliche?»[1]

---

[1] Tomado de Stuart Hample y Eric Marshall, compiladores, *Children's Letters to God* [Cartas infantiles a Dios], Workman Publishing, New York, NY, 1991, pp. 6,7,9,11,14,17,21,26,44.

Cómicas, encantadoras, inocentes... y, vaya, ¡tan perspicaces! ¿Acaso usted no lucha a veces con preguntas que vienen a su mente y se quedan enredadas en algún recoveco por allí? ¡A mí me pasa! Y seamos dolorosamente cándidos y sinceros al respecto, la mayoría de nosotros tenemos más preguntas que respuestas absolutas... algo muy similar a estos niños.

La mayoría de las personas no me ponen nervioso, pero los que consiguen hacerlo son los que están convencidos de que han logrado resolver a ciencia cierta todos los vericuetos teológicos. Se ven a sí mismos como los llamados a dar respuestas en lugar de verse como los que hacen preguntas. ¿Tiene usted algún problema? Simplemente pregunte; ellos le vaciarán encima la carreta completa. Y es de especial importancia para ellos que quede impresionado por su bagaje de conocimiento. Lo que más me fastidia, sin embargo, es su carencia de curiosidad infantil... para un «hijo» de Dios, eso es realmente arrogante. La mayoría de estos que dan respuestas nunca se han detenido a hacerse las preguntas más difíciles. Su arrogancia no sólo ha tapado sus oídos, sino también ha cerrado sus mentes.

Este no fue el caso con Sergio. Guardé esta pregunta para lo último: «Querido Dios: ¿Cómo hiciste anteriormente todos esos milagros y no los vuelves a hacer ahora?»[2]

A cualquiera que estudia las vidas de Moisés, Elías o Jesús le persigue esa pregunta. Registradas en las páginas del Gran Libro se hallan, uno tras otro, sucesos espectaculares y momentos milagrosos durante la vida de esos tres personajes. Pero cuán rara vez ocurren hoy. «Querido Dios, ¿Se han acabado ya esas cosas? ¿Es eso todo lo que hay del ministerio del Espíritu? Si las cosas han cambiado así, ¿hemos llegado al final de su presencia y obras poderosas?»

Evidencias de su presencia

¿Recuerda que tratamos lo que Jesús les dijo a sus fieles justo antes de que fuera arrebatado por la chusma, llevado a toda prisa a través de varios juicios y clavado en una cruz? Le oímos prometer que aun cuando Él los abandonaba, no los dejaría huérfanos.

[2] Ibid., p. 49.

Y yo rogaré al Padre, y os dará otro Consolador, para que esté con vosotros para siempre.

Juan 14.16

Él había sido su ayudador durante los tres y más años que habían estado juntos. Cuando necesitaban algo, todo lo que tenían que hacer era decir, «Jesús», y Él estaba allí para ayudarlos. «Señor, no pudimos echar fuera a los demonios». De modo que Él dijo: «Háganse a un lado. Déjenme mostrarles cómo se hace». O, «Señor, llegamos a un impase, y no pudimos...» «Déjenme ayudarles con eso». Él había sido su ayudador... pero ya no iba a serlo más.

Ahora les promete «otro Consolador», para el cual Juan usa el término que significa «otro de la misma clase». Y así cuando preguntamos: «¿Es eso todo lo que hay?» la respuesta es, no, no hemos llegado al final de la era del Espíritu. Jesús les prometió a sus discípulos directamente... e indirectamente a nosotros: «Él estará con ustedes para siempre». Y ¿quién es este próximo Consolador?

El Espíritu de verdad, al cual el mundo no puede recibir, porque no le ve, ni le conoce; pero vosotros le conocéis, porque mora con vosotros, y estará en vosotros.

Juan 14.17

Jesús estaba indicando una relación nueva, mucho más íntima. En efecto, decía: «Ustedes han estado comprometidos a Él durante mi ministerio terrenal, pero cuando me vaya ustedes se casarán con Él. Hasta aquí todo ha sido salir juntos. Cuando me vaya, y Él venga, será como el matrimonio. No será una relación distante, formal, en la cual ustedes dos se van cada noche en forma separada a su respectiva casa. No; será una intimidad permanente, una sola unidad. Es más, Él vivirá con ustedes para siempre».

Pocos minutos más tarde les aseguró:

Pero yo os digo la verdad: Os conviene que yo me vaya; porque si no me fuese, el Consolador no vendría a vosotros; mas si me fuere, os lo enviaré.

Juan 16.7

Y luego añadió:

Pero cuando venga el Espíritu de verdad, él os guiará a toda la verdad; porque no hablará por su propia cuenta, sino que hablará todo lo que oyere, y os hará saber las cosas que habrán de venir.

Juan 16.13

Necesitarían ayuda para superar los puntos difíciles, y Él, el Espíritu, estaría allí para asistirlos.

Cuando estaba en la marina, en enero de 1958, nuestro buque entró en la bahía de Yokohama. A pesar de los muchos años que habían pasado desde que terminó la Segunda Guerra Mundial, esa bahía era todavía un lugar peligroso debido a que las minas submarinas aún no habían sido retiradas. Nuestro buque se detuvo en la boca de la bahía y subió a bordo un piloto japonés de puerto para llevarnos a través de las traicioneras aguas. Lenta y cautelosamente condujo la nave por esas oscuras y no muy transitadas aguas. Desde la cubierta no podíamos ver nada sino la superficie del agua muchos metros más abajo, y la bahía al frente. Pero el piloto maniobraba con confianza: conocía cada vuelta que debía dar para llevarnos con seguridad al muelle.

De la misma manera nuestro Señor prometió que el Consolador nos guiaría a toda la verdad, llevándonos a través de la vida, indicándonos donde están los bancos de arena, los escollos y las minas por delante. Aunque veamos solamente la superficie, Él ve en las profundidades y más allá del horizonte.

Como ya descubrimos en capítulos anteriores, el Espíritu de Dios obra profunda e íntimamente para transformar nuestras vidas. Con pasión anhela dirigir nuestros pasos, santificar nuestros pensamientos, sanar nuestras heridas, hacerse cargo de nuestras preocupaciones, revelarnos la voluntad de Dios y protegernos del mal. Todo esto, y mucho más, es nuestro mediante la dinámica presencia de aquel a quien Jesús envió para que fuera nuestro consolador.

¿Hemos llegado al final... es eso todo lo que hay del ministerio del Espíritu? La respuesta es un resonante ¡No! ¡Absolutamente no! Dentro de nosotros, y alrededor nuestro, cada día vemos evidencias de su dinámico poder.

Vemos al Espíritu obrando en nuestras vidas. Podemos conocer la presencia del Espíritu al sentirla en nuestras propias vidas. Su obra se está desarrollando de continuo. Pablo indica muy claramente que nuestros cuerpos son templo del Espíritu:

¿O ignoráis que vuestro cuerpo es templo del Espíritu Santo, el cual está en vosotros, el cual tenéis de Dios, y que no sois vuestros? Porque habéis sido comprados por precio; glorificad, pues, a Dios en vuestro cuerpo y en vuestro espíritu, los cuales son de Dios.

1 Corintios 6.19-20

El Espíritu mismo da testimonio a nuestro espíritu, de que somos hijos de Dios. Y si hijos, también herederos; herederos de Dios y coherederos con Cristo, si es que padecemos juntamente con él, para que juntamente con él seamos glorificados.

Romanos 8.16-17

Cuando estamos con otros cristianos, el testimonio del Espíritu verifica nuestra conexión espiritual, aun cuando tal vez hablemos diferentes idiomas y procedamos de distintas culturas. Es una conexión maravillosa. Puedo sentarme con creyentes en Rusia y sentir de inmediato comunión... una identificación de familia... y eso que no hablo ni una sola palabra de ruso. Esa es la obra del Espíritu.

Todavía más, cuando enfrentamos los ataques del enemigo, la obra del Espíritu se evidencia debido a que hay un ambiente de confianza y seguridad en nuestra fe.

Hijitos, vosotros sois de Dios, y los habéis vencido; porque mayor es el que está en vosotros, que el que está en el mundo.

1 Juan 4.4

Vemos al Espíritu otorgando poder para el ministerio a los cristianos sensibles. Esos dones y ministerios difieren y varían, pero es el mismo Espíritu Santo quien trabaja.

Ahora bien, hay diversidad de dones, pero el Espíritu es el mismo. Y hay diversidad de ministerios, pero el Señor es el mismo. Y hay diversidad de operaciones, pero Dios, que hace todas las cosas en todos, es el mismo. Pero a cada uno le es dada la manifestación del Espíritu para provecho.

1 Corintios 12.4-7

Cuando oigo a algún gran expositor explicar las Escrituras, me beneficio de la obra del Espíritu en la vida de esa persona. Cuando oigo o veo a personas superdotadas para la evangelización ganando personas para Cristo, sé que es la obra del Espíritu Santo. Cuando veo a otros mostrando misericordia y estímulo, demostrando hospitalidad, y ayudando a otros, presencio la obra del Espíritu.

Vemos al Espíritu frenar a la iniquidad.

Porque ya está en acción el misterio de la iniquidad; sólo que hay quien al presente lo detiene, hasta que él a su vez sea quitado de en medio. Y entonces se manifestará aquel inicuo, a quien el Señor matará con el espíritu de su boca, y destruirá con el resplandor de su venida.

2 Tesalonicenses 2.7-8

Ahora, puedo oír la reacción inmediata: «¿Qué? ¿Restringir la iniquidad o maldad? ¿No ha leído los titulares recientes?» De acuerdo, el mundo parece ser caótico y estar fuera de control. La iniquidad y la maldad parecen estar en su apogeo. Pero piénselo... ¿qué sería de este mundo si la influencia controladora del Espíritu de Dios le fuera quitada? Piense cómo sería si todos los creyentes, a quienes el Espíritu de Dios otorga poder, de repente desaparecieran. Cuando el que lo detiene (el poder controlador del Espíritu) sea quitado, habrá expresiones y brotes de maldad como jamás hemos presenciado.

Podemos pensar. *No puede empeorar más.* Pero empeorará. Cuando el que lo detiene sea quitado de la tierra, ¡empeorará! Pero por ahora sabemos que su obra es evidente debido a que continúa restringiendo y deteniendo la iniquidad y maldad.

Por último, *vemos al Espíritu regenerando al perdido.* Todavía extiende las filas de la iglesia. ¿Recuerda las palabras de Jesús?

De cierto, de cierto te digo, que el que no naciere de nuevo, no puede ver el reino de Dios[...] Lo que es nacido de la carne, carne es; y lo que es nacido del Espíritu, espíritu es. No te maravilles de que te dije: Os es necesario nacer de nuevo.

Juan 3.3,6-7

El Espíritu sigue trabajando, llevando a las personas a Cristo... todavía edifica su iglesia.

Recientemente recibí una carta ¡que estuve tentado a poner en un marco! Procedía de un médico. Y al leer usted los trozos que he seleccionado, recuerde... está leyendo respecto a la obra del Espíritu Santo en la vida de una persona. ¡Imagínese los millares de historias que pudieran escribirse cada día!

No hace mucho terminé mi turno en el Hospital de Veteranos de Loma Linda, y uno de mis pacientes había estado en la armada durante la Segunda Guerra Mundial. Sirvió en la batalla de Midway, y era tripulante del destructor *Lexington* que fue hundido en ese combate. El individuo a quien conocí era literalmente nada más que el esqueleto de un hombre que había luchado por nuestra patria. Ahora se hallaba en el bando perdedor de una batalla contra cierto tipo de cáncer de los pulmones que es bien conocido como el más mortífero y el más fulminante. El tumor maligno casi siempre se localiza cerca del principal tronco de los bronquios, que es el «tubo» principal que lleva el aire a cada pulmón, de modo que conforme el tumor crece, va asfixiando al paciente. Además el paciente sufre de indescriptible dolor óseo como resultado de la propensión del cáncer para esparcirse a los huesos por todo el cuerpo[...].

[Esta enfermedad] es resultado de una vida desordenada y de fumar en exceso, lo cual era exactamente la historia de este paciente. Debido a que también una vez fuiste «militar», sabrás lo que estoy describiendo cuando te digo que este paciente solía ser tan duro como un clavo, no le temía a nada y vivía una vida de increíble desenfreno y temeridad. Sin embargo, cuarenta años de vida desordenada le habían golpeado y dejado sus secuelas. Ahora pesaba menos de 90 libras (en la plenitud de su vida había pesado cerca de 200 libras), no podía sentarse en la cama, por la gran debilidad y dolor, y había perdido todo el cabello como consecuencia de la quimioterapia. Podía hablar tan solo unas pocas palabras a la vez; de otra manera, se quedaba sin aliento.

Después de mi primera conversación con ese hombre sabía que no viviría ni siquiera una semana más. No soy el tipo de estudiante de medicina que les testifica a los pacientes, pero este hombre fue una excepción. Después de tomar un tiempo para establecer una relación con él, le pregunté si tenía miedo de morir. Afirmó que no tenía en absoluto miedo a la muerte. Me asombró su confianza debido a que en ese punto sólo yo sabía de sus días en la milicia, y me figuré que simplemente estaba dándome la imagen de ser un «superhombre» (aunque debería haber sabido que las personas en su lecho de muerte por lo general no son falsas). Pero continuó y me contó los sucesos de su vida, y debido a que tenía que hacer muchas pausas para recobrar el aliento, nos tardamos un buen rato.

Me contó desde sus días de desenfreno en la armada durante la guerra, hasta lo ocurrido dos años atrás, cuando se halló en lo más profundo de la depresión y la desesperanza. En ese momento estaba viviendo solo en la parte este del país, se había divorciado varias veces y ni siquiera sabía en dónde vivían sus hijos. Estuvo a punto de considerar el suicidio, cuando en la radio escuchó un programa que nunca antes había oído. Mencionó que el programa se llamaba «Insight for Living» («Perspectiva para la vida»). Me dijo que allí mismo, y en ese mismo instante, después de oír apenas un solo programa, aceptó a Cristo en su vida como su Salvador personal. Más tarde se mudó al condado de Orange, en California, pero nunca asistió a la Primera Iglesia Evangélica Libre de Fullerton porque estaba demasiado avergonzado por su vida pasada como para asistir a la iglesia en la cual predicaba Charles Swindoll. En ese punto me tomé la libertad de decirle que tú también estuviste en la milicia y le conté que Charles Swindoll se hubiera sentido orgulloso de conocerlo por cuanto era un cristiano genuino[...] Ante esta afirmación, sonrió lo más que pudo.

Nuestra conversación llegó a su término y le dije que volvería a verlo a la mañana siguiente. Sin embargo, durante la noche cayó en coma y sin recuperarse de la inconsciencia murió dos días más tarde.[3]

¡El Espíritu de Dios hizo todo eso! Simplemente piénselo... una voz de la mitad de ninguna parte, una afirmación y la vida entera de un hombre fue regenerada.

Sí, el Espíritu todavía obra transformando vidas. Todavía toca a las personas. Todavía usa a personas como usted y como yo. El Espíritu de Dios está bien vivo en este planeta Tierra. ¡Su ministerio dista mucho de haberse acabado!

Pocas personas expresarían mis pensamientos para cerrar este tema sobre el Espíritu Santo, mejor que el gran Charles Haddon Spurgeon:

> Común, demasiado común es el pecado de olvidar al Espíritu Santo. Esto es necedad e ingratitud[...] Siendo Dios, es esencialmente bueno[...] Es bueno en su benevolencia, soportando con ternura nuestro descarrío, batallando con nuestras voluntades rebeldes; dándonos vida de la muerte en el pecado, y entonces preparándonos para los cielos como una niñera cariñosa cuida a su niño[...] Es bueno en operación.

---

[3] Carta personal. Usada con permiso.

Todas sus obras son buenas en el grado más elevado: Sugiere buenos pensamientos, impulsa buenas acciones, revela buenas verdades, aplica buenas promesas, asiste en buenos logros y guía a buenos resultados. No hay bien espiritual en todo el mundo del cual no sea el autor y sustentador[...] El que se somete a su influencia llega a ser bueno; los que obedecen sus impulsos hacen el bien, los que viven bajo su poder reciben el bien[...] Reverenciemos su persona, y adorémosle como Dios sobre todo, bendito para siempre; apropiémonos de su poder, y nuestra necesidad de Él al esperar en Él será nuestra santa empresa; busquemos momento tras momento su ayuda, y no lo entristezcamos nunca; y hablemos para su alabanza siempre que la ocasión se presente. La iglesia nunca prosperará mientras no crea en forma reverente en el Espíritu Santo.[4]

Que estos capítulos no solamente le ayuden a comprender la obra y a entrar en el poder del Espíritu Santo, sino, más que eso, que lo conduzcan a la más emocionante y satisfactoria experiencia de la vida... volar más cerca de la llama.

---

[4] Charles Haddon Spurgeon, *Spurgeon's Morning and Evening* [Las mañanas y las noches de Spurgeon], Zondervan, Grand Rapids, MI, 1965, p. 95.

Epílogo

A través de todo este libro he querido animarle a que tenga la mente receptiva y su espíritu dispuesto a aprender; aprecio su disposición para hacerlo así. Pero también le he advertido de la necesidad de guardarse contra el error, para que no se deje arrastrar por movimientos, grupos y extremismos que le harán daño y le desilusionarán en lugar de ayudarle y fortalecerle. De modo que, al mirar con anhelo el volar más cerca de la llama, y conforme el Espíritu de Dios controla y transforma nuestras vidas, necesitamos mantener presentes unos pocos y prácticos puntos de verificación.

Punto de verificación 1: *Siempre haga de la Biblia su guía*. Dondequiera que haya duda o confusión, siempre retorne a la Biblia. Cada vez que no esté seguro... o se sienta inquieto o intranquilo... o se pregunte si algo no está exactamente en lo correcto, lo que usted necesita consultar es la Biblia.

Punto de verificación 2: *Discierna*. Sea un poco suspicaz e incluso hasta un ápice de escéptico. Siga haciendo preguntas. Verifique el carácter de quien está dando la enseñanza. No sea crédulo. Continúe pensando claramente. Use el discernimiento.

Punto de verificación 3: *Manténgase en equilibrio*. En otras palabras, guárdese de los extremismos. Si percibe que las cosas se están poniendo un poco fanáticas, aplique los frenos. Cristo edifica su cuerpo con cristianos estables, contagiosos. Los fanáticos no son contagiosos, lo que hacen es asustar. Si está alejando a quienes son fuertes en su andar con Cristo, algo anda mal. Si ha estado siguiendo la enseñanza de alguien, y las cosas empiezan a ponerse un poco extravagantes, preste atención a los «estímulos internos no identificados».

Un pequeño hito para permanecer en equilibrio: Si está haciéndose cada vez más exclusivo, quizás se dirige en sentido equivocado. Cuando Dios está en el asunto, mezcla el flujo de la verdad con el cuerpo completo de Cristo. Si está empezando a pensar que tiene un rincón exclusivo sobre lo que está bien, algo anda mal. Está perdiendo el equilibrio.

Punto de verificación 4: *Busque el consejo de hombres y mujeres a quienes admire.* Si empieza a preguntarse respecto a qué es lo que se está enseñando, pase tiempo con quienes no están atrapados en las cosas que ha estado oyendo y siguiendo. Necesita una perspectiva calmada, objetiva. Búsquela.

Punto de verificación 5: *Mantenga la unidad.* Mantener la unidad del Espíritu no es simplemente una alternativa agradable; es un mandamiento bíblico para mantener el cuerpo fuerte. Es una parte esencial de nuestro andar. No consienta en ser deliberadamente divisionista. Hay unas pocas ocasiones en que uno debe erguirse solo y alejarse, pero esas son la excepción, no la regla.